文化哲學講錄

（五）

鄔昆如 著

滄海叢刊

1990

東大圖書公司印行

國立中央圖書館出版品預行編目資料

文化哲學講錄㈤／鄔昆如著--初版--
臺北市：東大出版：三民總經銷，
民79
面；　　公分--（滄海叢刊）
ISBN 957-19-0072-9（精裝）
ISBN 957-19-0073-7（平裝）

1.哲學—中國
120.9

著　者　鄔昆如
發行人　劉仲文
出版者　東大圖書股份有限公司
總經銷　三民書局股份有限公司
印刷所　東大圖書股份有限公司
地址／臺北市重慶南路一段六十一號二樓
郵撥／〇一〇七一七五—〇號
初　版　中華民國七十九年七月
編　號　E 10022
基本定價　肆元貳角貳分
行政院新聞局登記證局版臺業字第〇一九七號

文化哲學講錄㈤
編號 E 10022
東大圖書公司

ISBN 957-19-0073-7

文化哲學講錄(五) 目次

先秦道家社會哲學

緒論

「道家」依《漢書・藝文志》的記載，有如下的說法：

「道家者流，蓋出於史官，歷記成敗存亡禍福古今之道，然後知秉要執本，清虛以自守，卑弱以自持，此君人南面之術也。合於堯之克攘，易之嗛嗛，一謙而四益，此其所長也。及放者爲之，則欲絕去禮學，兼棄仁義，曰獨任清虛可以爲治。」❶

從前述記載，可知道家學說內涵及目的，不外乎利用歷記成敗存亡禍福古今之道，再用清虛自守以及卑弱自持的方法，來使政治社會入於「治」，而改變當時的「亂」世。《漢書・藝文志》的這種斷案，可以說，把一般人以爲的消極處世的道家思想，改變爲積極的關心政治社會的學說流派。

❶《漢書・藝文志》《新校本漢書並附編二種》，第二冊，《漢書》二新校本卷二一—三〇，志第一—一〇，楊家駱主編，中國學術類編，鼎文書局印行，民國七十年二月四版，第一七三三頁。

這是本文寫作的基礎，認同道家思想，雖在表象上呈現出許許多多消極的、甚至出世的概念，但在實質上，仍然是關懷社會、關心政治；其所思所言，所作所爲，都是朝向「治」的理想，而改善當時「亂」世的。也就因此，討論道家社會哲學，就有其積極的意義。

《漢書．藝文志》除了上述對道家的內涵，作了非常濃縮的描述外，還特別列舉了三十七家，九百九十三篇❷，其中除了我們比較熟悉的老子、莊子、列子之外，還把文子、黃帝、孫子、田子、伊尹等都一一列入；使道家的陣容非常強大。在所列三十七家的龐大陣容中，一來是因爲一大部份的著作已經散佚，二來是由於後代對道家思想發展面向的劃定和限制，本文所討論的範圍，原則上也就以老子、莊子、列子的思想爲主，而以楊朱、許行等學說爲輔；在學說的整體考量上，雖然題目標明「先秦道家」，但是，爲了思想的完整，有時亦附帶述及道家發展後期，與「道教」混淆的《抱朴子》，甚至《淮南子》，作爲原始道家的注釋。

本文所用的版本，老子《道德經》主要的用王弼注，其間亦參考河上公注；莊子《南華眞經》採用郭象注，列子《沖虛至德眞經》採用張湛注。

最後，論及本文的寫作方式，先是道家思想的「歷史發展」，從春秋時代亂世背景中產生的老子思想開始，經過戰國時期的莊子學說，一直到列子的描述爲止。在這一部份中，著重道家學說「縱」的發展，是依時間先後作爲討論次序的。再來就是站在道家思想「橫」的層面，論及它

❷ 同上，第一七三一頁。

的「內在涵義」；其中一方面探討道家在中國哲學中，所用的特殊方法——否定詞的運用，以及寓言的理解，作爲理論的形而上基礎的肯定；在另一方面，則是討論道家在處理社會原理和社會問題時，所提出的指導原則，以及實踐方案。在這部份中，我們可以看出中國原始道家所醉心的「小國寡民」的社會，不但與原始法家所提出的「大國人眾」的社會不同，就是與原始儒家所主張的「世界大同」的社會亦互異。當然，就其相同點觀之，儒、法、道三家所極力主張的，都是撥亂返治，以消除亂世，創造治世爲基本的動機。在探討了道家的「內在涵義」之後，接著就是本論文的最後一部份——「當代意義」。在這一部份中，我們給予道家思想在當代社會中，應有的評價。我們先收集傳統對道家的評語，然後應用社會哲學在其原理及問題中，所定出的原理原則，來看道家所提出來的立身處世之道，在今天的民主、法治的人際關係裏，有什麼可以作爲貢獻，同時，有那些思想可能導致危機。

我們這就開始進入主題，先從「史的發展」開始：

壹　先秦道家社會哲學「史的發展」

關於道家思想史，我們可以分成起源、發展二大部份來探討。

㈠、道家思想的起源：道家始祖老子，被公認爲道家思想的淵源。但是有關老子的記載，除了司馬遷的《史記》之外，就祇有一些零星的、片段的記述。而《史記》所載亦甚簡單，甚至語焉不詳。《史記》卷六十三，〈老子韓非列傳〉第三說：

「老子者，楚苦縣厲鄉曲仁里人也，姓李氏，名耳，字聃，周守藏室之吏也。……孔子適周，將問禮於老子。……老子修道德，其學以自隱無名爲務。居周久之，見周之衰，廼遂去。至關，關令尹喜曰：『子將隱矣，彊爲我著書。』於是老子廼著書上下篇，言道德之意五千餘言而去，莫知其所終。」❸

老子的生平記載很少，不過，獲知他著了《道德經》五千餘言，讀其書也就能獲知其思想了。不幸的是，《道德經》無論在修辭上或是在用字上，或是在含義上，都顯得非常深奧；其獨白式的語言，以及從來不用任何「你」或「他」的人稱代名詞，祇有三十七次的「吾」「予」「我」等的第一人稱，似乎根本不理會社會中的「人際關係」❹；而在《道德經》第八十章中，的確提出「民至老死，不相往來」的描繪。再來就是《道德經》五千言中，用了五百四十五詞次的否定詞，從比較輕微的「小」「柔」「弱」「寡」「稀」等，發展到「莫」「非」「不」「外」「絕」「棄」等，一直結束到「無」，共有六十四層不同等級的否定形式；其中一個「不」字就

❸《史記．老子韓非列傳》《新校本史記三家注並附編二種》，第三册，楊家駱主編，中國學術類編，鼎文書局印行，民國六十九年三月三版，第二一三九－二一四一頁。

❹有關老子《道德經》所用人稱代名詞的意義，參閱鄔昆如譯著《莊子與古希臘哲學中的道》，中華書局印行，民國六十一年五月，第五九頁。

出現二百三十七次，「無」字出現九十八次❺。

在這種「否定」人際關係的形式和內容的《道德經》中，又如何去發挖出本屬積極的、提倡人際關係的社會哲學思想呢？

這樣，我們除了在《道德經》內涵中去找社會哲學思想的途徑之外，就必須另外尋找道路了。幸好，《莊子·天下篇》有下面一段記載：

「以本爲精，以物爲粗，以有積爲不足，澹然獨與神明居。古之道術有在於是者，關尹老聃聞其風而悅之。建之以常無有，主之以太一；以濡弱謙下爲表，以空虛不毀萬物爲實。」

從這一段話中，我們獲知老子用「否定詞」的意義，是要用感官世界的否定，好肯定理念世界。這就指陳出，在春秋亂世時期，老子所以用否定的方式，是要否定當時現實世界的一切，好作爲建立理想社會的準備工作。

春秋亂世的描述很多，我以爲孟子的敍述最爲扼要。他說：

「世衰道微，邪說暴行有作，臣弑其君者有之，子弑其父者有之。」❻

---

❺ 有關《道德經》否定詞的用法及意義，參閱鄔昆如著〈否定詞在《道德經》中所扮演的角色〉一文，收集在《中央研究院國際漢學會議論文集》思想哲學組下冊，第七九一—八〇〇頁。

❻ 《孟子·滕文公》下。

針對積極的暴行邪說，面對臣弑君、子弑父的事實，孔子感嘆世衰道微，而「作春秋」❼，用「正名」的理論來匡正當時的亂世。老子則提出了更根本的方法，「建之以常無有，主之以太一；以濡弱謙下爲表，以空虛不毀萬物爲實」，用「否定法」作爲治世的方針。

本來，春秋時代，各諸侯爭霸，無視於周天子的「大一統」的局面，而製造了分裂，以強欺弱、大吃小的霸道政治取代了周的王道；周的德治、仁政也被暴政、苛政所取代。孔子所提倡的「正名」，是要恢復周朝的大一統，是要用傳統的王道、德治、仁政來改變春秋的政治社會型態。其「正名」是人際關係和國際關係的規範，孔子以爲，唯有透過「正名」，才能締造安和樂利的社會。

如果把「人」的存在座標，界定爲縱橫二度的話，則孔子所關心的，就是一個人生活在「人與人」之間的橫的關係，以人際關係的「仁」來改善當時的社會。這樣，老子所注重的，則是一個人生存在「天和地」之間的縱的關係。這關係也就正好道出了，一個人思言行爲祇以「天道」爲基準；天道的清靜無爲，也就成了人生的典範。

下面的一個表，也許能指陳春秋時代，中國二位思想家根本上對問題分工合作的情形：

---

❼ 同上。

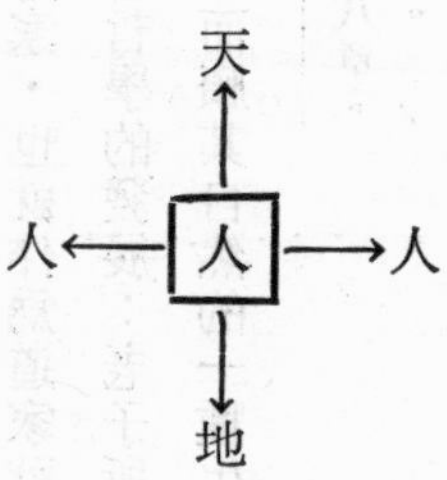

表中所示，正是一個人，生存在天和地之間，生活在人與人之間。中國哲學的問題是道德取向的，它問及如何做人，如何處世的課題。而答案則是：老子選擇了

的「縱」的座標，以「天」「地」的自然現象，作爲人生應效法的規範。他說：

「人法地，地法天，天法道，道法自然。」❽

正因爲老子所選擇的面向，不是「人與人」的關係，與孔子所提倡的倫理道德，自然有許多地方無法苟同。甚至，他會直接指出，過份的強調「人文」，對「自然」有所損害，因而主張「回歸自然」，主張廢除「巧立名目」。他說：

「知其雄，守其雌，爲天下谿。爲天下谿，常德不離，復歸於嬰兒。知其白，守其黑，爲

❽《道德經》第二十五章。

天下式。爲天下式，常德不忒，復歸於無極。知其榮，守其辱，爲天下谷。爲天下谷，常德乃足，復歸於樸。樸散則爲器，聖人用之則爲官長。」❾

又說：

「不尙賢，使民不爭；不貴難得之貨，使民不爲盜；不見可欲，使民心不亂。是以聖人之治，虛其心，實其腹；弱其志，強其骨。常使民無知無欲。」❿

如此，有關道家起源的問題，站在哲學思想的層面上看，就是用形而上的「否定詞」用法，在根本上給人類界定，生存在天和地之間的「縱」的關係，作爲落實到政治社會的思想基礎，同時帶有濃厚的「改革」當時「亂」世的動機。

這種道家思想起源的綜合描述，當然亦用以界定其社會哲學的形式和內容。無論就春秋時期的亂世背景，或是《道德經》的內涵來看，都能够證實這種界說。

把老子哲學，以及有關社會的指導原則以及實踐方案，作爲道家社會哲學的起源的話，那從戰國發展起來的道家，也就作爲道家社會哲學的發展了。

(二)、道家社會哲學的發展：老子所提出來的社會構想，其終極目標是「小國寡民」的，是儘量減少人文做作，而順其自然的一種生活模式。他說：

---

❾ 同上第二十八章。
❿ 同上第三章。

「小國寡民，使有什伯之器而不用；使民重死而不遠徙。雖有舟輿，無所乘之；雖有甲兵，無所陳之，使人復結繩而用之。甘其食；美其服；安其居；樂其俗。鄰國相望，鷄犬之聲相聞，民至老死不相往來。」⓫

當然，老子的這種描寫是完全理想型的，一如孔子在《禮記・禮運篇》所描繪的「天下爲公、世界大同」的「太平世」的理想社會一般，難以落實到具體政治社會的。但是，理想不妨很高，而問題在於「如何去實踐」，在於是否能提出一套漸進的方案，叫人一步步地接近目標。原來，所有默觀型的哲學思想，都由這種理想的建立，作爲指導原則的。

儒家的實踐原則落實到《禮記・大學篇》的「修身、齊家、治國、平天下」的漸進方案⓬；相對地，道家的實踐方案，則完全在於個人修養中，「不」追求功名利祿，「不」貪心，「不」過份企求人文世界的禮，「不」特意置設各種德目，亦即是說，要用「無爲」來修身，來治國⓭。

當然，就這種「無爲而治」的方法來說，道家從頭到尾都有認同和共識；而且，其方法的實

⓫ 同上第八十章。

⓬ 有關儒家社會哲學的課題，參閱鄔昆如著〈先秦儒家社會哲學〉收集在其《文化哲學講錄㈡》中，東大圖書公司印行，民國七十一年十一月初版，第一—四六頁。

⓭ 《道德經》第二章：「是以聖人處無爲之事，行不言之教。萬物作焉而不辭，生而不有，爲而不恃，功成而弗居。」第三章：「爲無爲，則無不治。」第三十七章：「道常無爲，而無不爲。侯王若能守之，萬物將自化……不欲以靜，天下將自定。」等章節都在設法指出「治道」，而且是達到「小國寡民」的治道。

踐，亦大同小異；甚至，在戰國時代的莊子、列子如此，就是到了魏晉時代、南北朝時代，像葛洪的《抱朴子》，或是道家影響下的竹林七賢，亦莫不以「無爲」，作爲「治道」的根本方法，以及作爲理想社會的正常發展。

再來就是對「理想社會」的描述，從老子的「小國寡民」，到莊子的「至德之世」，再到列子的「華胥氏之國」或「列姑射山」，甚至，發展到陶淵明的〈桃花源記〉，亦都是「無爲而治」的理想社會描述。在這理想社會中，一切都是自然的、和諧的、昇平的，是「風調雨順，國泰民安」的；其間絕沒有兵荒馬亂、民不聊生的境況。

這末一來，道家思想從老子開創之後，豈不是就沒有什麼變化，沒有什麼發展了嗎？既然指導原則的「小國寡民」的理想相同，既然實踐原則的「無爲而治」的方法亦無異，道家思想豈不就是一成不變的？

其實不然，就哲學的形上基礎看來，道家思想，尤其是在支持社會哲學的形上問題，在其學說的歷史發展中，有著相當大的變化和發展。

在老子哲學體系中，其政治哲學或是社會哲學是實踐哲學部份，是哲學中「用」的層面，而這「用」的整個存在，都是由「體」來的控制；而這「體」的理解，一方面是「天道」，另一方面是「人性」。從「人法地，地法天，天法道，道法自然」⑭的原則看來，人性是由天道來解說

⑭ 同⑧。

的；進一步，社會原理則是依循人性來界定的。因此，道家哲學的根本型態，就其形上基礎看來，根本上仍然與儒家一樣，是：

天道—→人性—→社會體制

的順序進行的。儒家的「天行健，君子以自強不息」⑮說明了「天道」的運作是積極進取的，因而導引出「人性」的自強不息的創造性格；因而其社會的理想型態，也就成為人文社會的「太平世」，其間是有著各式各樣的人際關係的。

道家對「天道」的理解，相當的不同，它以為「天」根本上不是如同塵世間的「有」概念，可以瞭解的，以為「道」體本身，祇能用「無」來形容，因而說出了：

「天下萬物生於有，有生於無。」⑯

「無，名天地之始。有，名萬物之母。」⑰

「道常無，名樸。」⑱

既然「天道」是「無」，而從天道出來的「人性」也祇是分受了「無」。從「道生一，一生二，

---

⑮《周易・乾卦》，象。
⑯《道德經》第四十章。
⑰同上第一章。
⑱同上第三十二章。

二生三，三生萬物。」⑲看來，屬於萬物的「人」，原就是道所生，應該以「無」爲本體；這樣，落實到政治社會中，自然就成爲「無爲而治」的實踐方案了。

因此，對「天道」的解釋，影響到「人性」的本質，也接著影響到社會體制。道家思想的發展，也就在對「天道」的理解上，在春秋時代的老子，他的「天道」是超越的，是萬物之上、天地之外的存在；「天道」遙控著整個世界的生成變化。但是，在老子學說中，「天道」的「無」固然影響著「人性」，但是，人性卻是「有」；人性的本身，雖要經過「歸眞返樸」才回到「道」處；但是，人性基本上祇是「道」所創生，與道體沒有相等的關係。

到了莊子，「天道」就已經不再是高高在上、超越天地萬物的，而是化作內存於物質世界的東西。

《史記》有關莊子的記載是這樣的：

「莊子者，蒙人也，名周。周嘗爲蒙漆園吏，與梁惠王、齊宣王同時。其學無所不闚，然其要本歸於老子之言。故其著書十餘萬言，大抵率寓言也。作〈漁父〉、〈盜跖〉、〈胠篋〉以詆訿孔子之徒，以明老子之術。畏累虛、亢桑子之屬，皆空語無事實。然善屬書離辭，指事類情，用剽剝儒、墨，雖當世宿學不能自解免也。其言洸洋自恣以適己，故自王

⑲ 同上第四十二章。

公大人不能器之。」[20]

莊子用寓言來發展老子的思想，反對儒家、墨家學說。這裏說的發展老子思想，也就是把老子形而上的、超越的天道，降凡下來，使其內存於萬物之中。他說：

「東郭子問於莊子曰：『所謂道，惡乎在？』

莊子曰：『無所不在。』

東郭子曰：『期而後可。』

莊子曰：『在螻蟻。』

東郭子曰：『何其下也？』

莊子曰：『在稊稗。』

曰：『何其愈下也？』

曰：『在瓦甓。』

曰：『何其愈甚也？』

曰：『在屎溺。』

東郭子不應。」[21]

[20] 同上第二一四三—二一四四頁。

[21] 《莊子・知北遊》。

在莊子看來，「道」既然不再是高不可攀的，因而再也用不著「觀」的方法，去把握它㉒。而且，用「觀」獲得的「道」，是「夫物芸芸，各復歸其根」㉓，是「反者道之動」㉔。在莊子看來，因爲「道」是內存於萬物的，因爲「道」是無所不在的，因而「道通爲一」㉕也就成了莊子的宇宙整體觀。他說：

「故爲是舉莛與楹，厲與西施，恢恑憰怪，道通爲一……凡物無成與毀，復通爲一。唯達者知通爲一。」㉖

這種「道通爲一」的整體觀，發展到後來，就是天、地、人的合一，是：

「天地與我並生，萬物與我爲一。」㉗

這種「自然」人的感受，所落實到具體社會中的，當然就不會是典章制度井然，或是禮儀繁複的人際關係。莊子所醉心的社會，是要能支持其順自然生活，但又必須精神非常超脫的精神生

㉒ 老子對「道」的理解，在知識的獲得上是有「觀」，《道德經》第一章，提出了道的「有」和「無」兩個特性，而立刻說出：「故常無，欲以觀其妙。常有，欲以觀其徼。」第十六章亦說：「萬物並作，吾以觀復。」

㉓ 《道德經》，第十六章。

㉔ 同上第四十章。

㉕ 《莊子·齊物論》。

㉖ 同上。

㉗ 同上。

活；那就是「至德之世」：

「子獨不知至德之世乎？昔者容成氏、大庭氏、伯皇氏、中央氏、栗陸氏、驪畜氏、軒轅氏、赫胥氏、尊盧氏、祝融氏、伏羲氏、神農氏，當是時也，民結繩而用之；甘其食，美其服，樂其俗，安其居；鄰國相望，鷄狗之音相聞；民至老死而不相往來。」㉘

這「至德之世」的理想社會描寫，原則上和老子的「小國寡民」並無二致，祇是加上了一些傳說中的人物而已。

當然，老子《道德經》祇用了五千餘言，其描繪自是比較濃縮；而莊子《南華眞經》卻有十餘萬言，對社會哲學的學說，無論在質的方面，或是在量的方面，都比老子豐富，就如在「治道」的描繪上，老子固然提出了「無爲」、「順自然」的原則，但莊子卻能在原則之外，附加了許許多多的寓言或譬喻，就如最有名的〈馬蹄篇〉，就從治馬、治埴、治木，直說到治人，而以爲所有「人爲的」做作，都會違反本性，而達不到馬、埴、木、人的存在目的；唯一可用的「治」法，也就是「任其自然」。莊子結論說：

「故至德之世，其行塡塡，其視顚顚；當是時也，山無蹊隧，澤無舟梁；萬物羣生，連屬其鄉；禽獸成羣，草木遂長。是故禽獸可係羈而遊，鳥鵲之巢，可攀援而闚。夫至德之

㉘《莊子·胠篋》。

世，同與禽獸居，族與萬物並。」㉙

人和禽獸相安無事，生活在一起，這雖然在文明人眼中是荒蠻，可是在莊子時代戰國兵荒馬亂中，的確是「退隱」生活的一幅安和樂利的藍圖。這種圖像，不但莊子在「至德之世」中描寫理想的社會，就是後來葛洪所寫的《抱朴子．詰鮑篇》，也採取同一的步調；乃至於陶淵明的〈桃花源記〉也用了相同的理想。

莊子發展老子的地方，不但在對「天道」的理解，有突破性的進展；尤其是個人修養方法和境界上，在作爲構成至德之世一份子的努力上，亦有突破性的提案；那就是至人、聖人、神人、眞人的描述：

「至人神矣，大澤焚而不能熱，河漢沍而不能寒，疾雷破山，風振海，而不能驚，若然者，乘雲氣，騎日月，而遊乎四海之外。」㉚

「藐姑射之山，有神人居焉，肌膚若冰雪，淖約若處子，不食五穀，吸風飲露；乘雲氣，御飛龍，而遊乎四海之外。」㉛

「古之眞人，不知說生，不知惡死……是之謂不以心捐道，不以人助天，是之謂眞人。」㉜

㉙《莊子．馬蹄》。
㉚《莊子．齊物論》。
㉛《莊子．逍遙遊》。
㉜《莊子．大宗師》。

當然，以上的描述，足以說明莊子心目中，理想社會裏的份子，其與人、其與物的關係以及態度。但是，這還不是最高的境界。因爲，在這種「自然無爲」的境況中，自身存在的意識還在執著，而道家思想，發展到莊子時，已經在「齊物」的意念中，要破我執，把自己完全消融到天地萬物之中，而祇有「大我」的理念，而沒有「小我」的意識。因此，在莊子看來，爲了要達到「至德之世」的理想社會，個人的修養就得做到「忘我」的境界。他說：

「顏回曰：『回益矣！』

仲尼曰：『何謂也？』

曰：『回忘仁義矣！』

曰：『可矣！猶未也。』

他日復見，曰：『回益矣！』

曰：『何謂也？』

曰：『回忘禮樂矣！』

曰：『可矣！猶未也。』

他日復見，曰：『回益矣！』

曰：『何謂也？』

曰：『回坐忘矣！』

仲尼蹴然曰：『何謂坐忘？』

顏回曰：『墮肢體，黜聰明，離形去知，同於大通，此謂坐忘。』

仲尼曰：『同則無好也，化則無常也，而果其賢乎？丘也請從而後也。』」㉝

「萬物整體觀」的形上基礎，導引了莊子對個人存在，消融到萬物之中的努力，同時，亦結論出人文社會制度的無奈，以及回歸自然的方法，用來作為對當時亂世治本的方案。

道家思想的發展，在戰國時代固然有莊子，在形上的「天道」問題上對老子的學說有所引申；同時，在今天道家諸著作中，還有列子的《沖虛至德眞經》。

關於列子其人其事，在文獻的參考來源上，稍爲困難。首先就是司馬遷《史記》中沒有〈列子傳〉，西漢劉向在《列子》書的序錄中稱：「列子，鄭人也。與鄭繆公同時」等語。《漢書·藝文志》記載：「《列子》八篇，名圄寇，先莊子，莊子稱之。」㉞

列子的思想，在社會理想的描繪方面，與莊子所描繪的雷同，但就其關心的重點來說，要比莊子的「至德之世」更少的人際關係。在〈黃帝篇〉中，列子敍述黃帝由於日理萬機，憂國憂民，而在一次晝寢中，做了一個夢，夢見了自己遊華胥氏之國：

「華胥氏之國，在弇州之西，臺州之北，不知斯齊國幾千萬里。蓋非舟車足力之所及，神

㉝ 同上。

㉞ 同❶，第一七三〇頁。

遊而已。其國無師長，自然而已；其民無嗜慾，自然而已；不知樂生，不知惡死，故無夭殤；不知親己，不知踈物，故無愛憎；不知背逆，不知向順，故無利害；都無所愛惜，都無所畏忌；入水不溺，入火不熱，斫撻無傷痛，指擿無痟癢，乘空如履實，寢虛若處牀，雲霧不硋其視，雷霆不亂其聽，美惡不滑其心，山谷不躓其步，神行而已。」㉟

在另一種描繪中，提出了列姑射山的情況，所描寫的「神人」生活，亦已到了神仙之境，是「吸風飲露，不食五穀，心如淵泉，形如處女」㊱的。

道家思想的發展，從對「人際關係」的社會結構的否定，到專對神人、至人的描繪，就從人的社會性，轉移到了個人的獨立性。道家之所以沒落成道教，而道教中又以維護個人的肉體生命，而忘卻莊子的精神超升的生活，不能不說是由於這些理想社會的描寫。上面亦約略提到過，道家從先秦發展，到達了以天道來解釋人性，用人性來規範社會之後，就呈現出後繼無力的情形；而從「至德之世」多少還有人際關係的描繪，而演變成完全形容個人超脫物質束縛的神仙生活。而道教在這裏，雖然理論上淵源黃老，可是在信徒心目中的黃老之術，卻並沒有多少是提升精神，「與造物者遊」或是像鵬鳥「搏扶搖而上者九萬里」，而卻在從秦始皇、漢武帝相沿的煉丹，追求長生不老藥，設法使自己成仙的努力中，耗盡了心力。葛洪的《抱朴子》一書，就是典

㉟《列子・黃帝篇》。
㊱同上。

型的例子㊲，其另外一本著作《神仙傳》，更盡描繪成仙之能事㊳。

道家思想的發展，除了上述老子、莊子、列子之外，有人在政治思想上，還把楊朱、陳仲、許行、愼到等人列入。就如梁啟超就以為道家的自然主義，導致了四派末流思想：

「一、順世的個人主義，代表者楊朱；

二、遁世的個人主義，代表者陳仲；

三、無政府主義，代表者許行；

四、物治主義，代表者愼到。」㊴

再如楊幼炯亦把楊朱、陳仲、許行列入道家㊵。

就連日本研究中國思想的學者，如遠藤哲夫，亦把楊朱列入道家羣中㊶。

㊲《抱朴子》一書，其內篇都是一套套的藥方，教人練丹，做成長生不老藥的方案。「《抱朴子》內篇二十卷，外篇五十卷：其內篇言神仙、方藥、鬼怪、變化、養生、延年、禳祁、卻禍之事，屬道家。其外篇言人間得失，世事臧否，屬儒家。」《抱朴子》，臺灣中華書局，民國五十七年八月臺二版，內目第二頁。

㊳《神仙傳》凡十卷，葛洪因其弟子滕升問仙人有無而作。所錄凡八十四人。

㊴梁啟超著《先秦政治思想史》，東大圖書公司印行，民國六十九年六月，第一二七頁。

㊵楊幼炯著《中國政治思想史》，臺灣商務印書館發行，民國六十六年一月臺四版，第二章第三、第四節，第五三—五九頁。

㊶宇野精一主編，邱棨鐊譯，《中國思想之研究㈡道家與道教思想》，幼獅文化事業公司出版，民國六十八年六月再版，第一五九—一七三頁。

當然，順世、遁世、無政府、物治等思想，都是道家思想所引導出來的，但是，究竟是否要列入道家思想本身的發展呢？這就很值得商榷了。

本文寫作的取向，在其歷史部份中，祇以老子、莊子、列子為主幹，來展示其社會哲學理論的體系：從最具體的對「小國寡民」到「至德之世」，再到「華胥氏之國」，一直深入到對「天道」和「人性」的理解，而開展出進入第二部份「內在涵義」的道路。

貳　先秦道家社會哲學「內在涵義」

從前面的「史的發展」的討論中，與其說，我們獲知了道家的原始意義對「社會哲學」理論的發展，倒不如說，我們發現了道家在對「社會哲學」，根本上採取「否定的」，以及「反對的」態度。社會組成的最重要元素當然是個人，個人與他人的關係，這關係的制度化等。但是，在道家思想的發展中，我們卻發現，道家諸子祇認可個人（甚至像莊子的「坐忘」，連個人的存在，也要從意識中被排除），反對人際關係，更反對人際關係的制度化（像《抱朴子・詰鮑篇》的「無政府主義」，根本上是反對所有的人文制度）。一個「沒有制度」的社會學說，算不算是社會學？一個一直提出反對制度的哲理，能不能算作社會哲學？

在這一章「內在涵義」中，讓我們進入道家的社會理論（或者，更好說，反社會理論中），設法找尋其真義，看看是否能在各種「反對」「消極」之中，找出積極的、建設性的人際關係學理，作爲對先秦道家社會哲學的體認。

首先，我們必須認同，先秦諸子百家學說的一貫特性，那就是務實性格的政治取向，是在亂世中，指點迷津，提出化解之道，使亂世的兵荒馬亂，民不聊生，改變成治世的風調雨順，國泰民安。

再來就是，先秦諸子的哲學探討中，總是在這種前提下，找出「亂世」之源，而對症下藥；而且，找到「亂世」最根本的原因，或是說，找出亂世的終極因，而提出根本的解決之道；亦卽是說，提出「治本」之方。哲學不滿足於表面的原因，或是次要的原因，並不滿意於治標的方案。

有了以上兩種設定之後，我們再去讀道家諸子對社會所提出來的理論，就會馬上發現，道家諸子的智慧的確深沉，道家諸子所觀察到的社會眞象，也確實深入，道家諸子所提出來的解決方案，也的確對症下藥。至於道家在後漢之後的流變，原是後繼無人，並且，亦不是本文所涉及的範圍。

在我個人的看法中，我以爲要釐清道家社會哲學的內在涵義課題，最少要深入研究下列的四個問題：

㈠方法論：我們祇要把《老子》、《莊子》、《列子》（或者加上《抱朴子》）排列起來，單看它們的文體，就可以發現，道家著作所用的方法：《老子》書中充滿了否定詞㊷；顯然的是

㊷同❺。

要用「否定」的方式，來「肯定」他的學說；其中最清楚的莫過於他把「道」形容成「無」，那句「天下萬物生於有，有生於無」[43]，就是完全表示這種理解。再來就是《莊子》，書中充滿了寓言[44]，這是設法用非常的智慧來觀瞻一般的事理，像〈齊物論〉中的蝴蝶夢，就是最明顯的例子。在《莊子》書的文體中，寓言的表出是一大特色，而其中亦有不少假借古人的對話，來彰顯道家的思想；其中尤其對儒、墨的「剽剝」，更盡諷刺之能事。但在另一方面，對「至德之世」的描寫，也多少進入到神仙的生活嚮往中，尤其對「藐姑射之山」的描述，根本上是《列子・列姑射山》的同一版本，盡是神仙境界。而這神仙境界的描述，也是用「否定詞」形容出當地的「人」，已經不受肉體、物質的束縛；一般的物理原則也不足以控制其行動。這些「否定詞」的用法，其思想背景就是設法「否定」當時的「亂世」，希望透過對「物質」控制力的否定，能夠使「人性」超升；而在超升到「神仙」境界之時，就再也不受兵荒馬亂之苦了。

否定、寓言、神仙三者是道家用來表達對當時「亂世」不滿的法寶，而用哲學超越現實的理想，作爲取代現實的代替品。否定詞所否定的，是當時所肯定的價值體系，老子以爲，就是因爲當時的價值觀念被混淆了，因而才會導致亂世；如果要消除亂世，要撥亂反正，要止亂復治，首先要做的工作，就是要清除當時不正確的價值觀念。否定詞的等級區別，正好也是老子對當時「

---

[43] 《道德經》第四十章。

[44] 像大鵬，像海神若，像蝴蝶夢，像庖丁，都是要利用寓言，來影射哲學含義的。

亂」之源所探討出來的等級，像比較輕微的否定，如「小」「寡」「希」等是在具體世界中，無可避免的困難，但要減少到最低限度；這就如「小國寡民」就是。再深一層的否定就是根本要停止的，像「絕」「棄」等概念，如「絕聖棄智」，是人類行爲上可有可無的東西。更進一步就是把否定詞「無」本身當作名詞用，用以取代「道」的實體。

寓言運用的奧妙是在《莊子》書中，他要說明人性如何要超脫當時的功名利祿，而以超然的人物，超越常態的需要，而不受物質世界的束縛，來說明或是影射當時庸俗的看法。蝴蝶夢也好，大鵬鳥也好，河伯海若亦好，都在投射精神生活的必須，而塵世生活的低俗。道家思想到了莊子，人的精神就被提升到「與造物者遊」，以及「天地與我並生，萬物與我爲一」的感受境界了。

至於神仙的描寫，可以說是這種超脫精神的俗化，用具體的人物，加上神話、科幻的思想，活生生地描繪出來。在這裏，神仙的存在與否，以及《莊子》、《列子》、《神仙傳》所載是否事實，這些問題在這裏並不重要，重要的是，從人性的修練，邁向精神領域的步調，以及經由這步調的開始，而改變一個人，對塵世事物的我執的超脫。這種破我執的工夫，那怕是到了極端的「坐忘」或「心齋」㊺，而把自已的存在都擺在一旁，但是，畢竟達到了毫無束縛，精神完全自由的境地。當然，這種根本的「個人」修鍊，尤其目標定的那麼高，要變成完全不受物質世界束

㊺《莊子．人間世》。

縛的神仙，以這樣的公民來組成社會，怎能不把亂世改變成治世呢？

所以在濃縮了道家的「否定」式的方法論之後，要落實到政治社會的制度時，就必然是「無爲而治」的理論和實際。「無爲」政治所能締造的社會，當然就不是儒家所希望的「天下爲公，世界大同」，更不會是法家所主張的「大國人衆」的強國，而是「小國寡民」的相當原始的社會。

(二)原則釐定：從方法論看來，表面上道家社會理論沒有積極的建樹，而祇有消極的否定過去，否定當時，否定當時的儒家、墨家。其實不然，道家社會哲學的架構是積極的，有它的「理想社會」作爲指導原則，同時亦設計了通往這目標的實踐方案。

從理想社會的描繪看來，道家社會哲學顯然的是直觀式的，思辯式的，而不是實驗式，或是歸納法的。道家的理想社會，無論是老子的「小國寡民」，或是莊子的「至德之世」，或是列子的「華胥氏之國」；可以說都不是現實，而且亦不可能成爲現實。但是，在思辯型的哲學原理中，目標不妨定得很高，像柏拉圖的理想國，耶穌的地上天國，孔子的太平世，佛陀的極樂世界，都是這種思辯性的成果。

目標遙遠，難以抵達，或者，根本無法抵達；但是，仍然在設計方案，一步步去實踐，一步步去「接近」那目標，甚至，懷著「知其不可爲而爲之」的精神和毅力，在信念上肯定和認同終極理想目標，而在實踐上則毫不懈怠地努力。這就是歷代哲學家以及思想家的可愛處。

道家諸子在這方面，也正懷有「知其不可爲而爲之」的精神，在釐定了理想社會的目標的同時，亦提出並躬身力行了實踐方案。

綜合道家的各種類型的理想社會，除去表層的描述方式的面具之後，呈現出來的就是「順自然」以及「少人爲」的社會結構，以及結構中的人際關係。

在這裏，道家哲學本身的困難在於：在「人」身上什麼是「自然」的？什麼是「人爲」的？然後的問題是：這個本身屬自然，但同時又是人文社會一份子的「人」，什麼樣的行爲是「順自然」的？又什麼樣的行爲是「人爲」的？在思辯哲學的運作中，道家在先秦時代對這方面，並沒有作出明確的分野；而在理想社會的描述中，使人感覺到的是，凡是儒、墨所稱許的，道家就反對，而以爲那是亂世的原因；相反，凡是否定儒、墨所稱許的，「否定詞」模式的，也就理應效法，應該廣揚。這無疑是默認：儒、墨所認同的德目，都是違反自然的，都應遭到遺棄。其「絕聖棄智」[46]，以及「不尙賢」[47]，原就清晰地表明了這點；而「至德之世，其行塡塡，其視顚顚」[48]以及「其國無師長，自然而已；其民無嗜慾，自然而已」[49]，也正是這種說法的具體化。

---

[46]《道德經》第十九章。

[47] 同上第三章。

[48]《莊子・馬蹄》。

[49]《列子・黃帝篇》。

「順自然」的最終描寫，落實到行爲時，就是「無爲」。「無爲」在中文的表面意義看，是什麼都不做。當然，如果說：什麼人爲的、反自然的事都不做，倒是懂對了它的眞義。但是，在社會的人際關係中，這「消極的」以及「否定的」不做，並沒有參與社會生活。要參與社會生活，總得「做」點什麼的；於是，站在積極的意義上看「無爲」的概念時，就不得不認同老子的「無爲而無不爲」㊿的原理。更進一步，當我們研究莊子，發現他在「心齋」或「坐忘」上所作的努力時，以及其進程階段中，所需要的漸進方案時，也就更能肯定「無爲」當眞是最高的「有爲」了。

當然，在社會哲學的意義來說，這種「內修」的有爲原則上並不是人類的社會行爲，並沒有達到「人際關係」的領域，而祇是個人的單獨行爲，是道德哲學中的「修身」事務。我們從這個角度去看道家哲學中的「無爲而無不爲」，亦都是在社會行爲之前的準備工作，亦即是說：培養一個不貪圖功名利祿，能自由自在生活的「個人」，使其在社會生活中，與世無爭。

這麼一來，社會安寧的日子，是透過這種有「至德」的人羣，而確保了；亂世也就不再發生，而呈現出治世的景象；這正是道家思想的始源。

以儒家社會哲學的實踐原則「修身、齊家、治國、平天下」的漸進方案看來[51]，道家祇提出了終極目的的「治世」，以及起首的「修身」。因此，道家的指導原則若界定爲「小國寡民」，

㊿《道德經》第三十七章。

[51]《禮記・大學篇》。

「至德之世」的社會的話，則其實踐原則就唯有「修身」一項。當然，單就在修身一項中，道家提出了不少的方法；尤其是《莊子》書中所描繪的進程，乃至於後來，由於道教的偏差所影響，引發出來的煉丹；《抱朴子》一書就是一個很好的例子。

這已是從精神的「修」沒落到肉體的「煉」，從道家的哲理沒落到道教的迷信了，更是從精神的永恒，沒落到肉體永生的追求上。

㈢道家理想社會的描繪，原是我們研究道家社會哲學的第一手資料，在所有描繪中，「小國寡民」也好，「至德之世」也好，「列姑射山」也好，亦都在非常淡泊的人際關係中呈現；人與人之間是不相往來的；甚至，連最基本的人際關係，像婚姻的夫妻關係，或是親子關係，都沒有被描述，如果說孟子所提出來的「人倫」：「父子有親，君臣有義，夫婦有別，長幼有序，朋友有信」[52]作爲人之所以爲人，人之所以有別於禽獸的話，則道家就根本不要這些人際關係，不要去分別人和禽獸。在莊子的「齊物」學說中，整個宇宙是一體的，人和物是「物我相忘」的。儒家的「天人合一」主張由人倫漸漸上升而抵達，而道家的「物我合一」則是由「坐忘」而進入意境的。

「小國寡民」首先就界定了道家對社會結構的基本內容，它是迷你的社會，裏面人際關係減少到最低限度；它與法家希望的「大國人眾」，井然有序，制度嚴明的理想社會完全不同；它與

---

[52]《孟子・滕文公上》。

儒家所描繪的「安和樂利」「互助互愛」的，充滿人情世故的社會亦不相同。因而，其後面所引伸的「民至老死，不相往來」，否定人際關係的交往，也就順理成章了。

從「個人」的回歸，擺脫人際關係中的德目，法律，關係之後，就祇剩下「個人」如何生存在「天和地」之間的課題了。這「個人」雖然應「順乎自然」，但這「自然」並不是死的，而是「生生不息」的[53]。這「生生不息」指示了人生的不斷發展和進步，而且，是向著「道」回歸的[54]。因此，這種「回歸」於道，也就成爲人生行爲超越自我的準則。

也就在這種「回歸」，但同時又是「超升」的概念上，人性的庸俗性就得化除，而進入「超凡入聖」的地步，這樣，無論是莊子的「至德之世」，或是列子的「華胥氏之國」，其中出現的國民，都是「羽化登仙」的，都已經不再是凡人了。

神仙的描繪，在現實社會生活中，似乎太神話了點，同時當然亦容易導引出迷信；但是，就以道家需要這種「超凡入聖」的境界來說，則是思辯哲學所必需認同的。

也許，寓言的呈現，要比神仙的直接描寫，來得容易被接受；莊子的蝴蝶夢原也是屬於神話世界的東西，但是，由於其表達方式的恰當，倒是使人易於接受的。

---

[53] 無論從《道德經》第四十二章的「道生一，一生二，二生三，三生萬物」來看，或是從《道德經》第四十章的「天下萬物生於有，有生於無」來看。宇宙是一個動態的；而它的動則是「生」，顯然是「生命」現象的描繪。

[54] 「歸」概念是「歸眞返樸」的意義，同時亦是「歸根」的運作。參閱《道德經》第十六章。

綜合說來，道家社會哲學的內容，就在其所描述的理想社會類型中，是可以窺見的。

㈣形上基礎：無論上面所提及的方法論，或是內容上原則的釐定，或是對理想社會的描寫，都是一種「認知」的事實，亦都是呈現出來的表象。社會哲學所要探討的，是社會中的社會原理，以及社會問題。

道家和儒家的起源背景一樣，都是先觀察到社會的問題，意識到社會假如長此以往，發展下去，就會走向末路；因而提出了化解之道。現在，問題就發生在這裏：用什麼東西做標準，來批判當時社會問題成爲問題？進一步，如何針對問題提出自以爲是的解決方案？這方案可以解決當時問題的根本基礎在那裏？

這也就是哲學上形上基礎的課題。

儒家的形上基礎是「天」，而道家的形上基礎是「道」；不過，這個「道」有時單獨使用，有時冠以「天道」，或亦簡稱之爲「天」。

就如老子說的：「功遂身退，天之道」㊺，「天之道，不爭而善勝」㊻，「天之道，損有餘，而補不足」㊼，「道常無爲而無不爲」㊽，「夫樂殺人者，則不可以得志於天下矣」㊾等。

㊺《道德經》第九章。
㊻同上第七十三章。
㊼同上第七十七章。
㊽同上第三十七章。
㊾同上第三十一章。

「天道」是人道的模範，是「人法地，地法天，天法道，道法自然」㊿的。

為什麼「道」可以作為人的模範呢？首先就是因為它的永恒性和常性，莊子說：「先天地生而不為久，長於上古而不為老」[61]，又說：「夫道，於大不終，於小不遺，故萬物備，廣廣乎其無不容也，淵乎其不可測也」[62]。還有就是，「道」本身是自有的，是「自本自根」[63]的，是「道法自然」[64]的。

當然，「道」與人的關係，尚不止於此，在「道生萬物」的內涵中，人的來源是「道」，人的歸宿亦是「道」；甚至，在道的「無所不在」的特性中，整個人也是充滿道的。

這種由道出生，本身充滿道，最後又要回歸道處的理解，也就是動態的宇宙論；再加上上面討論過的宇宙整體論，不也就是道家社會哲學（甚至道家整個哲學）的形上基礎？

「宇宙整體觀」的靈魂當然是「道」；那末，人文世界，或是自然世界的一切，因此也就「順乎自然」，就是「順乎天道」了。還有，「道」體既然是「無」，人生順乎天道時，也就要以「無為」作為基本的生命情調，不違反自然，不刻意人為，形成「順乎自然」的社會。

[60] 同上第二十五章。
[61] 《莊子．大宗師》。
[62] 同上，〈天道篇〉。
[63] 同上，〈大宗師〉。
[64] 《道德經》第二十五章。

從天道到人道，再到社會原理的進程，原是中國哲學運作的通性。也就因此，對天道的體認，就成為對人性的理解；對人性的理解，將會落實到政治體制中。因此，對「天道」的解釋也就成為學派之所以為學派的理由。就如儒家與道家，在政制的看法上相當不同，那是因為二者對天道的理解相異之故。關於這點，最引人入勝的辯論，是在葛洪所著的《抱朴子》書中的〈詰鮑篇〉，在這篇內涵中，鮑敬言代表了道家的無政府主義，而在辯論中，一直把握住「天道」本身的「無為」性格；而代表儒家的抱朴子，則始終肯定「天道」是有作為的，這樣來導引出需要人文社會的結論。

綜合來說，道家社會哲學的內在涵義，重要的還是其形上思想的界定，然後是把指導原則的「小國寡民」，安置在人際關係的核心地位中；最後在社會問題中，發現許多的「有為」，造成了亂世，而提倡「順乎天道」的「無為」，來撥亂返治。

叄　先秦道家社會哲學「當代意義」

當代世界政治社會制度，其主流乃是民主和法治。民主法治的根本一方面在於尊重每一個「個人」的尊嚴和價值，另一方面則著重於「人際關係」的各種規範。在羣體生活中，整體與個人息息相關：太注重個人的理想，難免會流於民主但無法治；同樣，太注重集體，則會流於專制。

從上面道家思想的探討看來，其中心課題是站在「個人」修養的立場上，希望透過個人的心性訓練，能够在消極上清除對俗世功名利祿的追求，在積極上則是提升自己的精神領域，從根本上杜絕「心靈外馳」的危機。以爲這樣，社會就一勞永逸地不會再有亂世的產生，而保有「大治」的局面。

但是，站在另外一個角度來看：道家的理想社會固然不會發生混亂（至少是不會產生人禍），但是，卻也談不上什麼發展和進步。如果我們認定：人生存在天和地之間，當然會遭遇到不少的天災人禍，而人文制度的創立，其最根本的意向，也就在於使人類在生命途中，不但要解決「求生存」的生活根本需要問題，而且還要在生活必需之上，求得生活娛樂，使精神生活和物質生活，能够合一。站在這個角度來看，道家是否在積極的思想上，有所欠缺？也卽是說，是否因爲要避免「亂」世的原因，就連所有積極的人文世界的建設，都置之不用？

在這裏，如果問及哲學的根本問題，那就是人類既然生而有智慧，生來就有「人定勝天」的潛能，生來就是「萬物之靈」，爲什麼棄「智」慧而不用，而反要使自己和禽獸打成一片？

道家從老子開始，一直到莊子、列子，似乎祇看到了人文制度的壞處，同樣，在自然生活中，也祇看見原始生活的好處；這是道家在探討社會問題時的偏失。

當然，以道家爲主流的社會思想，所締造的祇是自然社會，其間百姓不但「順應自然」，而且還要「聽天由命」。這是道家缺失的一面。不過，如果在探討中國先秦的各家社會理論時，以分工合作的方式，作爲考慮，則在心性的紮根工作上，道家扮演了非常重要的角色。依我看，至少有下列幾點值得提出來討論：

㈠宇宙整體觀的發現：在中國原始文化就開始的務實性格，哲學主題多集中在「做人」的具體規範上，這在儒家和法家思想中，都呈現得非常清楚。「做人」的道德哲學，無論是儒家積極性的肯定，或是法家將之落實到功利層面，都建構了「道德哲學」的楷模。而道德哲學一旦在務實的性格上落實，也就是說：儒家發明了各種德目的概念，法家釐訂了政制的實利目標；而這二者的探討，都可以不關心形上基礎的體系。也就這樣，中國原始哲學主流中，多不像西洋哲學之體系嚴密：有知識論的入門，有形上學的體，有倫理學的用。但是，道家在這方面則特別突出，它建構了非常深奧的形上學體系。

在這形上學體系中，「道」是一個既超越又內存的宇宙原理㊺。「道」的探討，在一開始的道家經典的《道德經》，就用許多不同的方式，設法去描述它，鑽研它；雖然到結論時，還是要用「否定詞」的模式，說出它的「不可道」、「無名」，但畢竟是研究了「道」的本體論。這和儒家的不直接探討「天」、「天命」、「上帝」的情形，迥然不同。

㊺ 德人 Richard Wilhelm 衞理賢，在所著譯的《道德經》以及《南華眞經》中，就一直讚嘆這種思想，並以之與西洋宗教的「上帝」概念作比較。參閱 Richard Wilhelm, *Lao-tse-Tao-te-king*, Diederichs Taschenausgaben, Passau, W, Germany, 1957. 以及 *Dschuang-Dsi-Das* Wahre Buch vom Südlichen Blütenland, Ernst Schneider, Wien, 1951。

道家的形上本體，在開創期的《道德經》中，雖然是超越的，但到了發展期的《莊子》，則已是內存於萬物，而以「道通為一」奠定了宇宙整體觀。

宇宙整體觀雖多少帶有汎神論的意味[66]，但是畢竟是形上學非常濃厚的課題，在中國哲學務實的性格中，別具一格。

(二)「超人」境界的設計：無論是老子的「復歸」概念，或是莊子的「逍遙遊」理想，或是列子的「神仙」寄望，其實都在提升人生的意境，是在俗世生活中，生命情調的肯定和認同。俗世生活無論在何種情形下發展，都是對「個人」的「個別存在」有所剝奪，有所傷損；個人在羣體生活中，尤其在陌生的人際關係中，總會產生失落感，或是迷失、荒謬、矛盾、苦悶等情緒，看破紅塵原是中國哲學中道家和佛家共同擁有的本事；而在這本事中，把凡人提升到「超人」境界，原就是藝術哲學的終極理想。道家在這方面，提供了很多寶貴的理論和經驗。

(三)圓融和諧的生活：從上面比較理論性的「整體觀」以及「超人」的見解，落實到具體生活時，也就不再斤斤計較成敗得失，更不著眼於權利富貴；而更能夠「視生死為一條」，統一各種生命中的矛盾、對立、相反，而在自然生命中，自得其樂；這樣，也正符合了莊子在對務實的政治社會生活中的見解：「天下有道，聖人成焉；天下無道，聖人生焉」[67]。

---

66 整個物質世界都充塞「道」，也就是道「無所不在」，其理解不但是受時空限制的 ubiquitas，而更應是超時空的 Immensitas。參閱鄔昆如譯著《莊子與古希臘哲學中的道》，同4第六九—七〇頁。

67 《莊子・人間世》。

結論

總之，道家社會哲學思想，在建構社會體制的事功上，是沒有什麼積極建樹的；但是，在陶冶社會構成份子「個人」的心性上，卻有非常積極，而又高明的指導原則，以及實踐方案。

參考書目

1. 司馬遷，《史記》卷六十三，〈老子韓非列傳〉第三。楊家駱主編《新校本史記三家注並附編二種》㈢，鼎文書局印行，民國七十年二月四版。
2. 班固，《漢書》卷三十，〈藝文志〉第十。楊家駱主編《新校本漢書並附編二種》㈡，鼎文書局印行，民國七十年二月四版。
3. 梁啟超，《先秦政治思想史》，東大圖書公司，民國六十九年六月初版。
4. 宇野精一主編，《中國思想之研究㈡道家與道教思想》，幼獅文化事業公司出版，民國六十八年六月再版。
5. 鄔昆如，《中外政治哲學之比較研究》，上、下冊，中央文物供應社，民國七十一年二月出版。
6. 楊幼炯，《中國政治思想史》，臺灣商務印書館發行，民國六十六年一月臺四版。
7. 鄔昆如，《中國政治哲學》，中華電視臺教學部，民國七十三年二月增訂修正再版。
8. 張起鈞，《老子哲學》，正中書局印行，民國六十八年五月臺八版。
9. 張揚明，《老子學術思想》，黎明文化事業公司，民國六十九年十月再版。
10. 鄔昆如，《莊子與古希臘哲學中的道》，中華書局印行，民國六十一年五月初版。
11. 袁宙宗，《莊子學說體系闡微》，黎明文化事業公司，民國六十三年元月出版。

12. 胡哲敷，《老莊哲學》，臺灣中華書局，民國五十五年三月臺二版。
13. 嚴靈峯，《老子達解》，藝文印書館，民國六十年十月初版。
14. 蔡明田，《莊子的政治思想》，商務印書館，民國五十九年二月初版。
15. Richard Wilhelm, *Lao-tse-Tao-te-king*, Diederich Taschenausgaben, Passau, W. Germany. 1957。
16. Richard Wilhelm, *Dschuang-Dsi-Das*, Wahre Buch vom Südlichen Blütenland, Ernst Schneider, Wien, 1951。
17. 《老子道德經》，世德堂刊本，五洲出版社印行，民國六十九年八月。
18. 《莊子集解》，王先謙註，世界書局印行，民國五十六年八月。
19. 《列子注釋》，張湛注，華聯出版社，民國五十五年五月。
20. 《抱朴子》，葛洪，廣文書局印行，民國五十四年八月。

西漢社會哲學

緒論

中國社會哲學思想極盛於先秦，落實在秦以後的各朝代。先秦時代諸子在春秋亂世時期，提出了恢復周朝以前的大一統社會（孔子），或是淡泊功名利祿，以淸靜無爲開創小國寡民的社會（老子）。春秋的結束並沒有帶來興平，卻是進入了更亂的戰國時代，此期，繼承孔子的儒家諸子，提倡了更積極的王道、德治、仁政，作爲政治社會的指導原則：孟子的人倫思想，荀子的禮治，都在設法開創安和樂利的社會。再就道家諸子，繼承了老子小國寡民的思想，寄望在心性的陶冶上，超然於利祿之外，使社會回歸到自然境界：莊子的「與造物者遊」以及「天地與我並生，萬物與我爲一」的心境，和後來的列子所描述的「華胥氏之國」以及「列姑射山」的神仙境域，亦都是設法超越當時亂世的處方。戰國時代法家的發展，以及其「大國人衆」的霸道思想，卻終因李斯的提案，和秦始皇的接受和推行，落實到秦朝的政治中，成爲社會結構和運作的指導原則。

法家在秦統一的局面上，的確帶來了先秦諸子所寄望的「大一統」以及「治」，可是卻沒有給百姓帶來「幸福」。

漢代接受了秦的大一統局面，卻設法關心百姓的幸福，以及設計出「長治久安」之道。漢朝的做法，消極上是：一方面反對嚴刑峻法的法家社會原則和實踐，另一方面卻是接受了道家的清靜無爲的人生態度；在積極上則督促政治社會走向安和樂利的措施。

西漢初年，每一位皇帝都尊崇黃老，就連呂后在內，亦都崇尚清靜之風。這種「順自然」的風尚，算是對法家在秦朝的嚴刑峻法的直接反抗。一直到漢武帝接納了董仲舒的「罷黜百家，獨尊儒術」的提案之後，才在政治社會的作法上，偏重了「長治久安」的積極設計。

當然，西漢的社會思想演變，從西漢高祖元年（紀元前二〇六年）到王莽篡漢（紀元前八年）的二個世紀中，先是反對法家，尊崇黃老，後來罷黜百家，獨尊儒術，其實是以儒家爲基本，去融洽道家和法家的思想；也即是說：紀元前二世紀的社會思想，都是承受了先秦諸子的精華，而且融匯貫通，更能落實到政治社會之中，開展了西漢的盛世。

本講錄旨在闡明西漢（漢朝的前半）的社會哲學思想；從哲學家陸賈開始，經賈誼、董仲舒、淮南子，一直到揚雄爲止，一方面勾畫出當時思想的發展線索，另一方面濃縮出其內在涵義，進而批判其思想的得失，以及對當代社會可能有的影響。

因此，本講錄的進行，一方面在《漢書》中窺探出西漢大環境中的變化，另一方面依序研究諸家的經典，並以哲學的眼光來濃縮其歷史的發展，以及其內在涵義，最後加以批判並導引出一些可能有的結論。

本講錄最重要的參考經典爲各該思想的代表作，即陸賈的《新語》，賈誼的《新書》，劉安的《淮南子》，董仲舒的《春秋繁露》，揚雄的《太玄》和《法言》。其中注釋則參考近代及當代諸哲學家以及有關思想、政治、社會，討論西漢的著作。

壹 西漢社會哲學史的發展

漢代思想依其政治的分期，通常爲前、後漢，亦即西漢和東漢。有關西漢的思想發展分期，學者意見不一，有人主張三分，即漢代初年、武帝時代、西漢之末的哀帝平帝時代❶。亦有人主張二分，即前期的高、惠、文、景四朝，後期則從漢武帝一直到王莽簒漢❷。以上兩種分法都有其理由及優點，前者著重社會事實上的興衰進程，後者著重從黃老思想轉換成儒家獨尊的變遷。

❶ 參閱楊幼炯著《中國政治思想史》，商務，民國六十六年一月臺四版，第一六七頁。

❷ 參閱張其昀著《中華五千年史》第九册《西漢史》，中國文化大學出版部，民國七十一年，第一五五頁。又陳致平著《中華通史》第二篇〈中古史〉上〈秦漢三國史〉，黎明，民國六十七年四月五日，第五〇六頁。

本文在寫作過程中，將設法二者兼顧。

西漢由於繼承了秦的統一疆域，雖然漢初就開始拋棄了法家的暴政，可是其「大國人衆」的成果，以及因萬里長城的拒抗匈奴，形成沒有外患的和平局面，給予漢代大好機會，可以思考「長治久安」之計。西漢的政治制度，皇帝代表政權，丞相代表治權；換句話說，皇帝有地位，丞相有權力。這種權位之分，的確是漢朝政治的一大特色，同時締造了安和樂利的社會。《呂氏春秋》的全部內涵，濃縮起來，亦都是這權位二分的理論和實踐。隨著呂氏而來的興盛，突現在「文景之治」的太平盛世中。

陪伴著西漢前期的興盛的，是黃老思想的人生觀，在權位擁有者身上，發揮了莫大的作用和影響；而又能把這種思想基礎點破的，卻是當時的幾位大思想家，如陸賈、賈誼、劉安等人。

及至漢武帝接納了董仲舒的「罷黜百家，獨尊儒術」開始，西漢就又進入另一高潮的極盛時期，其間不但把劉安的《淮南子》中的綜合各家智慧，付諸實踐；而且挑明了以儒家爲中心的德治、王道、仁政，作爲政治社會的指導原則；在思想的高峯處，有司馬遷的《史記》，說明了從《書經》傳統下來的「天道福善禍淫」的道德基礎；在落實民生的，有董仲舒等人的「天人相應」的學說。最後，還有揚雄的折衷儒、道的作法，而做到了西漢廣爲運用先秦智慧的成果。

西漢成、哀、平三帝政治的衰微，一方面由於讖緯之說迷惑了在位者與一般百姓，另一方面卻遭遇到王莽篡漢的命運。讖緯之說的盛行，說明了哲學智慧的低落；王莽篡漢的事實，指陳了政治社會的動盪。西漢的滅亡，是政治和文化雙方面都要負責的。

本文的宗旨，是設法在文化方面，檢視其社會思想在現實社會中運作的情形，從中抽離出其指導原則以及實踐方案。再來就是其哲學意義。

現就請以思想代表人物爲經，以哲學思想爲緯，來討論西漢社會哲學史的發展。

一、陸賈（約生於紀元前二六一年，歿於紀元前一七〇年）

依《史記》記載：「陸賈者，楚人也，以客從高祖定天下，名爲有口辯士，居左右，常使諸侯。」❸陸賈生平中最著名的故事，就是其與高祖辯論，以「馬上得之，寧可以馬上治之乎」的治國之道❹。也就在漢高祖要求之下，陸賈陳述了秦何以滅亡，以及如何使漢室興盛的政治哲學；亦即著作了《新語》。

《新語》共十二篇，第一篇是〈道基〉，說明治道的根本：以爲國家因聖人而治，聖人則是

---

❸《史記》卷九十七，〈酈生陸賈列傳〉第三十七，楊家駱主編《新校本史記三家注並附編二種》第四冊，鼎文書局，民國六十九年三月三版，第二六九七頁。

❹同上第二六九九頁：「陸生時時前說稱詩書，高帝罵之曰：『迺公居馬上而得之，安事詩書！』陸生曰：『居馬上得之，寧可以馬上治之乎？且湯武逆取而以順守之，文武並用，長久之術也。昔者吳王夫差、智伯極武而亡；秦任刑法不變，卒滅趙氏。鄉使秦已並天下，行仁義，法先聖，陛下安得而有之？』」

法天地之人。第二篇是〈術事〉，說明聖王治國之道。第三篇是〈輔政〉，說明聖王治國需有賢臣的輔助，這樣才可以無為而治。第四篇是〈無為〉，主張行仁政，施仁義，以德化民。第五篇是〈辨惑〉，說明是非觀念對行政的重要性。第六篇是〈愼微〉，指陳先齊家後治國，注重小事者才能成就大事。第七篇是〈資質〉，主張善用人才。第八篇是〈至德〉，極言無為而治。第九篇是〈懷慮〉，主張法天，但反對災異之說。第十篇是〈本行〉，以德為上，以仁義為本。第十一篇是〈明誡〉，主張災異之說，作為人君之誡。第十二篇是〈思務〉，說明王者應以民本精神治國。從上面十二篇的主旨看，從各種治術之中，可以窺探出陸賈的社會哲學的形上基礎，一是天地人三才的融通，二是天人感應的學說；前者屬本體論，後者屬道德哲學。

㈠天地人三才：陸賈首先要強調的，是天、地、人的存在一致性，因而最先指出〈易傳〉中對道術的來源：

「傳曰：天生萬物，以地養之，聖人成之，功德參合，而道術生焉。」〈道基篇〉

而道術就是天、地、人相合所得，這是天道；但是，天道需由人道來彰顯，這就是：

「於是先聖乃仰觀天文，俯察地理，圖畫乾坤以定人道，民始開悟。」〈道基篇〉

人道落實到政治社會時，就是具體的：

「道莫大於無為，行莫大於謹敬。」〈無為篇〉

這樣，宇宙的整體性，也就呈現在「天道——人道——王道」的次序上❺。

(二)天人感應：這天人感應的思想適用於「君權神授」的說法，在中國古代思想中，以自然界的變化，作爲上天對當政者作爲的一種讚許或責備，這就是祥瑞和災異之說。秦漢時代，由於秦皇漢武之大力倡導長生不老藥，許多術士於是環繞著帝王，陳述各種祥瑞災異，一方面作爲向帝王諫陳之基礎，另一方面則說明了天人間的關係。陸賈在這方面，一則反對術士之欺詐人君，另則覺得確有災異之說：

「夫世人不學詩書、行仁義、修聖人之道，極經藝之深；乃論不驗之語、學不然之事、圖天地之形、說災變之異、迷帝王之法、異聖人之意、惑學者之心、移眾人之志……。」〈懷慮篇〉

「惡政生於惡氣，惡氣生於災異。蝮蟲之類隨氣而生，虹蜺之屬因政而見。治道失於下，

---

❺徐復觀在其所著《兩漢思想史》卷二，第九四頁中，稱陸賈的這種思想爲「一個粗淺而完整的宇宙觀」楊幼炯在《中國政治思想史》第一七一頁則進一步認爲：「陸賈以爲仁義乃宇宙之本體，故以仁義治世，則世之太平可期而待。」羅光的《中國哲學思想史．兩漢、南北朝篇》第一四五頁說：「〈道基〉這篇文章，爲《新語》的第一篇，可看作全書的基礎，是陸賈政治哲學的根本。由天地之道以到人道，陸賈沒有演出純粹的儒家政治論，卻帶有道家和法家的思想，尤其道家的無爲政治論，成爲漢朝初年的政策。」胡適的〈王充的哲學〉中，（《胡適選集》，〈述學〉第一五一頁），評論陸賈的《新語》，全書都是「一種雜家之言。」

則天文度於上；惡政流於民，則災蟲生於地。」〈明誡篇〉

因此，站在爲政者來說，陸賈認爲天象值得注意，它是反應著政績的好壞；但是，站在那些專門以術士爲生的人來說，陸賈是主張反對迷信的。

㈢社會哲學：從上面的宇宙及人生的形上基礎看來，陸賈的思想含有儒家和道家的合璧，這是從形上落到形下時，必然有的現象。在政治的運作上，就有下列兩類的描繪：

屬於儒家體系的，有：

「杖聖者帝，杖賢者王。」〈輔政篇〉

「治以道德爲上，行以仁義爲本。」〈本行篇〉

「聖人懷仁仗義，分明纖微，忖度天地，危而不傾，佚而不亂者，仁義之所治也。行之於親近而疏遠悅，修之於閨門之內而名譽馳於外。故仁無隱而不著，無幽而不彰者；虞、舜蒸蒸於父母，光耀於天地；伯夷、叔齊臥於首陽，功美垂於萬代……是以君子握道而治，席仁而坐，仗義而彊。」〈道基篇〉

「仁者道之紀，義者聖之學。學之者明，失之者昏，背之者亡，陳力就列，以義建功。師旅行陣，得仁爲固，仗義而彊。調氣養性，仁者壽長；美才次德，義者行方。君子以義相褒，小人以利相欺，愚者以力相亂，賢者以義相治。」（同上）

順著儒家的治道，行仁義是順天應人的，才可以發展出長治久安的局面。陸賈在高祖面前談詩書，也就是在指出：唯有王道、德治、仁政才可以治天下，而不是靠武力霸道的。

屬於道家體系的，有：

「君子之爲治也，塊然若無事，寂然若無聲，官府若無吏，亭落若無民，閭里不訴於巷，老幼不愁於庭，近者無所議，遠者無所聽……老者息於堂，丁壯者耕耘於田，在朝者忠於君，在家者孝於親……強弱相扶，大小相懷，尊卑相承，雁行相隨，不言而信，不怒而威。」〈至德篇〉

「夫道莫大於無爲，行莫大於謹敬。何以言之：昔虞、舜治天下，彈五弦之琴，歌南風之詩，寂若無治國之意，漠若無憂民之心，然天下治。周公制作禮樂，效天地，望山川，師旅不設，刑格法懸，而四海之內，奉供來臻，重譯來朝，故無爲也，乃無爲也。秦始皇帝，設爲車裂之誅以劍姦邪，築長城以乍境以備胡越，征大吞小，威震天下，將帥橫行，以服外國，蒙恬討亂於外，李斯治法於內，事逾煩，天下愈亂，法愈滋，而姦逾熾。」〈無爲篇〉

照道家的治道，又應當清靜無爲，而達到「垂衣裳而天下治」的景象。老子《道德經》八十章的「小國寡民」的描寫，《莊子》「至德之世」的描繪，都呈現在陸賈的著作中。

這種綜合儒家和道家的學說，可以用下面的方法來劃分，就是：在政治的運作上，陸賈頌揚無爲之治；在道德修養上，則主張修儒家的仁義❻。陸賈的確開了儒道並行互用的學風❼。

但是，在另一方面看，陸賈時代經歷了秦暴政，並從漢高祖一直經惠、少、文三帝，當時的帝王，甚至連其中的呂后在內，都以黃老之術來修身，但在施政上，則用儒家的仁政。因此，儒、道二家的思想合璧，在陸賈思想中是不成問題的；但是，究竟二者如何運用？運用在修養上，或是在行政上，則見仁見智，並未有定論。

二、賈誼（紀元前二〇〇—一六八年）

《史記》記載：「賈生名誼，洛陽人也。年十八，以能誦詩屬書聞於郡中……賈生年少，頗通諸子百家之書，文帝召以爲博士……賈生以爲漢興至孝文二十餘年，天下和洽，而固當改正朔，易服色，法制度，定官名，興禮樂，乃悉草具其事儀法，色尚黃，數用五，爲官名，悉更秦之法。」❽

賈誼著作是《新書》五十八篇，但其中〈問孝〉及〈禮容語上〉不傳，故實存者五十六篇。《新書》是一部政治思想著作，其中哲學理論不多。而其政治主張在根本上是設法削弱王侯的權

❻參閱武內義雄著《中國哲學思想史》，仰哲出版社，民國七十一年九月，第一四五頁。
❼參閱徐復觀，同❺第一〇一頁。
❽《史記》卷八十四，〈屈原賈生列傳〉第二十四，同❸，第三册，第二四九一—二四九二頁。

力，而形成中央集權的局面。《新書》第一、二篇為〈過秦論〉❾，敍論秦朝的過錯；第三篇〈宗旨〉以下，一直到第十四篇〈審微〉，都在討論王侯權力之弊端，都在結論出「中央集權」的好處。

《新書》在整體看，是一本政治論文集，其內容所涉及的，不但設法改良當時的政治現狀，而且更要糾正當時的社會風氣。這也就是「德教」的課題，而且，所用的理由和希望的目標是「復古安民」❿。在內容的形式分類上，《新書》可以分成三部份：一部份是賈誼自己的論著，那就是獨具一格的〈過秦〉；一部份是向文帝陳述意見的；最後一部份是從卷六起，為梁王太傅問答之辭，多以諸侯、世子為對象的教材⓫。除了內容的形式之外，更重要的是思想的內容，那就是卷八的〈道術〉、〈六術〉、〈道德說〉三篇。這三篇文字是綜合儒、道二家思想，但在應用到具體政治社會時，則又綜合了法家。不過，在基本原則上，還是「以德代刑」，「以教化之官，代執法之吏」，這又是以儒家的德治為主流的思想。最顯著的就是：在〈六術〉篇中，把詩、書、易、禮、樂、春秋，稱為六藝，一個人由這六藝來修身，就成了仁、義、禮、智、信、

❾ 賈誼《新書》第一篇〈過秦〉，有分上、下兩篇，亦有分上、中、下三篇，二十二子抱經堂校定本分上、中、下三篇；羅光的《中國哲學思想史》所引用的是分上、下兩篇。徐復觀在《兩漢思想史》卷二，第一七一頁，❺中，討論了〈過秦〉是二篇或三篇的問題。

❿ 參閱武內義雄著，同❻第一四五—一四六頁

⓫ 參閱徐復觀，同❺第一一六頁。

樂的六行，也就是有道德的人。

賈誼的思想體系，因此可以分成下列幾個面向來探討：

㈠禮治：禮的本身原是儒家用來「修身」的途徑，到了荀子，更以「禮」作為改變性惡的方案；到了賈誼，「禮」就成了治國的大經大法。他說：

「故道德仁義，非禮不成；教訓正俗，非禮不備；分爭辯訟，非禮不決；君臣上下，父子兄弟，非禮不定；官學事師，非禮不親；班朝治軍，蒞官行法，非禮不誠不莊。是以君子恭敬撙節退讓以明禮。禮者，所以固國家，定社稷，使君無失其民者也。」《新書》卷六〈禮〉

又說：

「故仁人行其禮則天下安，而萬理得矣。」（同上）

這治國的原理，仍然有其形而上的基礎，那是「行禮」就是「順理」，把人道和天道合而為一了。

在〈六術篇〉中，賈誼更進一步，把德行說成六理，由六理而導出六法，從六法落實成六術，由六術成為六行，由六行提昇為六藝、六律，由六律訂出來六親。這樣，從道德層面的「禮」，超越到形而上的「理」，再落實下來就是政治社會的各種實踐的基礎。

㈡尊君與虛君：君王的地位，賈誼是肯定的，而且還特別用歷史來指陳，他說：

「古者聖王，制爲等列，內有公卿大夫士，外有公侯伯子男；然後有官師小吏，延及庶人，等級分明，而天子加焉，故其尊不可度也。」《新書》卷二〈階級〉

從國家制度中官位的階級，來說明君主之至尊，這是說明君王的地位；但是，賈誼固然承認天子的地位至尊，卻以爲政治權力，尤其是在行政的分工合作上，應以「虛君」的模式，則這又是綜合儒、道的理想；君王的地位至尊，但要「垂衣裳而天下治」，以自身修養的清靜無爲，來實現德治的理想。這種「權位區分」的理論，在當時是政治上的一大特色。《呂氏春秋》一書，要承認皇帝的至尊地位，卻主張把治國的權力讓給宰相，也就是這種思想的典型⓬。

賈誼說：

「大相上承大義而啟治道，總百官之要，以謂天下之宜；正身行，廣教化，修禮樂，以美風俗，兼領而和一之，以合治安。故天下失宜，國家不治，則大相之任也。」《新書》卷五〈輔佐〉

在賈誼心目中的治權劃分，上有宰相，其下有大拂，大輔，執事；其目的是在集天下賢能共同統治國家，而皇帝則可以垂拱無爲。

㈢民本：賈誼政治思想是要落實在「民本」層面的，以爲爲政的目的是爲了百姓，百姓是根

⓬ 同上第五一—五二頁。徐復觀在《呂氏春秋》中，看到了君王尊師的思想，把「君」與「師」的地位同時提昇，可以說在文化層面的事，在政治的「權」與「位」的區分上，則是君王與宰相間的事。

本。他說：

「聞之於政也，民無不爲本也。國以爲本，君以爲本，吏以爲本。故國以民爲安危，君以民爲威侮，吏以民爲貴賤，此之謂民無不爲本也。」《新書》卷九〈大政〉

這「民本」的精神，還有「民命」、「民功」、「民力」，因而導引出：

「嗚呼，戒之戒之，夫士民之志，不可不要也……夫民者，至賤而不可簡也，至愚而不可欺也……夫民者，萬世之本也，不可欺。凡居於上位者，簡士苦民者是謂愚，敬士安民者是謂智。」（同上）

民本精神點出了治術的成果，同時指出了治道的法則。因此，在賈誼的社會哲學中，社會原理卽奠基在人民的意願上；社會的一切措施，都要以百姓的意願爲依歸；而其實踐方式則是井然有序的政治結構，有地位至尊的君主，有掌握大權的宰相，以及分層負責的羣臣；而所有這些結構的爲政者，都是「以德化人」的德治和禮治。故有「以禮義治之者積禮義，以刑罰治之者積刑罰。刑罰積而民怨背，禮義積而民和親。」《新書》卷九〈大政〉

三、淮南子：（劉安，紀元前一七九——一二二年）。

《漢書》記載《淮南子》作者劉安：「爲人好書，鼓琴，不喜弋獵狗馬馳騁，亦欲以自行陰德，拊循百姓，流名譽，招致賓客方術之士數千人。作爲內書二十一篇，外書甚眾，又有中篇八卷，言神仙黃白之術，亦二十餘萬言，時武帝方好文藝，以安屬諸父，博辯善爲文辭，甚尊重之。」⑬

劉安獻於武帝的內書，即是《淮南子》，其著書的目的是：

「夫作爲書論者，所以紀綱道德，經緯人事，上考之天，下揆之地，中通諸理。」（《淮南子》，卷二十一，〈要略〉）

顯然的，這種研究天、地、人的學問，並以之落實到道德人事中的思路，是屬於儒家體系的；以儒家的學說和方法，來談論爲人處世之道，這是〈要略〉指出的作書目的。

可是，〈要略〉的結論，卻一改前面的看法，劉安的自我書評，則以爲：

「誠通乎二十篇之論，睹凡得要，以通九野，徑十門，外天地，捭山川，其於逍遙一世之間，宰近萬物之形，亦優游矣。」（同上）

這種優游的描述，又是道家的思想。因此，《淮南子》一書的內容，一方面是建立個體道家的生命情調，另一方面則是建立儒家模式的社會生活；是儒、道合璧的著作。這樣，以哲學觀點來窺探淮南子的思想時，其宇宙論和本體論是攝取道家的，而人事論則一分爲二：實際社會生活採儒家，人生情調則學道家。因此，才會有人覺得，《淮南子》一書是屬於道家之書：

⑬ 《漢書》卷四十四，〈淮南衡山濟北王傳〉第十四，《漢書》三，鼎文書局印行，民國六十五年十月再版，第二一四五頁。

「通覽《淮南子》內書二十一篇，其中，把周末諸子底幾乎全部都採入了，所以極其賅博。就是：〈天文〉、〈時則〉這兩篇爲陰陽家言，〈地形〉爲形方家言，〈兵略〉爲兵家言，〈主術〉爲法家言，〈齊俗〉、〈修務〉中有農家言，〈繆稱〉中有儒家言。但其中心思想，是道家言。《淮南子》二十一篇可以說是由道家言來折中了諸子的。」⑭

當然，亦有人持不同的看法，認爲《淮南子》的集大成功夫做得不好：

「今觀〈要略篇〉列舉太公孔子以及申子商鞅等八家學術，而不及黃老，二十篇中於儒、墨、名、法、神仙諸家言各有所駁正而不及道家，則作者殆陰奉黃老爲正統，復『采儒墨之善，撮名法之要』以極其用。」⑮

或者，站在整體思想看時，有更深入的批判：

「《淮南子》原名《鴻烈》有二十一篇，乃與賓客蘇飛李尙等講論道德時所編述。因此書係成於眾手，故思想駁雜，缺乏系統，矛盾之處頗多。」⑯

雖然，《淮南子》的思想非常博雜，還是可以蔚成體系來加以探討的。

㈠宇宙論：在宇宙論的探討中，《淮南子》首先給宇宙下了定義：「往古來今謂之宙，四方

⑭ 武內義雄著，同⑥，第一四八頁。
⑮ 蕭公權著《中國政治思想史》上册，華岡出版有限公司印行，民國六十六年二月六版，第三四〇頁。
⑯ 楊幼炯，同①，第一七五頁。

上下謂之宇」〈齊俗訓〉。這定義即涵蓋了時間和空間；因而，討論時空中的事物，也就成了宇宙論；時空中的事物雖然形形色色，種類繁多，但是，學術工作還是可以把握住的：「六合之內，一舉而千萬里，自其異者視之，肝膽胡越；自其同者視之，萬物一圈也。」〈俶眞訓〉因而，宇宙中事物相互之間，有同有異，這也正是知識與本體問題中，可以互通的橋樑。

宇宙問題的形上基礎，首先是起源課題，由於《淮南子》統合了許多學說，因而其宇宙起源問題，雖肯定「道」爲終始，但是，對道的原始描述，卻有許多種：

「一立而萬物生矣。夫道者，覆天載地，廓四方，拆八極，……包裹天地，稟授無形。」〈原道訓〉

「天墜未形，馮馮翼翼，洞洞漏漏，故曰太昭。道始於虛霩。」〈天文訓〉

「古未有天地之先，惟象無形。窈窈冥冥，莫知其門。」〈精神訓〉

「未始有夫未始有有無者，天地未剖，陰陽未判，四時未分，萬物未生，汪然平靜，寂然清澄，莫見其形。」〈俶眞訓〉

這樣的一個「先天地萬物」的「道」，也就是開展出宇宙萬象的根源；從這根源開始，整個宇宙的變化形成，就有了雛形。

〈俶眞訓〉的宇宙變化說，源自莊子，其發展情形如下：未始有夫未始有有無者→未始有有無者包裹天地→未始有夫未始有始者→未始有始者→有始者繁憤未發→有有者⑰。

〈天文訓〉的次序則是：道→宇宙→氣→天地→陰陽→四時→萬物⑱。

〈精神訓〉的次序更簡單，是：道→陰陽→萬物→人⑲。

「人」的出現，即能從宇宙論走向人性論。

㈡人性論：人性論的問題溯源到其起源論，《淮南子》在這方面的理論是：

「剛柔相成，萬物乃形，煩氣為蟲，精氣為人，是故精神天之有也，而骨骸地之有也。」〈精神訓〉

從這種說法，很容易推論出「人」是「頭頂天，腳立地」的存在，而且，其結構本身，是通天地的，《淮南子》書中說：

「故頭之圓也象天，足之方也象地，天有四時五行九解三百六十六日。人亦有四支五臟九竅三百六十六節。天有風雨寒暑，人亦有取與喜怒，故膽為雲，肝為風，腎為雨，脾為雷，以與天地相參也，而心為之主。」（同上）

因此，「人」的定位是在天和地之間，一如〈中庸〉說的「與天地參」，因而確定了人的尊

---

⑰ 參閱羅光著《中國哲學思想史》〈兩漢、南北朝篇〉，臺灣學生書局印行，民國六十七年十一月初版，第五五四頁。

⑱ 同上，第五五五—五五六頁。

⑲ 同上，第五五六頁。

嚴和價值。

進一步，人的行爲也就必須依循道德規範：

「率性而行謂之道，得其天性謂之德。」〈齊俗訓〉

而道德亦祇是依順天性而行事而已。這樣，把道德落實到政治社會中，也就成了政治哲學和社會哲學的理論基礎了。

㈢社會哲學：從人性的認同，到其社會羣體性的探討，也就成爲社會原理：「故古之治天下也，必達乎性命之情。」〈俶眞訓〉這種以性命之情爲中心的治道，原就是「人中心」的思想所開展出來的。「仁莫大於愛人，知莫大於知人。」〈泰族訓〉「聖人制禮樂而不制於禮樂。治國有常，而利民爲本。」〈氾論訓〉人本精神的政治社會結構，仍然是《淮南子》的實踐哲學核心。

可是，民本精神在治道上看，其統治者則不可以驕奢淫逸，而是要學道家的淡泊名利。「聖人食足以接氣，衣足以蓋形，適情不求餘。」〈精神訓〉當然，這「無爲無欲」祇是爲政者的操守，在爲民的事工上，《淮南子》是要政治社會上有爲的：「或曰：無爲者，寂然無聲，漠然不動，引之不來，推之不往，如此者乃得道之像。吾以爲不然，嘗試問之矣，若夫神農堯舜禹湯可謂聖人乎，有論者必不能廢。以五聖觀之，則莫得無爲明矣。」〈修務訓〉又說：「夫聖人者，不恥身之賤，而愧道之不行，不愛命之短，而憂百姓之窮。」(同上)

因此，《淮南子》書中的社會結構，是政治性的「人主無爲，治國則須有爲。治國的有爲，一則在於宰臣，一則在於任法。」⑳

宰臣之駕御，〈主術訓〉有言：

「夫人主之聽治也，清明而不闇，虛心而弱志，是故羣臣輻湊，竝進無愚，智賢不肖，莫不盡其能。於是乃始陳其禮，建以爲基，是乘眾勢以爲車，御眾智以爲馬，雖幽野險塗，則無由惑矣。」〈主術訓〉

又說：

「人主者，以天下之目視，以天下之耳聽，以天下之智慮，以天下之力爭。是故號令能下究，而臣情得上聞。」（同上）

任法的主張，則是在推行政制上的措施，但亦有其哲學基礎的。

「法者，天下之度量，而人主之準繩也，……法定之復，中程者賞，缺繩者誅，尊貴者不輕其罰，而卑賤者不重其刑；犯法者雖賢必誅，中度者雖不肖必無罪，故公道通而私道塞矣。」（同上）

又說：

「法生於義，義生於眾，適眾者適合於人心，此治之要也。」（同上）

---

⑳同⑰，第五九〇頁。

法治的根本理念，在於「法律之前，人人平等」；而法的定位，則是正義、公道，而後者則是來自人心的，這也正是天理和人禮統合成法的原理。《淮南子》集合了儒、道、法各家之大成，而運用到政治社會中。當然，《淮南子》所提出來的理想社會，是井然有序的，既有賢能的君主，又有富有才幹的羣臣，而所有在位者都勤政愛民，以百姓的意願爲意願；在施政方法上，能以法來衛護社會的安寧。這是理想的一面。而事實上，西漢諸多皇帝中，昏庸的居多，社會雖由於長治久安的理念中，帶來相當長期的安寧，但畢竟離《淮南子》的思想有一段距離。

從《要略》篇中，得知劉安集《淮南子》的目的是「紀綱道德，經緯人事」，在前面揭示的思想中，的確可以看出：從道家的修身，到儒家的治國，再到法家的實踐，都在體認天理(道)，分析人的所爲(德)，再來就是論及作書的方法：「上考之天，下揆之地，中論諸理」，也的確運用到，而且大有統合宇宙一元的架勢。《要略》的結尾，寫出了「觀天地之象，通古今之事……斟酌其淑靜以統天下，理事物，應變化，通殊類，非循一迹之路，守一隅之措，拘繫牽連之物，而不與世推移也。」說明了《淮南子》全書的「書評」，是集大成的意向，是否成功，則是後世見仁見智的批判。

四、董仲舒（紀元前一七九—一〇四年）

《史記・儒林列傳》記載：董仲舒是廣川人（今河北省翼縣），以治公羊春秋著名；治《春秋》，好談災異，重宗法禮制；《公羊》則重君主地位。因而，董仲舒以孔子思想爲基礎，提倡尊王思想，同時倡天人感應說，以爲災異是上天對君王的警告㉑。

漢武帝卽位之初（紀元前一四〇年），就召集賢良之士數百人，商討治國之道，董仲舒向武帝提出了「賢良對策」，卽是有名的「天人三策」，提倡「罷黜百家，獨尊儒術」，武帝接受了董仲舒的建議，在建元五年（紀元前一三六年），置五經博士；翌年，崇奉黃老的竇太后死，武安侯田蚡爲相，於是開始黜黃老百家之言，表章六經。於是，儒學獨尊的局面從此開始。

董仲舒的著作很多，《漢書》本傳記載共有一百二十三篇；《漢書·藝文志》則錄有《春秋》和《治獄》，《隋書·藝文志》載有《春秋繁露》十七卷，主要的著作算是《春秋繁露》以及《賢良對策》。

從這兩部著作中，我們可以有體系地窺探出董仲舒的思想：

㈠哲學思想：董氏哲學以宇宙太初問題爲始點，然後順序論及宇宙形成及變化，再後創生人類；再來就是人文社會中的政治組織，君王與天命的關係，因而開展出天人相應的理念；更因祥瑞災異變化之說，來說明自然界的現象與政治界的所爲，有密切的因果，用來彰顯人事與天命。這顯然的是宇宙論和人事論的合璧，董仲舒是漢朝第一位較有系統的哲學家。

宇宙太初問題，最早的根源，董氏稱之爲「元」：

㉑《史記·儒林列傳》，同❸，第三一二七—八頁。

「謂一元者，大始也。」（《春秋繁露》，卷三，〈玉英〉第四）

「元者爲萬物之本。」（同上，卷五，〈重政〉第十三）

這「元」就是開始，就是萬物的根本，這是抽象原理的思考；站在具體的人事來看，則是反方向的思想，那就是，從百姓到人君，從人君到天；或者，從萬物到天地，從人到祖先，從祖先到天地。這顯然是因果律的推論，一方面說明了宇宙中創生了人類，另方面又敍述了人文社會的創始意義：

「王者人之始也。」（同上，卷四，〈王道〉第六）

「君人者國之元。」（同上，卷六，〈立元神〉第十九）

「王者亦天之子也。」（同上，卷七，〈堯舜湯武〉第二十五）

「父者子之天也，天者父之天也。無天而生，未之有也。」（同上，卷十五，〈順命〉第七十）

「爲生不能爲人，爲人者天也，人之人本於天，天亦人之曾祖父也。」（同上，卷十一，〈爲人者天〉第四十一）

「天地者，萬物之本，先祖之所出也。」（同上，卷九，〈觀德〉第三十三）

「人」雖然來自父母，源自天地，與其它事物共同存在，但是，其尊嚴和價値卻是不同的，它超越其它各種存在：

「人受命於天，固超然異於羣生。」（《漢書對策》三）

不但如此，「人」是萬物的中心，萬物的存在是爲了人的：

「天地之生萬物也以養人。」（《春秋繁露》，卷六，〈服制象〉第十四）

這都是因爲人與天有不同的獨特關係：

「天之副在乎人。」（同上，卷十一，〈爲人者天〉第四十一）

「人之形體化天數而成，人之血氣化天志而仁，人之德行化天理而義，人之好惡化天之暖清，人之喜怒化天之寒暑，人之受命化天之四時。」（同上）

這是在人的本質上，與天有莫大的關係，可是，在實踐上，董氏以爲天人之間，應該有媒介，那就是政治社會中的君王，他說：

「唯天子受命於天，天下受命於天子。」（同上）

「春秋之法以人隨君，以君隨天。」（同上，卷一，〈玉林〉第二）

君王的地位於是乎是天和人之間的中保，是天命所託付，同時亦是人民的命運所寄，因而，君王的責任也就在於承行天命，愛護百姓：

「爲人君者其法取象於天。」（同上，卷十七，〈天地之行〉第七十八）

「王者承天意以從事。」（《漢書五六策》一）

「欲有所爲，宜求其端於天。」（同上）

「是故春秋爲仁義法。仁之法在於愛人，不在愛我；義之法在於正我，不在正人。我不自正，雖能正人，弗予爲義；人不被其愛，雖厚自愛，不予爲仁。」（《春秋繁露》，卷八，〈仁義法〉第二十九）

從「愛護百姓」開始，就落實到實踐哲學的部份，董仲舒的哲學，從宇宙論的理論開始，一直探討到政治社會的結構，然後落實到「愛人」的具體實踐，可以說是完滿了哲學體系的要求，另外的一條線索，同時構成哲學體系的，那就是「人性論」，從對「人性」的探討，開展出社會體制。

㈡人性論：從前面宇宙體系中看「人」，曉得人是天之下，萬物之上的存在；而人之中，有代天行道的君王，作爲政治社會次序的衛護。因而，整體宇宙論的課題，實在仍然是以「人」爲中心的探究，因爲從人的需要，才開展出文明，開展出政治社會的各種制度。

人性論的基礎是「天」，人有四肢百體，和天地之數相合；人有心靈，有性，有情，有仁義，都來自天：

「唯人獨能偶天地。人有百三十六節，偶天之數也；形體骨肉，偶地之厚也；上有耳目聰明，日月之象也；體有空竅理脈，川谷之象也。心有哀樂喜怒，神氣之類也。觀人之體，一何高物之甚而類於天也……此見人之絕於物而參天地……天以終歲之數成人之身，故小節三百六十六，副日數也；大節十二分，副月數也；內有五臟，副五行數也；外有四肢，

副四時數也；乍視乍瞑，副晝夜也；乍剛乍柔，副冬夏也。」（《春秋繁露》，卷十三，〈人副天數〉第五十六）

「性有善端，心有善質。」（同上，卷十，〈深察名號〉第三十五）

「天之生人也，使人之生義與利；利以養其體，義以養其心……體莫貴於心，故養莫重於義。」（同上，卷九，〈身之養〉第三十一）

這種來自「天」的人性，本來是善的，那就是「性有善端，心有善質」的意義。可是，「性」之外尚有「情」，而性情又是合一的，於是產生了善和惡：

「天地之所生，謂之性情；性情相與爲一。瞑情亦性也，謂性已善，奈其情何！」（同上，卷十，〈深察名號〉第三十五）

當然，董氏在這裏並不是主張性善情惡，而是主張性情合一，性所追求的是仁，是善，而情則是貪欲，是惡；而善和惡都出自「性情」㉒。

以上是一般的人性，說明其與天地萬物之間的關係，以及其本身的性格。但是，人與人之間還有等級的差別，這就是有名的「性三品」說：分聖人、中民、斗筲。聖人是性善，斗筲之性是惡的，而中民則是可善可惡，有待教育才能提昇爲善性㉓。當然，這與孔子的上智、中人、下愚

㉒ 同，第⑰二〇六頁。

㉓ 董仲舒，《春秋繁露》，卷十，〈實性〉第三十六，《二十二子》第十三冊，先知出版社印行，第五七一頁。

三分[24]，有相同的意義。人數最多的是中民，是需要教育才能向善的。

而教育之重要性由此可見，教化之功，則是教民不犯法，是用以德化人的方式。董仲舒說：

「故曰聖人天地動四時化者，非有它也。其見義大故能動，動故能化，化故能大；行化大行故法不犯，法不犯故刑不用，刑不用則堯舜之功德。此大治之道也。」（《春秋繁露》，卷九，〈身之養重於義〉第三十一）

教育固重要，但是仍然是順著性情的教育，而不是違反性情的。亦即是說，屬於疏導的教育：

「民之情，不能制，其欲使之度禮，目視正色，耳聽正聲，口食正味，身行正道，非奪其情也，所以安其情也。」（同上，卷十七，〈天道施〉第八十二）

禮教的方式亦是由疏導爲準，這是董仲舒對人性論中可塑造性的見解。從這見解的基礎，落實到社會中，就可以窺探出其社會哲學。

㈢社會哲學：從前面哲學中形上基礎的天道、人性和教育思想，我們就可入手於董仲舒的社會哲學課題。首先是其社會原理部份。「人」的社會性是從人性而來，而人性則是天生，故而首先肯定人的尊嚴和價值；再來就是性情說的可塑性，說明社會人際關係的可變性。從「天→人君→百姓」的宇宙論開始，社會結構的基本原理也就是聽從君王的領導，而終至順從天命。這種君

---

[24]《論語》〈雍也〉、〈陽貨〉、〈季氏〉。

主制度的社會，董仲舒還特別強調了「民本」思想：

「王者，民之所往；君者，不失其羣也。故能使萬民往之，而得天下之羣者，無敵於天下。」（同上，卷五，〈滅國上〉第七）

「且天之生民，非為王也；而天立王，以為民也。故其德足以安樂民者，天予之；其惡足以賊害民者，天奪之。」（同上，卷七，〈堯舜湯武〉第二十五）

這「民本」的思想，不是單獨存在的，而是有「君治」的思想相連。「民本君治」才是完整的社會構想。但是，這「民本君治」只不過是治道的方法，而治道的目的是什麼呢？這就要回到董仲舒學術背景中，所學過且重視的《春秋公羊》。《春秋》的「大一統」才是政治社會發展的最終目標：

「春秋大一統者，天地之常經，古今之通誼也。」（《漢書·董仲舒傳》）

既定了「大一統」的總目標，問題也就落實到，如何教導百姓認同這目標，以及與統治者有共識。上面提及的「教育」方案，也就派上了用場。「禮教」也正是引導社會走向「大一統」的方案。在董仲舒的心目中，「禮」就是「序尊卑、貴賤、大小之位，而差內外、遠近、新舊之級者也。」（《春秋繁露》，卷九，〈奉本〉第三十四）因此，「禮」的規範性也就是安定社會的人事階層，使其各安其分，各守其位，而形成井然有序的社會。

因此，在董仲舒的社會原理中，「君王」擔負了「體天作制」的責任，負起了引導社會走向

「大一統」的責任。由此而引起的可能有的社會問題，在董氏看來，並不是百姓的不合作，或是其冥頑不靈，而是「君王」本身是否盡好責任。這思想的原因可以追溯到對秦暴政的回顧。於是，董仲舒設計了「災異」之說，以自然界的現象，來代表天意，來警惕爲政者，使其不敢遠離正道㉕。

因此，在董仲舒的哲學思想中，社會問題緊連著政治問題，以爲唯有在安定的君主制度下，在「民本君治」的政制中，社會才會安定。

而當時社會中，存在著的問題，是民生問題的財富不均、貧富懸殊，因而主張「限田」「均產」，反對「獨覇」、「積屯」：

「孔子曰『不患貧而患不均』，故有所積重，則有所空虛矣。大富則驕，大貧則憂，憂則爲盜，驕則爲暴……使富者足以示貴而不致於驕，貧者足以養生而不致於憂，以此爲度而調均之。」（《春秋繁露》，卷八，〈度制〉第二十七）

的確，貧富不均所產生出來的，必然是社會的不安定，社會不安定，又如何步向「大一統」呢？因此，董氏在上書武帝時，就提出解決之道，要「限民名田，以澹不足。」更提出理想的平均地權的方案：

㉕ 災異說在董仲舒天人感應學說中，有相當重要的地位，「災者，天之譴也；異者，天之威也；譴之而不知，乃畏之以威。」《春秋繁露》，卷八，〈必仁且知〉第三十）。

「方里而一井，一井而九百畝，而立口。方里八家，以食五口。上農夫耕百畝，食九口。次八人，次七人，次六人，次五人。」（同上，卷八，〈爵國〉第二十八）

董仲舒社會哲學的構想，無論其宇宙論或人性論，都有體系可循，其「罷黜百家，獨尊儒術」的構想，也的確找到了「平天下」的道途。但是，其思想中形而上部份的災異說，畢竟演變成漢代的讖緯，而終至演成了迷信多於哲理的東西。

在另一方面，在董仲舒生時，漢武帝的確重用他，可是後者的立場與前者不同；儒術對武帝來說，並不是「德治」的方法，而只是爲達到「長治久安」的手段。因而，漢武帝的理論是聽從董仲舒的「尊儒術」，而事實上則是「陽尊儒術，陰事申韓」，還是沒有走向「以德化人」的政治原理，而是運用「以力服人」的法家方案㉖。更有甚者，是「漢武帝的性情，是一方面好大喜功；一方面縱情極慾。於是而有他的縱遊幸，營宮室與求神仙，使國力大窮。」㉗儒家的實踐，在董仲舒的計畫中，並沒有如期地實現。

五、司馬遷（紀元前一四五—八五年）

㉖ 參閱陳致平著《中華通史》㈡，國防部總政治作戰部印行，黎明文化公司出版，民國六十七年四月五日，第一七一頁。
㉗ 同上，第一七五頁。

「司馬遷字子長，西漢左馮翊，夏陽人（今陝西韓城）。他曾師事孔安國學《尚書》，師事董仲舒學《春秋》。遷父司馬談，在漢武帝時爲太史令，當時天下獻書先上太史，所以司馬談得遍覽羣書。他就根據《左氏國語》，《世本》、《戰國策》、《楚漢春秋》諸書，成一家之言，未成而卒。司馬遷襲父官，繼其父志，搜羅天下放失舊聞，又親歷各名山大川，通都巨邑，去採訪史料，上起軒轅皇帝，下至漢武帝當時，共寫成〈本紀〉十二卷，〈表〉十卷、〈書〉八卷、〈世家〉三十卷、〈列傳〉七十卷，共一百三十篇，時稱《太史公百三十篇》。他這部著作自元封二年到征和二年，歷時二十八年始成，父作子述，前後經過了兩代。」㉘

司馬遷在學術上最大的貢獻，在於他承傳了《書經》、《春秋》的歷史傳統，統集了中華文化的遺產。在他的《史記》中，包括了歷史、哲學、文學、政治、經濟等各方面的學問敍述。更重要的，在敍述之外加上了短評，這就是司馬遷的獨特見解，以及他對天道、人道、時事、歷史的批判；而在這些批判中，我們可以窺探出他的人生觀，對政治社會的看法。

㈠哲學思想：司馬遷的哲學，奠基於社會正義的天道觀，而這天道觀則是承傳《書經》的「天道福善禍淫」的原理，以及《道德經》的「天道無親，常與善人」的想法。《史記》固然承傳了《書經》和《春秋》二部史書的歷史記載，但是，卻增加了對歷史史實的批判，這就是歷史哲學。在歷史史實的敍述中，司馬遷當然首先忠於事實和事件，但是，一旦事實和事件的因果關

㉘ 同上，第五二〇頁。

係，不符合「賞善罰惡」的原則時，司馬遷就要提出質疑。其中最著名的一段，就是〈伯夷列傳〉的記載。在記載中，他首先引用孔子的話「伯夷、叔齊，不念舊惡，怨是用希」以及「求仁得仁，又何怨乎？」開始，接著提出了二者「讓賢」的事實，以及餓死首陽山的結局，而以「由此觀之，怨邪非邪？」的問號，表示心中的存疑。再來就是引用老子的「天道無親，常與善人」，來敍述顏淵的早死，伯夷叔齊之餓死，而反過來，那「日殺不辜，肝人之肉，暴戾恣睢，聚黨數千人橫行天下」的盜跖，竟然長壽、富貴；因而感嘆出「余甚惑焉，儻所謂天道，是邪非邪？」㉙善惡報應的不公，不正是顯示出傳統的道德理念，以及歷史事實間二者的不協調？

當然，如果司馬遷接觸到後來佛家的輪廻報應說，在時間上除了今生今世之外，尚有來生來世的期待，也許就能擴充其天道觀的視野，而不急於在此世要求正義了。

㈡社會哲學：司馬遷的社會正義形上基礎是天道，正如上述，卽其在具體落實的社會思想中，則追隨儒家的春秋大義。這點，表現得最深刻的，首在於他把孔子列在〈世家〉之中，與諸侯並列，而不是與諸子同置在〈列傳〉中；然後把「知其不可爲而爲之」的卓越精神，單單讓給孔子，說明其周遊列國，召徒佈道，到年六十八時，回魯國教書，把天道和人道傳給後世，並不像寫老子時，覺得中原「不可爲」，而要離國他往㉚。

㉙《史記．伯夷列傳》，同❸，第二一二二—二一二五頁。
㉚同上，〈孔子世家〉，第一九四三頁，以及〈老子韓非列傳〉，第二一四一頁。

由於司馬遷特別尊敬孔子，還在世家中稱孔子為「至聖」，因此，在世家中的思想，可以說都以孔子的思想進程爲依歸，是以德治、王道、仁政的政治制度，來使社會安和樂利。

司馬遷雖沒有特闢篇章，專論社會，但其編纂歷史手法，則是導向儒家社會觀，其貢獻也就在於用歷史來爲儒家作證。

六、揚雄（紀元前五三—公元一八年）

揚雄的生平，照《漢書》八十七的上、下兩篇的記載，可濃縮爲：字子雲，蜀郡成都人，生於漢宣帝甘露元年（卽紀元前五十三年），卒於王莽天鳳五年（卽紀元一十八年），得年七十一歲。年少時，卽不以訓詁章句爲滿足，而博覽羣書。羡慕司馬相如的賦而作賦，崇拜屈原而作《反離騷》、《廣騷》、《畔牢騷》。孝成帝時，召爲侍詔，哀帝時升黃門侍郎，時擬《太玄》稿，因病辭官。王莽簒位，召爲大夫，作《法言》。

揚雄的思想展示在其所著《太玄》以及《法言》兩書中。《太玄》是仿效《易經》的著作，是他的宇宙論，專論宇宙之生成變化原理以及宇宙發展的法則，多爲道家的思想。《法言》則是仿效《論語》的著述，論及人生哲學，像道德、政治、社會、學術等，是依照儒家的人生觀所集成。因而，揚雄思想是在折衷儒、道二家，亦可以說集儒、道二家之大成。

揚雄思想體系，可用下列幾點來說明：

(一)宇宙論：《太玄》一書是依照老子的哲學而改變《易經》的原理，首先把「道」概念改為「玄」，繼而把《易經》的陰陽二元，改變為天、地、人的三元，如此而一直設法解釋宇宙中各種現象的來源。乃至於解釋政治社會的各種組織：

「玄者，幽攡萬類而不見形者也。」（〈太玄〉七）

「夫玄也者，天道也，地道也，人道也。」（〈太玄〉十）

「玄者，攡措陰陽而發氣，一判一合，而天地備矣。」（〈太玄〉七）

「玄有一道，一以三起，一以三生，以三起者，方卅部衆也。以三生者，參分陽氣，以為三重，極為九營，是為同本離生，天地之經也。旁通上下，萬物并也。」（〈太玄〉十）

揚雄的「玄」似乎沒有什麼位格和意識，和《易經》的太極、《老子》的道相仿，而沒有儒家的天的含義；也因此，《太玄》一書止於對宇宙論的探討，其中對人事的演繹，只含有機械變化的意義，而導引不出道德的意味。

揚雄的道德哲學要在他的《法言》一書中去找尋，也卽是他的人性論。

(二)人性論：從《太玄》的宇宙論過渡到《法言》的人生哲學，也正是揚雄哲學的轉變，他說：

「老子之言道德，吾有取焉耳，及搥提仁義，絕滅禮學，吾無取焉耳。」（《法言・問道》）

天之道不在仲尼乎？仲尼駕說者也，不在茲儒乎？如將復駕其所說，則莫若使諸儒金口而木舌。」（《法言．學行》）

這也就是《法言》走儒家學說的道路，但是，關於人性善惡的問題，卻沒有追隨孟子的性善說，亦沒有繼承荀子的性惡論，而是折衷了二者，創出「善惡混」一說：

「人之性也善惡混：修其善則爲善人，修其惡則爲惡人。氣也者，所以適善惡之焉也歟？」（《法言．修身》）

在這「善惡混」的學說中，揚雄主張修善，完全符合儒家的傳統。但是，在這修的過程中，人性則有不同的品位：分成聖人、賢者、眾人：

「聖人耳不順乎非，口不擇乎善；賢者，耳擇口擇；眾人無擇焉。」（《法言．修身》）

這也就指出：聖人是行善的，順自然而行善；賢人則需要謹愼行事；而眾人則無所謂。在〈修身篇〉中，更進一步指出：眾人爲富貴而生，賢人則行善，聖人生來就是神明。這種見解，多少有點命定論，雖然其目的在於激勵人向上奮發，以達到「天人合一」的最高境界。

以上所述的，揚雄把人分成三品，人性卻仍然是「善惡混」的一種，終究還是主張修德行善。

㈢社會哲學：在《法言》諸篇中，論及德治的篇章很多，都是承傳儒家思想的。就如：

「政政本，身也；身立，則政立。民可使覯德，不可使覯刑。」（《法言・先知》）

「故常修道者，本也；見異而修德者，末也；本末不修而存者，未之有也。」（《法言・孝至》）

而在德治的原則下，落實到社會實踐時，則特別著重民生問題之解決：

「從政者審其思斁而已矣。或問何思何斁？曰：老人老，孤人孤，病者養，死者葬，男子畝，婦人桑之謂思，若汙人老，屈人孤，病者獨，死者逋，田畝荒，杼柚空之謂斁。」（《法言・先知》）

這種設計，原就從《禮記・禮運篇》的理想而來，而政府的首要任務，也就是使這種理想的社會，能早日實現：

「君人者，務在殷民阜財。」（《法言・孝至》）

對於解決民生問題，爲民發財，具體的方法就是分田制產：

「或曰弘羊榷利而國用足，盍榷諸？曰譬諸父子，爲其父而榷其子，縱利如子何？」（《法言・寡見》）

「井田之田，田也。田也者，與家田之。」（《法言・先知》）

當時，社會問題中，就是貧富不均，而揚雄和董仲舒的「名田」方式一樣，主張均田制度，來使民富足，來安定社會。

在社會生活中，西漢末年發展了不少的讖緯學說，本來，讖書是一種隱語，用來預言未來的吉凶禍福；緯書是與經書對立的一種旁流，用來解說各種祥瑞災異；這些讖緯之書，源自陰陽五行的解說，忽而變成天人之際的學問，對漢代儒家學說，眞有魚目混珠之嫌。揚雄在這方面，極力破除迷信，而導儒家仁義道德的正統。《法言》的〈五百篇〉以及〈君子篇〉，都力言讖緯神仙的虛妄。

貳　西漢社會哲學的內在涵義

縱觀西漢社會哲學史的發展，以漢武帝接納董仲舒「罷黜百家，獨尊儒術」開始爲分界線（漢武帝西漢建元元年，即紀元前一四〇年），這以前，社會思想直接反對秦暴政所用的法家思想，而用黃老的淸靜無爲，作爲長治久安之計；這以後，開始了儒術，而以積極的德治仁政來建設社會，以期達到太平盛世的目的。這是就政治體制以及社會風氣作立足點的一面。在另一方面，就思想家而言，早期的陸賈、賈誼都在提倡儒、道合一的哲學基礎，作爲社會建設的根本，而《淮南子》則設法以道家爲中心，去綜合各家意見，來開創社會的安定機運；董仲舒和司馬遷，則極力推崇儒家，認爲儒學才眞正是民生樂利、長治久安的治國大道。最後的揚雄，則是折衷儒、道，而又設法澄淸從秦皇漢武以來的讖緯神仙思想，回歸到原始儒、道修身、治國的康莊大道。

西漢的思想家，在承接先秦諸子的學說上，對儒家懷有特別的尊崇，而反過來，對法家卻下意識地排斥，這原是由於戰國期的紛亂，以及秦暴政帶來的心理現象；其對道家清靜無爲的學說，則持有相當複雜的心態；首先是道家的「小國寡民」以及「清靜無爲」，足以針對法家的「大國人眾」以及「嚴刑峻法」，提出反證，因而直覺到道家的可愛處；但是，在另一方面，在漢代接受了秦朝的大一統局面下，又不可能用政治上的無爲，來達到長治久安的目標，於是又覺得道家的用處不大。西漢的哲學家，於是就在這兩重的意見夾縫中，提出不同的意見，來運用道家的思想。不過，在大體上，多半認爲君王可以用道家的無爲來修身，以及把權力分給宰相及各級官員，以虛君實相的政治模式，來治理天下；在治國的各項措施中，則以儒者的態度和方法，作爲準繩。至於政治社會的終極目標，如何實現儒家的「太平世」，以及同時又是道家的心靈境界，則是要進一步的深入探討，才能獲得結論。

西漢社會哲學所奠基的形上天道思想，一方面由於對《易經》的深入研究，另一方面由於初年對道家的崇尚，而形成了宇宙論的基本架構；再加上儒家原始的「天」概念，形成了宇宙論與人生哲學的銜接原理，其中的「天人相應」學說，雖然不能說是傳統「天人合一」理想的落實，但亦不能說必然是災異讖緯的直接原因。

西漢的形上思想，在天人關係的探討上，有極重要的貢獻。雖然，中國哲學的儒家中心，並沒有把形上學當作哲學的核心，而是把哲學的整個關懷，集中在人事之中，落實到政治和社會。

這「人」中心的哲學體系，到了漢代，就漸漸深入到心、性、情等等課題之中，而作爲政治體制、社會措施的指針和方案的參考。這時，社會中的人際關係討論得不多，倒是個別的人的性、情，以及由之而產生的人的等級問題，成了問題討論的核心。

於是，社會原理的探究，不再像先秦時代的儒、道、法所主張的「天」，或是「歷史」，而是轉換成人的心性。這種轉變，對中國哲學發展史非常重要，尤其到了宋明諸子時代，把心性問題當作哲學的核心課題，而對其形而上的意義幾乎沒有什麼興趣了。

倒是社會問題方面，由於漢朝已經拋棄了法家的政制，而不再以嚴刑峻法，來治理國家，其所採納的儒家以及道家的思想，的確維持著長治久安的情形。

這樣，西漢社會，無論從政治的「大一統」來看，或是衛護此「大一統」的學說或措施來看，都是緊扣著傳統和道統的，都是承接先秦的學術思想的。

我們這就以社會哲學的內涵：社會原理與社會問題兩個面向來探討西漢社會的情形。

一、社會原理

承接著先秦哲學思想，西漢的宇宙問題由於《易經》和道家思想的融通，而發展了宇宙生成說以及宇宙變化的理論。這理論濃縮起來就是「天人感應」的學說。而在「天人感應」學說中，無論自然的祥瑞，或是災異，都在說明「天」的位格性，因爲其意志要用自然界的變化，向人間展示其好惡或旨意，尤其用自然現象來嘉許或警惕在位者，使其在「替天行道」的行爲中，不致有越軌的行爲出現。這種樸素的宗教意識，雖事實上用來，作爲政治行爲的規範，可是事實上，卻是給予社會政治措施的一種形上基礎。西漢哲學在這方面，呈現出兩種相當不協調的情形：一是設法以研究「人」的心、性、情的現象，作爲行政的指針，另外就是用「天」的意旨，來指導政治社會。由於這兩方面的延伸，都超出了，至少是擴大了先秦哲學的視野；因而，無論如何，不能算是哲學的沒落㉛。

在哲學追求終極理解的角度來看，性、情的課題，終究還是要回到來源的課題中，於是「天」又必然成爲宇宙起源以及人性來源的形上學之中。社會中人自處的問題，以及人際關係的行爲標準的問題，亦都必須回到客觀法則或是道德規範的問題中。心性或是天性、良知或是良心，在存在次序上，都不可能是終極存在，至少它沒有創生宇宙及創造人類；這是哲學上非常根本的體認。

就像司馬遷的「天道是邪非邪」的感嘆，其深層的含義是「天道福善禍淫」的原理，而這原理源自《書經》對「天」的信仰，而認爲上天是正義的，有善必賞，有惡必罰的。這顯然的不是

㉛ 勞思光以爲「天人相應」的學說，是湮沒了孔孟的原意，因而認爲這是哲學的沒落，未免過於偏見。見勞著《中國哲學史》第二册，三民書局，民國七十二年，第一〇頁。韋政通則以爲這是「爲專制服務」，或是「御用哲學」，亦未免忽略了形上學的眞義，見韋著《中國思想史》，大林出版社，民國六十八年十一月三十一日，第四六六—四六七頁。

心性問題，而是天人關係的問題。

西漢的社會哲學原理，也就因此，在其形而上的基礎中，承認了天命，從天命導引了人性；承認了天的存在，天又創生了人類。而這些過程則滲雜了《易經》、道家等宇宙論的思想。可是，一旦落實到政治社會的措施時，亦承認「人性」的高貴，發展了「人本」的精神，而以德治、仁政來規範社會的次序。因而，在本質上，西漢社會哲學的原理仍然是儒家的，其形上架構極似〈中庸〉。

以「民本」爲出發點的政治體制，所開展出來的社會，也就正如西漢當時「大一統」的情形，達到安和樂利時的「太平世」。「民本」的實踐，雖然在方法上，每一位社會哲學思想家並不一樣，但其目標則是整體社會的繁榮安定，百姓的豐衣足食。陸賈所用的詩書仁義，賈誼德教的復古安民，淮南子的利民爲本，董仲舒的民本君治，揚雄的道德爲本，生計爲方；在在都是設法建設一個安定富足的社會。

西漢的社會體制，屬於君主政體，這無論在現實政治上，或是各思想家的著作上，都一致認同的。他們彼此間意見相左的地方，只是君主政治的運作模式：君主專政，把政權和治權都集於君主一身；或者，虛君政治，承認君主有最崇高的地位，但治權卻分給宰相，乃致於再往下順延，分層負責。中央集權的模式，雖然一致，但這集權是集於君王一身，集於宰相一身，或是採取分權方式；這就要看儒、道二家思想孰重孰輕來決定：君王至上的說法通常是獨尊儒術者所主張，而虛君政治則是道家所推崇。

在「太平世」的指導原則下，君王至上或是虛君政治就只不過是實踐方案了。

二、社會問題

西漢接收了秦統一的天下，在疆域上有萬里長城堵住匈奴的入侵，在內政上有統一的度量衡，以及郡縣制度；書同文、車同軌的「大一統」的確應驗了法家的「大國人眾」，只要制度上不要施行暴政，太平盛世也是指日可待的。事實上的文景之治，不就是明證？

秦暴政之後，無論百姓，或是爲政者，都希望不再在苦難中過日子，而盼望德治、王道、仁政。因此，西漢的社會問題很單純，也就是爲政者如何「安民」的課題。百姓體驗中的暴政，是秦朝的政府嚴刑峻法，管得太多，老百姓根本沒有隱居的自由；這就導引出百姓對參與政治事務的反感。難怪西漢初期的政治領袖，都在設法藉尊崇黃老的無爲之術，來處理政事，以安定人心。

當然，從對黃老的推崇，乃致於對「長生不老」的寄望，甚至「求仙」的欲望，在道德生活上，容易淡忘「三不朽」的原理，同時減低了「修身」的道德動機。「修身」的忽視，原從秦始皇開始，連漢武帝在內，都不再以「立德、立功、立言」來謀求自身精神的不朽，而是設法弄到長生不老藥，來維持肉體生命的無限延長。

西漢社會的眞正問題，並不在於「大國人眾」的長治久安的設計是否妥當，以及這設計的可行程度，而是人們心性欲求的問題，把對精神生命的尊崇，轉換成對肉體生命的欲念。這種忽視精神，看重肉體的情事，不但秦皇漢武，也不但是徐福文成，而是深入到百姓之中。由於百姓的需求，方士應運而生，再加上天人感應等學說的出現，就眞正成爲社會問題了。

方士不但提供長生不老藥方，也不但教百姓成仙之道，更重要的，還是利用讖緯之說，影響著政治社會，王莽簒漢，不也在用這類的學說，爲自己的政權辯護㉜？

這社會問題的引伸，最使學術界感到困擾的，就是原理與問題之間的不協調。就「天人感應」學說本身，應該是中庸學說的落實，是「天命之謂性，率性之謂道」的指導原則，以及由宇宙以及人性的生成論的理解，落實到人事論的理論架構；再來的「修道之謂教」，不正是實踐方案的表達？然而，西漢的社會，卻並沒有實踐「修道」的規誡，〈大學〉中的「自天子以至於庶人，壹是皆以修身爲本」的原理，原是註釋「立德、立功、立言」三不朽的修，而西漢的讖緯說，則落實在根本不同的「修」的層面。這也就是重精神的「修」以及重肉體的「修」完全兩樣的成果。「天命」的意義。單就在這方面的理解，就足以說明西漢諸子並沒有承接先秦的精華，而誤導上沒落的系統上了。至於那些利用「天人感應」來支持或反對政治權力的學說，像王莽簒漢的情事，那就更等而下之了。

當然，在天人形上銜接問題上，非難西漢的思想家，也許並不完全正確，原因是當時在秦火

㉜參閱陳政平著《中華通史》，同㉖，第五〇九頁。

之後，先秦的各種原始經典，並不完備。而先秦經典多是實踐原理所取向，失去了實踐的指南，就難免有所偏差。西漢學術界除了儒、道的政治哲學精神，希望取代法家思想，但同時又非要處理「大國人眾」的現實社會，其間不得不承受各種困難之外，就是對《易經》那部書的悉心研究和註解。《易經》本是宇宙生成論的著作，人事問題，是從宇宙原理所導引出來的次要問題。更進一步，《周易》的符號原是銜接殷商時代「問天」「占卜」所用；《易經》在西漢的研究熱潮，單在學界的理論上大概不會發生什麼問題，但一旦成爲社會廣大羣眾所關心的人事問題時，就必須注意其發展動向了。

恰好，這「天人感應」學說，以及《道德經》的宇宙論，又適時而至，於是混合成爲讖緯的應用。人事問題已不再是道德的問題，而是「命運」的課題。

當然，在讖緯的思想實踐中，像王莽的運用算是例外，在歷史中不多見，而百姓生活在這種類似宗教的氣氛中，的確有政治上的「長治久安」的成果；也就因此，政府以及知識分子，對糾正它的決心，都顯得不夠積極；原因是，它並不違反當時社會所需要的指導原則，以及實踐方案。

社會問題由於被當時所寄望的「長治久安」大原則所淹蓋，其原有的民生問題，在西漢並沒有呈現出特別大的痲煩。當然，秦漢之際，亂世之後，曾一度呈現著凶年，有「米石五千，人相食，死者過半」㉝的描寫。漢初首先安定社會，一方面不再戰亂，另方面發展經濟，「促進人口

㉝《漢書・高惠文功臣表序》，《史記・陳丞相世家》，都有類似的記載。

繁殖，加強農民生產，同時省刑薄賦，與民休息。」㉞沒有戰亂，人民自然能靠勤儉致富，而過著安和樂利的日子，歷史中的惠帝、文帝、景帝三朝，都在抑制對外戰爭，而且不做特別的建設，讓百姓首先解決生計問題。文帝更是一位節儉的帝王。這顯然是漢朝初年，黃老之治的成果，這成果落實到社會上，也就是民生樂利，而不是「大國人眾」「兵富力強」的法家景象。到漢武帝時，西漢已經有七十年的調養生息，因而家給富足；連帶來的就是國庫充實。從文景之治開始，西漢就已步入民富國強的境地。當然，漢武帝因爲不必努力，就享受到文景的餘蔭，難免又陷入好大喜功的困境中，又一度耗消國庫，國力大衰；可好後來的昭帝和宣帝，又開始生息養民，而恢復文景舊觀。哀帝平帝時，雖政權旁落，但民生問題並沒有受到多大的影響，仍然保持繁榮。這繁榮一直保持到王莽赤眉之亂。

西漢社會問題，因而全靠政治安定與否，與政府政策良好與否而定。民生問題只是顯象，百姓的安和樂利或是民窮財盡，與天災人禍確是成反比的。

漢初的重農政策，是解決當時社會民生問題，最主要的關鍵；尤其在「以農立國」的文化背景下，解決了百姓的衣食問題，也就安定了社會。當然，漢初的俸祿制度，的確也使官吏不愁衣食，不致有官員荒廢政事；這當然與社會治安息息相關。

「太平」的政治理想，同時亦是西漢的社會理想；其時知識分子所嚮往的「大學」，也正在

㉞ 陳致平著《中華通史》(二)，第五五九頁。

教育修、齊、治、平的道理。社會沒有內憂外患，能够安內攘外，社會問題也就獲得根本的解決了。

叁　西漢社會哲學的當代意義

從上面歷史的發展與內在涵義兩個面向的探討中，我們窺探得出西漢社會哲學的來龍去脈；其哲學思想的好壞幾乎與政治的好壞，對社會有同樣重要的影響。而哲學思想又更是政治體制以及做人態度的基礎。社會的興平與否，百姓的安和與否，因之歸根究底，仍然回到哲學中，形上基礎的問題。在前文的系列探討中，哲學思想的派系，對社會政策的影響，固可作爲社會措施的前車之鑑，而其好壞的標準，也可以在「民本」的傳統智慧中，找到最基本的尺度。因爲國民生計的問題，在西漢時期，可以說完善，百姓可以安居樂業，而免受戰亂之苦。這民生問題的解決，相對於先秦時期的春秋和戰國期間的兵荒馬亂來說，眞有天壤之別，於是，在「民本」的尺度下，來看西漢的社會，的確是安和樂利的。

這安和樂利的措施，是靠政治的德治、王道、仁政的實踐，而王道的實踐，有賴於儒家學說的發揚；而發揚儒家的王者，在西漢時代，又多爲修習「道家」，尊崇黃老的君主。這尊儒崇道，在消極上就是反對法家的嚴刑峻法，更反對國際間的霸道思想。儒家的「天下平」的政治社會理想，恰好與當時政治的「長治久安」的理念相符，而這種符合又是「合」的情況；於是「分」裂也就被認定屬於春秋和戰國的亂世，而春秋之前的「周」卻是「合」的，漢也是合的。中國文化對「合」對「統一」的政治社會有偏好，而對分裂卻一向反對。再則，儒家的王道反對霸道，更反對亂世，而且，《春秋公羊》特別提出從「據亂世」到「昇平世」，再到「太平世」，是政治社會發展的道途。

西漢社會的貢獻，也就在符合中華文化儒家傳統的「合」和「治」，而修改了秦、以及秦以前的春秋和戰國的「分」和「亂」。這是在社會事實上的表象。在這表象背後，則是政治哲學和社會哲學，對儒家王道，以及對道家無爲思想的重視。

在哲學的開創性意義來說，當然，漢代並沒有什麼大的創造，也沒有出現中國哲學史上第一流的思想家。但是，能够融通儒和道二家的思想，同時又能把這融通了的成果運用、落實到社會中，來建設長治久安的政治，來建設安和樂利的社會，也不能不說是哲學中的創見。

西漢諸子在這方面的成就，一方面是集先秦諸子的大成，算是獲得了先秦的眞傳，另一方面亦開啓了今後「開放文化」的先河。儒和道能够並行不悖，啓示了後來隋唐時代，儒、道、佛的共融。

接受其它學說的長處，是學說本身成長的條件。

西漢社會哲學的另一貢獻，就是《周易》的研究，這可說是在儒、道二家學說之上，找尋形上學的思想根本。儒家在先秦的發展，由於孔子本身的思想體系，是以人性為中心，而採取了道德取向，其形而上的天道觀念，是完全承傳《書經》、《易經》的天道觀；其後儒家巨子孟子、荀子，也漸漸放棄對天道的研究和發揚。漢代在《易經》的研究成果，重新以宇宙生成論的方式，來探討人生，可以說在哲學方法論上，走向了另一紀元。可惜的是，這天道的形上思想做得不够徹底，不但滲雜了許多唯物的色彩，同時加進了許多方士迷信，以及讖緯之術。

這種變遷，可以說儒、道二家思想本身的發展，都有責任：首先是儒家的發展，孔子心目中的形上思想還保持《書經》、《易經》的「天道」，到荀子時，「天道」已被貶低成機械式的，而以人道取代了天道。也就因此，其弟子韓非和李斯，都在政治措施上，採取了法治的信念，而放棄了德治和王道。儒家的沒落，才使秦暴政有了實行霸道的機會。再說道家的沒落：老子本身的修行，原是精神的；甚至莊子亦保有心齋坐忘的境界，可是到了列子，卻開始了神仙的說法；到了抱朴子，神仙以及練丹竟然成了風尚，精神不朽的追求，轉變成肉體不死的企望。這儒、道二家沒落的成果，統統都濃縮到漢代：西漢已孕育成胎，到了東漢就要降生成人了。

哲學本身的迷失，導引出社會哲學基礎的不穩定。

也就由於儒家本身淡忘了立德立功立言的三不朽，而反而專注重「長治久安」的成果；由於道家本身忘記了修身的精神面，而著重於「長生不老」的追求，於是，「回歸內心」的工夫盡失，哲學家本身沒有把握住「做人」的根本，心性問題的討論也徒具空文，於是，哲學在上不著天，下不著人的情況下，走偏了「人本」的精神，更因此而喪失了形上基礎的探究。在西漢，人性是什麼的課題是有人討論，可是，如何提昇人性，則沒有提出建設性的方案。

哲學慧命由於哲學家本身的偏差，並不彰顯。

難怪在哲學形式上發展非常輝煌的宋明，名義上跳開印度外來宗教的束縛，而回歸原始儒時，也陷入漢代心性探討之中，而無法眞正回到先秦儒對形上天道的尊敬。

西漢社會哲學的成果，因爲是在消化先秦諸子思想的餘蔭，對實際社會有不可否定的貢獻；可是，就整體哲學體系的意義來看，就難免有不足之處。其能集儒、道大成的功力固不可沒，但是其發揚和開創的實力則値得懷疑。

結論

西漢社會承接秦統一的局面，秦朝原是以「大國人眾」的法家思想做基礎，而厲行嚴刑峻法，成爲歷史中的暴政。西漢承接了「大國人眾」，卻不走法家路線，而在個人修身上用道家清靜無爲、修心養性的方法，在治國大事上則獨尊儒術。因此，雖然國土廣大，人口眾多，仍然締造了安和樂利的社會。

西漢政治哲學的成果，多在融和儒、道二家，把內聖的方法歸諸道家，而把外王的手段交給儒家。因而，西漢社會的形態是奠基在道家的心性修練，而其表象則是儒家的昇平氣象。

也就由於這種社會哲學的研究，我們結論出：哲學的沒落影響到社會的沒落。果眞，儒家禮教的重形式，忘記了內容，以及道家的重肉體，忽略精神，都是哲學的沒落，而影響到社會問題。

繼承西漢而來的東漢，其社會問題更顯出是由哲學的沒落所引起，其算命、看風水、畫符、鍊丹，已經成爲官員與百姓的習尙，其精神不朽的原始儒、道的共命慧，已趨沒落。

西漢哲學家的貢獻在於集大成，尤其融通儒、道二大家的努力，更值得喝采；但在另一方面，其無法開創新局，無法在儒、道之外另創新說，反而錯懂了儒道內聖外王的根本道理，也就因此在學術上無法留下重大的貢獻了。

研究西漢社會哲學的最大方便，是各種制度的明定，都有史料可供參考，這是對西漢社會研究的方便；但在另一方面，西漢哲學家的著作，多是雜亂無章的，很難清理出一個完整的體系；著作中多是論文集，尤其是集合不同作者的作品，或是同一作者，但不同觀點所寫出來的東西。於是，在研究西漢社會哲學時，比起對先秦的社會哲學研究，所應花費的心血要多出數倍。不過，共同一點的是：西漢哲學家都多少有雄心，綜合各家各派的學說，來爲自己的主張舖路。

從西漢到東漢的思路，最重要的是印度佛教的傳入，這是中華文化開始與外來文化大接觸的時代，當然會有很大的考驗和衝擊。從東漢（後漢）對外來文化的容忍及融通精神回過頭來看，就更曉得西漢（前漢）儒、道相容的精神，對文化的發展，有多大的貢獻。它至少是開拓了中國士大夫對不同意見、不同學說的寬宏大量，採取開放的態度，甚至接受與自己相反的意見。這種學術上的心理準備，在西漢諸子中，可以看得相當清楚。

對西漢社會哲學的研究，因此我們可以濃縮成下列數點成果：

㈠中華道統的「民本」精神，在政治、社會的措施上，恒常不變；其理論的落實，無論是儒家，或是道家，都不離這基本。

㈡從這「民本」精神，落實下來，就是社會的民生問題與安和樂利的景象，都是爲政者所努力的目標。再來就是順從民意、獲得民心的方法，雖源自法家的術，但在基本的「民本」精神看，仍然爲儒、道所吸收運用。

㈢這「民本」精神往下延伸就是哲學對「人性」的探索，以及對「人性」的信心，終究不變。雖然法家曾一度採取了性惡說，而誤用了嚴刑峻法，可是中國社會的正統仍然是「仁愛」爲本，仁民愛物的。

㈣在哲學高深處，「人性」再探源時，就接觸到「天道」的課題。西漢的「天人感應」學說，雖然諸多缺陷，但仍不失爲哲學走向形而上的體的嘗試，與西洋哲學中形上學部份，可以比美。

㈤學派彼此間的合作融通，需要靠寬廣的心胸，西漢思想家在這方面，雖然天份無法與先秦各家各派相比，但是，對各學說的開放，則是可圈可點的。

㈥對西漢社會哲學研究進一步的工作，是要在各位思想家的著作中，找尋出思想體系；首先是文學方面對訓詁考據工作，然後就是哲學系統的研究，再來就是當時現實社會的探索，最後才是作結論。

本文所能做到的，首先就是設法在「歷史發展」部份，把各思想家的體系釐清，歸還其原來面目，其相互間的相同相異處，都設法指陳出來；尤其指出其特出部份，作爲哲學基礎的研究。

至於本文無法做到的，就是那些思想家著作本身的文學考據問題，以及對當時社會風氣的讖緯學說的影響問題，需另闢宗教哲學來探討。

東漢社會哲學

緒　論

中國社會哲學思想，淵源於先秦諸子百家；其中尤其以儒、道、法三家，蔚成了龐大的體系。但是，這些體系的思想，在先秦時代並未落實到具體的社會生活中。眞正實踐到政治社會的，還是秦朝的法家思想。不過，秦朝的「大國人眾」所實施的嚴刑峻法，不但違反了傳統的德治、王道、仁政，而且在具體人生的理想上，更是觸犯了「小國寡民」的境界。秦暴政短短幾十年便宣告結束。

接著而來的是漢朝，其「長治久安」的設計，不但能滿足人民連年遭受迫害而設法自救的心態，而且更能符合富於憂患意識之士對社會安定的理想。改掉法治的殘暴而廣用儒家的仁政，在在都被認爲是安和樂利社會的必經之途。在哲學的探討上，於是作了首次的集大成工作，取儒、道、法三家之長，來設法締造風調雨順、國泰民安的社會。不過，在政策的釐訂上，還是以董仲舒的「罷黜百家，獨尊儒術」爲中心；環繞著這中心的，還是以「儒術」廣結善緣，消融了道、法各家之長。

西漢的興盛，像文景之治，武帝政績，的確締造了中國歷史上光輝的日子。

但是，在另一方面，西漢的沒落：在政治權力上有王莽篡漢；在哲學思想上，有讖緯取代了修身的道德文化。本來，在西漢哲學開始時，有陸賈倡仁義，有賈誼用德教來復古安民，有淮南子的融通儒、道，有董仲舒的天人相應，有司馬遷的歷史哲學證言，有揚雄的破讖緯神仙，而立以「道德爲本，生計爲方」的理論體系。但是，這些哲學大師都無法各別地挑起衛護文化的大樑，而且，彼此間亦沒有建立起合作無間的精神和努力，以致於沒有催生集大成的思想家，來挽救其危亡的厄運。

到了東漢，光武帝以赤伏符卽位，可以說是以「天命」的另一種模式來對付王莽的政權。當然，光武中興的政績，其平西羌、征交趾、服匈奴的安內攘外，也的確建設了十幾年的安和樂利的社會。

但是，民間文化原繼承了鍊丹的追求長生不老藥的傳統，如今又獲得「政權來自命」「帝位降自天」的說法，也就更把儒家原始的「皆以修身爲本」的道德原理，抛諸腦後。

在另一方面，政治文化的發展，從光武之治，以及明章之治的好景，很快地由於外戚當道，黨錮之獄，宦官專政，黃巾之亂，十常侍之亂，而癱瘓了整個的政治正常運作。東漢二個世紀的時間，治的期間少，亂的時間長；其根本的原因就是「政治哲學」中的「太初」問題。東漢的政權來源不是如先秦儒所承接的「來自天命」，甚至亦非如先秦法家所主張的「源自人道」，而是以符咒和「怪力亂神」作爲其終極的來源所致。

還有一層，就是當時學術界今古文之爭議，一方面是對傳統文化的注釋問題，另一方面卻又受到政治力量的介入。從劉歆助王莽篡漢，否定漢室的繼承王位權，而以古文來排斥今文起，政治之爭與文化之爭就互相混淆。接著光武帝打著復興漢室的旗號，因而非要復興古文不可；及至章帝時，更用政治與學術合一的白虎通論議，用今文來排斥古文。當然，在文人的努力下，許愼的《說文解字》不能不說是融通今文古文的嘗試；到了馬融，算是做到了集古、今文之大成，總算結束了今古文之爭，而把文化的延續性肯定下來。

也就在文人沉醉在派系之爭，或是作著綜合融通的工作時，同時也意識到政治的腐敗、社會的混亂、百姓的迷信，因而，東漢哲學家所走的道路，與西漢的哲學家相當的不同。

在東漢的眾多哲學家中，雖然不時出現復古、崇儒、或是偏向道家的作法；或者，亦作著綜合性思想的嘗試；但是，主流卻是對傳統的反省與批判。而反省和批判的目標，則是針對傳統文化價值是否足以領導當時政治社會的課題。這是東漢哲學的一大特色。這特色突現在王充身上，而以桓譚、張衡爲先驅，以王符、荀悅、仲長統爲後繼，蔚成了東漢哲學反省的一系列思想。

* * * * *

本文主旨也就在於對東漢哲學發展線索的研究。目前能夠用到的資料，最重要的當然是《後漢書》，然後就是《四庫全書》中子的部分，還有就是子書中各家各派的注釋，這是經典部分的資料。在當代的研究成果看，近半個世紀來的有關漢代的政治、社會、哲學等著作，都必然在運用之列。不過，東漢諸子保存下來的專書並不全，祇有王充的《論衡》，王符的《潛夫論》，荀悅的《申鑒》等，較爲完整；至於桓譚的《新論》，仲長統的《昌言》，都已散失，祇留下不全的斷片，散見於漢代的其它著作中；本文是在文學方面的考證工作成果中，利用可靠的資料，來探討東漢社會哲學的種種。

因此，本講錄的進行，在《後漢書》中，一方面窺探出東漢政治社會發展的脈絡，他方面追溯出今、古文爭論史跡中，對文化的意義；然後再在思想史的發展中，濃縮出社會哲學的歷史發展，再則在史的發展中，抽離出東漢社會哲學的內在涵義。最後，站在哲學爲文化的醫生的立場，提出一些個人的見解，作爲東漢社會哲學的當代意義的開展。

現就請進入本論。

壹 東漢社會哲學的歷史發展

漢代的學術中心，口號上是「罷黜百家，獨尊儒術」，而實質上則是以儒家思想爲基礎，去融通道、法諸家思想。而漢儒在這方面的運作，尤其在承傳先秦儒的績業上，其思想流變約可分爲三期：

第一期是西漢的高惠文景四朝，先後凡六十年，此期黃老思想很盛，儒家的德治、王道、仁政，因而多少受到道家清靜無爲的影響。在社會生活方面，可以說是比較安定的時期，這期的代表是賈誼。

第二期從武帝開始，而迄於王莽，時間長達一百六十年，是獨尊儒術的時期；此期儒者設法擺脫道家的束縛，但在另一方面，卻沉醉在陰陽五行之中，乃致於陷入符命讖緯之中，董仲舒是這期的代表。

第三期就是東漢的兩個世紀。這期雖然有儒家的仁義道德學說，但由於爲政者固執於讖緯迷信，社會中又妖言惑眾；而儒者在這方面無法指點迷津，乃致於對人生採取消極態度。王充是此期思想的中心，其前有桓譚，後有王符、荀悅、仲長統等❶。

本文的重心，落實到漢儒第三期的思想演變。從再次提倡仁義道德，恢復儒家原始意義開始，哲學家就把復興文化的事業視爲己任。他們都一致認爲，漢代文化的最大危機，就是失去了先秦儒所開創的人性修養的道德觀。這道德觀在於提升人性，利用個人的修身以及人際關係的仁愛。換句話說，就是人類要靠自己的「德」來提升自己的心性，而不是「命」在支配人類；人更

❶ 參閱蕭公權著《中國政治思想史》，上冊，華岡出版有限公司，民國六十六年二月六版，第二八八頁。

不應該甘心屈服於「命」之下。但是，東漢哲學家所見到的，社會上籠罩著「神仙」「讖緯」等迷信，而忽視了傳統下來的「壹是皆以修身爲本」的原則。

因此，東漢哲學家在整體思想流變中，先是在「破」的方面，駁斥那些「神仙」和「讖緯」；進一步設法在「立」的方面，首先闡揚儒家的「德」，繼則發現這「德」需要進一步賦予形而上的基礎，才足以改善當時的社會風氣。

因此，在東漢社會哲學史的發展上看，其對儒家思想，不但不是全然承襲，而在注釋和賦予形上基礎上，亦有某種獨到的見解，這見解就突現在批判儒家傳統德目，是否足以拯救東漢的社會之處。

當然，在思想流變中，尤其在今古文之爭的過程中，由於文化意識與現實間的不協調，曾經萌失望之心，而催生了悲觀的人生哲學；這種對天、對人失去了信心之後，自然把文化導引到更迷失的地步。

我們這就開始順序探討東漢社會哲學史的發展：

一、桓譚（紀元前二三—公元五六年）

依《後漢書》的記載：

「桓譚字君山，沛國相人也。父成帝時爲太樂令。譚以父任爲郎，因好音律，善鼓琴。博學多通，偏習五經，皆詁訓大義，不爲章句。能文章，尤好古學，數從劉歆、揚雄辯析疑異。性嗜倡樂，簡易不修威儀，而憙非毀俗儒，由是多見排抵。」❷

在桓譚的生平記述中，宦途並不如意，一來由於他不諂媚❸，二來則是固執於排斥神仙及讖緯，乃致於觸怒光武帝，險遭殺身之禍❹。

桓譚的著作《新論》，共二十九篇，內容是「言當世行事」，是獻給光武帝的，並爲後者所賞識；其餘尚有賦、誄、書、奏，共二十六篇❺。但原作已散失，清孫馮翼和嚴可均都有輯本。目前較通俗的有《新論．形神》，原保存在梁僧佑所編的《弘明集》卷五中。

桓譚的學說，最突出的是，敢於面對光武帝，提出與當時不同的見解。光武帝本身相信讖緯，甚至他的卽位亦是以赤伏符。桓譚身爲臣子，不走諂媚之途，而處處找機會諫陳：

「觀先王之所記述，咸以仁義正道爲本，非有奇怪虛誕之事。蓋天道性命，聖人所難言

---

❷《後漢書》卷二十八上，〈桓譚馮衍列傳〉第十八上，楊家駱主編，中國學術類編，《新校本後漢書並附編十三種》，第二册，鼎文書局印行，民國六十六年九月初版，第九五五頁。

❸《後漢書》本傳：「當王莽居攝簒弑之際，天下之士，莫不競褒稱德美，作符命以求容媚，譚獨自守，默默無言」，同上，第九五六頁。

❹同上本傳：「其後有詔會議靈臺所處，帝謂譚曰：『吾欲讖決之，何如？』譚默然良久，曰：『臣不讀讖。』帝問其故，譚復極言讖之非經。帝大怒曰：『桓譚非聖無法，將下斬之。』譚叩頭流血，良久乃得解。」

❺同上本傳，第九六一頁。《隋書經籍志》有《桓子新論》十七卷。

也。自子貢以下，不得而聞，況後世淺儒，能通之乎！今諸巧慧小才伎數之人，增益圖書，矯稱讖記，以欺惑貪邪，詿誤人主，焉可不遠之哉！」❻這是桓譚揚傳統的仁義正道，也就是對「德」的尊重，而排斥神仙讖緯之說，亦卽對「命」的排拒。

反對讖緯是桓譚消極方面破的工夫，在積極思想上，他的〈形神〉一文，就是給予一個哲學的形而上基礎。〈形神論〉所主張的，是人的生命由形體和精神結合而成，而這結合後是不可分離的；其結論就是形死則神滅，因而結論出沒有神仙這回事，也沒有怪力亂神的東西。他說：「精神居形體，猶火之燃燭矣；如善扶持，隨火而側之，可毋滅而竟燭。燭無，火亦不能獨行於虛空，又不能復燃其它。它如人之耆老，齒隨髮白，肌肉枯臘，而精神弗爲之能潤澤。內外周遍，則氣索而死，如火燭之俱盡矣。」❼這是人死如燈滅的一種理解，用以推翻神仙鬼神之說。當然，死亡本是自然現象，與生命同屬自然。桓譚在哲學上的理論，雖不見得圓融，但亦是東漢批判哲學思考上的一大起步。這一步跨開了對當時社會及政治風氣的批判。這批判一方面排斥當時的神仙讖緯，他方面又反對復古的

❻ 同上本傳，第九五九—九六〇頁。
❼ 桓譚〈形神篇〉《中國歷代哲學文選》，〈兩漢隋唐〉，木鐸出版社印行，民國六十九年三月，第一七六—一七七頁。

儒家精神。他說：

「諸儒視春秋之文，錄政治之得失，以爲聖人復起，當復作春秋也。余謂則否。何則？前聖後聖未必相襲也。」又說：

「善政者視俗而施教，察失而立防，威德更興。文武迭用，然後政調於時，而諫人可定。」❽

二、張衡（公元七八年—一三九年）

《後漢書・張衡列傳》記載：

「張衡字子平，南陽西鄂人也。世爲著姓，祖父堪，蜀郡太守，衡少善屬文，游於三輔，因入京師，觀太學，遂通五經，貫六藝。雖才高於世，而無驕尚之情，常從容淡靜，不好交接俗人。」❾

張衡著作有〈二京賦〉，乃模仿班固之〈兩都〉，用來諷諫當時政治社會風氣❿。衡晚年作〈思玄賦〉，以宣寄情志，反對當時的宦官暴政。⓫

---

❽《後漢書》本傳，同上，第九六七頁。
❾《後漢書》卷五十九，〈張衡列傳〉第四十九，楊家駱主編，同❷，第一八九七頁。
❿同上。
⓫同上，第一九一四頁。

張衡思想，基本上和桓譚一樣，反對神仙讖緯；不過，張衡更能夠用歷史研究法，指出圖讖的來龍去脈：首先說明讖緯迷信，並非源自古聖先賢，而是起因於兩漢沒落時期的哀平之際。⑫後來經王莽的運用，乃致於光武帝亦以赤伏符卽位，明、章二帝竟亦依樣葫蘆，而諸儒亦相爭學圖讖，以求功名⑬。但是，張衡卻敢提出結論：「圖緯虛妄，非聖人之法」⑭。

再從天道與人事的內涵方面，張衡亦提出論證，指陳讖緯卜筮之荒謬；最後，引證出迷信之害，對社會治安之混亂，以及對文化傳統之爲害，因而主張「宜收藏圖讖，一禁絕之」⑮。

桓譚與張衡的批判方式，並不夠圓融，到王充才算集大成，而有體系地發展出一套哲學思想。

三、王充（公元二七—九八／一〇四年）

《後漢書．王充列傳》記載：

「王充字仲任，會稽上虞人也。其先自魏郡元城徙焉。充少孤，鄉里稱孝，後到京師，受業太學，師事扶風班彪，好博覽而不守章句，家貧無書，常遊洛陽市肆，閱所賣書，一見

⑫ 同上，第一九二頁。
⑬ 同上，第一九一頁。
⑭ 同上。
⑮ 同上，第一九二頁。

輒能誦憶，遂博通眾流百家之言。後歸鄉里，屏居教授。仕郡爲功曹，以數諫爭不合去。充好論說，始若詭異，終有理實，以爲俗儒守文，多失其眞，乃閉門潛思，絕慶弔之禮，戶牖牆壁各置刀筆。」⑯

王充著作有《論衡》八十五篇，二十餘萬言，內容是「釋物類同異，正時俗嫌疑」⑰。晚年又著《養性書》十六篇，目的在「裁節嗜欲，頤神自守」⑱。

王充的學說，首先是繼承桓譚之後，發揮批判精神。王充對桓譚的讚揚，屢見於著作之中，諸如：

「世間爲文者眾矣，是非不分，然否不定，桓君山論之，可謂得實矣。論文以察實，則君山漢之賢人也。陳平未仕，割肉閭里，分均若一，能爲丞相之驗也。夫割肉與割文，同一實也。如君山得執，漢平用心，與爲論不殊指矣。孔子不王，素王之業，在於《春秋》。然則桓君山素丞相之跡，存於《新論》也。」⑲

「君山差才，可謂得高下之實矣。……又作《新論》，論世間事，辨照然否，虛妄之言，

---

⑯《後漢書》卷四十九，〈王充王符仲長統列傳〉第三十九，楊家駱主編，同②，第一六二九頁。

⑰同上。

⑱同上，第一六三〇頁。

⑲《論衡‧定賢篇》。楊家駱主編，世界文庫，四部刊要，漢王充撰《論衡》，世界書局印行，民國四十四年十二月臺一版，第二六九頁。

僞飾之辭，莫不證定。彼子長子雲，說論之徒，君山爲甲。」⑳

「故曰玩揚子雲之篇，樂於居千石之官；挾桓君山之書，富於積猗頓之財。」㉑

王充在肯定桓譚的貢獻，而對於自己的思想，亦作某種肯定：

「《詩》三百，一言以蔽之，曰：『思無邪』。《論衡》篇以十數，亦一言也，曰『疾虛妄』。」㉒

用「疾虛妄」三字來濃縮論衡二十餘萬言，可見其著眼於批判當時異端邪說的用心。

有關王充的哲學體系，可分三個面向來探討：首先是批判當時政治社會的命定論風氣；繼則批判傳統儒家的學說，最後提出他自己的形上理論。

㈠反對災異讖緯以及長生成仙等迷信：《論衡》一書，其中〈書虛〉、〈變虛〉、〈異虛〉〈感虛〉、〈福虛〉、〈禍虛〉、〈談天〉、〈說日〉、〈順鼓〉、〈商蟲〉、〈亂龍〉、〈遭虎〉、〈講瑞〉、〈指瑞〉、〈是應〉、〈感類〉等篇，都能在這「破」的方面，指出當時爲政者與百姓的風氣，都迷失在「命」的束縛中。

〈無形篇〉更直接指出，長生延年爲虛妄：

⑳ 同上，《論衡·超奇篇》，第一三五—一三六頁。

㉑ 同上，《論衡·佚文篇》，第二〇〇頁。

㉒ 同上，第二〇二頁。

「傳稱高宗有桑穀之異，悔過反政，享福百年，是虛也。傳言宋景公出三善言，熒惑卻三舍，延年二十一載，是又虛也。又言秦繆公有明德，上帝賜之十九年，是又虛也。稱赤松王喬好道爲仙，度世不死，是又虛也。假令人生立形謂之甲，終老至死，常守甲形；如好道爲仙，未有使甲變爲乙者也。夫形不可變更，年不可增減。何則？形氣，天性也。」㉓

〈道虛篇〉亦指之：

「夫有始者必有終，有終者必有始。唯無終始者，乃長生不死。人之生，其猶水也，水凝而爲冰，氣積而爲人；冰極一冬而釋，人竟百歲而死。人可令不死，冰可令不釋乎？諸學仙術，爲不死之方，其必不成，猶不能使冰終不釋也。」㉔

王充在批判中，首先就是設法破除鍊丹、長命的迷信。接著更要破除天人感應一說：

「文王得赤雀，武王得白魚赤烏；儒者論之，以爲雀則文王受命，魚烏則武王受命。文武受命於天，天用雀與魚烏命授之也。天用赤雀命文王，文王不受，天復用魚烏命武王也。若此者，謂本無命於天，修己行善，善行天聞，天乃授以帝王之命也。故雀與魚烏，天使爲王之命也，王所奉以行誅者也。如實論之，非命也；命謂初稟得而生也。人生受性，則受命矣。性命俱稟，同時並得；非先稟性，後乃受命也。」㉕

㉓同上，《論衡·無形篇》，第一四頁。
㉔同上，《論衡·道虛篇》，第七四頁。
㉕同上，《論衡·初稟篇》，第二六頁。

從天人感應而來的，就是祥瑞災異的學說，王充在這裏，一併提出反對的意見：

「論災異者，謂古之人君爲政失道，天用災異譴告之也。災異非一，復以寒溫爲之效。人君用刑非時則寒，施賞違節則溫。天神譴告人君，猶人君責怒臣下也。……曰此疑也。夫國之有災異者，猶家人之有變怪也。有災異謂天譴人君，有變性天復譴告家人乎？家人既明，人之身中，亦將可以喻。身中病，猶天有災異也。血脈不調，人生疾病；風寒不和，歲生災異。災異，謂天譴告國政；疾病，天復譴告人乎？」㉖

如果祥瑞災異，都不是天譴，而人的命運亦無法改變，則宗教中求神禱告之事，亦都成了不必要且不可能的了。王充說：

「論災異者，已疑於天用災異譴告人矣。更說曰：『災異之至，殆人君以政動天，天動氣以應之……人主爲於下，則天氣隨人而至矣。』曰，此又疑也。夫天能動物，物焉能動天？何則？人物繫於天，天爲人物主也。」㉗

在〈明雩篇〉中，王充駁斥當時祈禱的問題，認爲人事才是重要的，天災人禍的消失，不是靠禱告，而是靠人爲的力量。他舉出夏禹治水的例子爲證。㉘

㉖ 同上，《論衡・譴告篇》，第一四三頁。
㉗ 同上，《論衡・變動篇》，第一四六頁。
㉘ 同上，《論衡・明雩篇》，第一五一頁。

㈡批判儒家傳統：儒家思想由於是爲當時社會指點迷津，提出化解之道；於是多少帶有是古非今的色彩。王充最先提出古今無別論。在〈齊世篇〉中，他指出：古代的天與當世的天，是一樣的；古代的人與當代的人，也是一樣的；而且，帝王的治道，上古與現今並無不同㉙。他認爲是古非今多少帶有社會退化的嫌疑；而在王充的學說中，社會是向前進化的。

也就因此，王充很自然地偏向於道家的自然之說，而對儒家採取批判的態度；而這批判甚至直接觸及孔子及孟子。在〈問孔篇〉中，提出古人作書的選擇性內容。認爲今人研究學問，必需有詢問的用心，以及批判的精神，否則就成爲盲從了㉚。因此，他竟然提出理性之知，高於接受之知，說出：「誠有傳聖業之知，伐孔子之說，何逆於理？」㉛大有西方「吾愛吾師，但更愛眞理」的精神。

〈問孔篇〉是承接前面批判神仙讖緯之後，直接討論《論語》中的學說。在這討論中，王充不但呵斥世儒的厭勝說，更反對孔子「天厭之」的話。他不但駁斥世儒的符瑞說，且反對孔子「鳳鳥不至，河不出圖」的說法。他同時推崇子路對孔子的責難㉜。

批判當時的神仙讖緯不難，甚至反對儒家傳統亦是易事，但是，要提出有體系的理論，就不

㉙ 同上《論衡・齊世篇》，第一八五—一八六頁。
㉚ 同上，《論衡・問孔篇》，第八六頁。
㉛ 同上。
㉜ 參閱陶希聖著，《中國政治思想史》，第三冊，食貨出版社，民國七十一年五月再版，第六五頁。

是容易的了。

王充在這方面比桓譚或張衡進步多了。

㈢形上理論：前面討論的祥瑞災異問題，或是讖緯神仙問題，或是儒家思想問題，其實都有共同的形上基礎：那就是「天」和「命」。王充要破除前面的各種學說，因而亦得從否定「天」和「命」著手。

首先，王充對從西漢傳統以來的有意志的天，加以否認，尤其是董仲舒所主張的天人感應，更在反對之列。在這裏，他是採取道家的「自然之天」來取代，他說：

「夫天道，自然也，無爲；如譴告人，是有爲，非自然也。黃老之家，論說天道，得其實矣。」㉝

這種自然主義的最大特色，就是否定自由意志的運作；而這運作之中，尤其是天人關係，作爲形上基礎的學說。先秦的原始儒家，形上學的根本是在有意志的天，是在「天生蒸民，有物有則」，一直到荀子，才開始把「天」的形上意義，落實到「人」本；這樣，「天生民而立君」的傳統說法，才有了另一面向的解釋，那就是：人自身的運作，才是社會規範的藍圖。王充在這方面，更進一步，把自然的天更歸於無爲的自然規律，而以人爲的一切取代天命的傳統模式。王充在這裏，很便捷地認爲，天的形上基礎，才是當時讖緯、災異等學說的源流；因而不顧其後果如

㉝《論衡・譴告篇》，同⑲，第一四三頁。

何，都得先去掉天的形上意義，以及隨之而來的天命概念。

接著而來的是：人本身的問題。天人感應說既無法成立，天的形上意義亦遭否定，至於「人」呢？他也不是一個足以安身之命的存在，他是由氣所生；因而，人死而氣散；氣聚則生人；氣無法單獨存在，因而否定靈魂獨立於肉體的學說，因而主張人死如煙滅，因而斷定沒有鬼魂，因而覺得祭祖沒有意義，因而認定長生不老藥根本不可求。在王充看來，人祇是從生到死的存在，並沒有靈魂先存，或靈魂不死不滅的理論㉞。

再來就是論及人性的問題。王充認爲人性有善有惡，全看他接受的氣而定；氣有厚有薄，人卽有賢有不肖，這是人的命運，無可奈何地接受這種命運㉟。

人性如此，社會國家也如此，都受這命運支配，人文行爲根本無法改變它。因而王充被認爲是自然主義的宿命論者㊱。或是「無救的人生觀」的命定論㊲。或者，認爲王充思想的特色在於「重知識而不重倫理道德」㊳。

㉞《論衡·無形篇》，同⑲，第一一三—一一四頁。
㉟《論衡·本性篇》，同上，第二九頁。
㊱參閱蕭公權著，《中國政治思想史》，上册，華岡出版有限公司印行，民國六十六年二月六版，第三四五頁。
㊲赤塚忠原著，張昭譯，《中國思想史》，儒林圖書公司出版，民國七十年四月，第一五三頁。
㊳徐復觀著，《兩漢思想史》，卷二，臺灣學生書局印行，民國六十八年九月再版，第五八二頁。

四、王符

《後漢書》卷四十九，〈王符列傳〉第三十九記載：

「王符字節信，安定臨涇人也。少好學，有志操，與馬融、竇章、張衡、崔瑗等友善。安定俗鄙庶孽，而符無外家，爲鄉人所賤。自和、安之後，世務游宦，當塗者更相薦引，而符獨耿介不同於俗，以此遂不得升進。志意蘊憤，乃隱居……符竟不仕，終於家。」㊴

王符著作《潛夫論》，凡三十餘篇，內容是「以譏當時得失，不欲章顯其名」㊵。「全書大旨在重申天治民本之政理，發揮任賢尚德之治術。其論天人君民之關係，意雖襲古而言頗精闢。」㊶

王符思想，對當時社會的批判，尤強於王充。因爲，王充生於東漢的最盛時代，對當時富強的現實，多少有頌揚的意味，而祇對於讖緯符咒，有排拒的看法，至於對儒家的傳統，亦有批判，而下意識中，覺得人本精神，尙有某種程度的可靠；但是，王符則生在東漢沒落的時代，他目睹當時沒落的情形，心中興起的，是救亡圖存的憂患意識，因而追隨儒家傳統思想，提倡天治

㊴《後漢書》卷四十九，〈王充王符仲長統列傳〉第三十九，楊家駱主編，同❷，第一六三〇頁，第一六四三頁。

㊵同上，第一六三〇頁。

㊶蕭公權著，《中國政治思想史》，同㊱，第三二〇頁。

民本，任賢尚德。起先，他在哲學基礎上，認定政治社會的起源，是德治、王道、仁政。他說：

「太古之時，烝黎初載，未有上下而自順序。天未事焉，君未設焉；後稍矯虔，或相陵虐，侵漁不止，爲萌巨害。於是天命聖人，使司牧之，使不失性，四海蒙利，莫不被德，僉共奉戴，謂之天子。故天之立君，非私此人也以役民，蓋以誅暴除害利黎元也。」[42]

在這種社會起源論的原則之下，他開始批判當時對綱紀的廢弛，對刑罰的濫用，對贖款的不當，對選舉的腐敗等等。在這裏，王符以爲儒家的德化方法，應該配合法治的精神，而法則帶有強制性。他說：

「行賞罰而齊萬民者治國也，君立法而下不行者亂國也，臣作政而君不制者亡國也。是故民之所以不亂者，上有吏，吏之所以無姦者，官有法；法之所以順行者，國有君也；君之所以位尊者，身有義也。義者，君之政也；法者，君之命也。人君思正以出令，而貴賤賢愚，莫得違也；則君位於上，而民氓治於下矣。」[43]

王符在這裏，尤其以亂世用重典的模式，說明社會秩序需要立法和執法，「君位於上，民治於下」，就是「法」的定位。其重「天人關係」，以之作爲「君民關係」的楷模，也就展示出其

[42] 漢王符撰，清汪繼培箋，《潛夫論箋》，楊家駱主編，世界書局印行，民國四十四年十一月臺一版。〈班祿〉第十五，第六七—六八頁。

[43] 同上，〈衰制〉第二十，第九九—一〇〇頁。

用法家來潤飾儒家的內涵。大有折衷儒法二家的趨勢；當然，在王符心目中，儒家仍然是本，法治祇是輔位。他說：

「聖人甚尊德而卑刑罰……是故凡立法者，非以司民短而誅過誤，乃以防姦惡而救禍敗，檢淫邪而內正道爾。……是以聖帝明王，皆敦德化而薄威刑。德者，所以修己也，威者，所以治人也。」44

東漢社會哲學思想，發展到王符時，由於社會混亂，外戚當道，黨錮之獄，因而才有儒法並用的提倡。當然，在王符著作中，比起王充《論衡》，其積極思想較為顯著，那悲觀的思想反而少了。這其中最重要的原因是：恢復了儒家形上「天」的思想，而承認「天人關係」，因而開展出「君民關係」的社會原理；再就以天理來支持帝王的立法，以君德來推動百姓的守法精神。德性和法治並用，原就是政治社會走向秩序最根本的道途。

五、鄭玄（公元一二七—二〇〇年）

《後漢書》記載：

「鄭玄字康成，北海高密人也。八世祖崇，哀帝時尚書僕射。玄少為鄉嗇夫，得休歸，常詣學官，不樂為吏，父數怒之，不能禁。遂造太學受業，師事京兆第五元先，始通《京氏

---

44 同上，〈德化〉第三十三，第一五八—一五九頁。

易》、《公羊春秋》、《三統歷》、《九章》等術。又從東郡張恭祖受《周官》、《禮記》、《左氏春秋》、《韓詩》、《古文尙書》。以山東無足問者，乃西入關，因涿郡盧植，事扶風馬融。……自秦焚六經，聖文埃滅。漢興，諸儒頗修藝文；及東京，學者亦各名家。……鄭玄括囊大典，網羅眾家，刪裁繁誣，刊改漏失，自是學者略知所歸。」㊺

鄭玄著作很多，有註及著兩大類：註有《周易》、《尙書》、《毛詩》、《儀禮》、《禮記》、《論語》、《孝經》、《尙書大傳》、《中候》、《乾象歷》等。著作則有《天文七政論》、《魯禮禘祫義》、《六藝論》、《毛詩譜》、《駁許愼五經異義》、《答臨孝存周禮難》等、凡百餘萬言㊻。

從鄭玄的生平敍述以及其著作情形看來，其思想也就局限於收集、整理、辨正、考據等工夫，比較缺少自己的創見。我們之所以把鄭玄列入東漢社會哲學史的發展探討過程中，主要的就是採取他在古文經學上的成就。這原是文化承傳的根本工作之一。鄭玄所提供的註釋以及著作，在在都肯定著傳統文化的原始意義，而這原始意義根本上可以在文字中推演出來。

東漢的文化界大事，古今文之爭是最爲重要；早從西漢劉歆因爲助王莽否定漢室，而排斥今文，而光武帝要復興漢室，因而復活今文；到章帝時，利用白虎觀論議，用今文來排斥古文。許

㊺《後漢書》卷三十五，〈張曹鄭列傳〉第二十五，楊家駱主編，同❷，第一二〇七—一二一三頁。

㊻同上。第一二一二頁。

愼則以學者身份，著《說文解字》，設法貫通文義；鄭玄因而更在文化承傳的眞義上，肯定古文的價值，設法使之與今文並列；當然，馬融在這方面，著實做了集大成的工作。但是，馬融的貢獻卻功不可沒。《後漢書》所載「鄭生今去，吾道東矣！」㊼就是馬融的感嘆。還有用今文來排斥古文的何休，在讀了鄭玄的駁辯之後，也感嘆道：「康成入吾室，操吾矛，以伐我乎！」㊽可見鄭玄在當時的名望。

六、荀悅（公元一四八—二〇九年）

《後漢書》記載：

「悅字仲豫，儉之子也。儉早卒。悅年十二，能說《春秋》。家貧無書，每之人閒，所見篇牘，一覽多能誦記。性沉靜，美姿容，尤好著述，靈帝時閹官用權，士多退身窮處，悅乃託疾隱居，時人莫之識，唯從弟彧稱敬焉。初辟鎭東將軍曹操府，遷黃門侍郎，獻帝頗好文學，悅與彧及少府孔融侍講禁中，日夕談論。累遷秘書監、侍中。」㊾

荀悅著作有《申鑒》五篇，又著《崇德》、《正論》及《諸論》數十篇㊿。其內容多是有關

㊼ 同上，第二二〇七頁。
㊽ 同上，第二二〇八頁。
㊾ 《後漢書》卷六十二，〈荀韓鍾陳列傳〉第五十二，楊家駱主編，同②，第二〇五八頁。
㊿ 同上，第二〇五八頁及第二〇六三頁。

政治社會的見解。

荀悅繼承王符的學說，一方面承傳儒家的天人關係以及君民關係，另一方面又折衷儒家與法家，以謀求混亂社會的安定。

首先，在人性的探討上，他綜合了性善性惡，並傾向於劉向的人性無善無惡論。他的綜合成果就是性三品說：這是承傳《論語》的上智、中人、下愚三種智慧等級之分[51]。這性三品說當然是在「生之謂性」的原則下，來探討人本身價值的問題，而排除了那「以族舉德，以位命賢」的當時頹廢政風。當時宮廷中的宦官當權，是荀悅提出性三品說的直接動機。這也是以是非觀念來取代利害關係的一種哲學基礎的建立。以人天生來的聰明才智的差等，來選賢與能，而不是以家世或地位來衡量用人的標準。

既然以人的「天性」作爲政治社會舉才的標準，其更深的箴學思想基礎就是「天人關係」。荀悅所採取的信念，也就是漢儒的「天人相應」的學說。《申鑒・雜言下》所提出的「人主承天命以養民也者」，不但說明儒家養民的德政，而且亦承認天命對政治社會的主宰義。其在〈政體篇〉所提出的「一曰承天，二曰正身，三曰任賢，四曰惜民，五曰民制，六曰立業」，一方面說明了哲學思想基礎的先後，另一方面亦在主張實踐上的順序。

---

51 荀悅在《申鑒》，〈雜言下〉所提出的性三品：上智、中人、下愚，源自《論語・陽貨篇》的「子曰：唯上智與下愚，不移。」以及〈雍也篇〉的「中人以上，可以語上也；中人以下，不可以語上也。」

但是，在儒學的應用上，荀悅還是繼承了王符的折衷儒家與法家的方式，以爲德、刑並用，才是政治社會走向正軌的方案。然而在心態上，王符時代的社會弊端，只不過是王侯的誤用職權，或是外戚當道，但還不致於造成國亡的厄運；而荀悅所處的時代，已經有十常侍之亂，同時又有黃巾之亂，漢朝的命運之危在旦夕；因而以爲非要用重典，否則無法挽救危亡[52]。

七、仲長統（公元一七九—二二〇年）

《後漢書》記載其生平事蹟如下：

「仲長統字公理，山陽高平人也。少好學，博涉書記，贍於文辭。年二十餘，游學青、徐、幷、冀之間，與交友者多異之。幷州刺史高幹，袁紹甥也。素貴有名，招致四方遊士，士多歸附。統過幹，幹善待遇，訪以當時之事。統謂幹曰：『君有雄志而無雄才，好士而不能擇人，所以爲君深戒也。』幹雅自多，不納其言，統遂去之。無幾，幹以幷州叛，卒至於敗。幷冀之士皆以是異統。統性俶儻，敢直言，不矜小節，默語無常，時人或謂之狂生。」

仲長統著有《昌言》三十四篇，十餘萬言[53]。

---

[52] 《後漢書》卷四十九，〈王充王符仲長統列傳〉第三十九，楊家駱主編，同[2]，第一六四三頁—一六四四頁。

[53] 同上，第一六四六頁。

仲長統的急想追隨著王符、荀悅的路線，走折衷儒家與法家的路子。不過，王符的社會思想，比較接近功利，而仲長統則希望做到理性自律的人生[54]。也就在這自律的嘗試中，仲長統放棄了儒家對天的信仰，以爲人事才是社會問題的重心所在，而要解決社會問題，亦需要人事的努力，而不是靠天命，或者天人間之關係。

〈論天道篇〉就有如下的說法：

「昔高祖誅秦項而陟天子之位，光武討簒臣而復已亡之漢，皆受命之聖主也……二主之所以震威四海，布德生民，建功立業，流名萬世者，唯人事之盡耳，無天道之學也。……信天道而背人事者，是昏亂迷惑之主，覆國亡家之臣也。」[55]

把「無天道」「盡人事」作爲政治社會的指導原則之後，再正眼看看當時社會問題，仲長統又發現：

「君臣宣淫，上下同惡；目極角觝之觀，耳窮鄭衛之聲；入則耽於婦人而不反，出則馳於田獵而不還；荒廢庶政，棄亡人物；澶漫彌流，無所底極。」[56]

這種社會混亂、政風披萎的事實，不是經過相當長久的儒家思想薰陶嗎？從董仲舒的「罷黜

---

[54] 同[37]，第一五五頁。
[55] 仲長統，〈論天道〉，《中國歷代哲學文選》，如[7]，第二七七—二七八頁。
[56] 仲長統，〈理亂篇〉，《後漢書》卷四十九，同[52]，第一六四七頁。

百家，獨尊儒術」開始算來，已經三百多年，為什麼還沒有創造出風調雨順，國泰民安的社會？而是恰好相反，所獲得的，竟是亂世？終於，仲長統提出了懷疑：

「嗟乎！不知來世聖人救此之道，將何用也？又不知若窮此之數，欲何至邪？」57

對儒家體系的懷疑和失望，正如王充一般，覺得需在儒家思想之外，加上其他因素，才能具體落實到社會之中，所不同的是，王充比較傾向自然黃老之說，而仲長統則希望亂世用重典，以儒法相合，來振興社會。

在《昌言》的〈損益篇〉中，他提出了改革社會的具體意見，先以井田制度解決民生基本問題，防止富豪的土地兼併；然後就是社會規範的擬定，需經立法程序，連公務員薪俸，都要制定標準，換句話說，就是要建立一個法制的社會58。

東漢思想，發展到仲長統時，已近尾聲，一方面由於政治的改變，曹操完全利用儒法的合併，獲得了統治的大權，至其子丕就宣布稱魏文帝，而東漢滅亡；另一方面則是，由於儒、道二大思想主流，在漢代都無法稱職；儒家的德目變成了形式，而道家更沒落為道教；二者都喪失了「修身為本」的原則；此時，恰好有印度的一支佛學思想，東來中土，而在百姓再一次厭倦「法」一家統治時，適時創造出儒、道、釋的合流，再次振興中華文化，以及創造另一次的安定社

57 同上，第一六五〇頁。
58 《中國歷代哲學文選》，〈兩漢隋唐〉，同7，第二七七頁。

會。

縱觀東漢社會發展，亂世的時間長，治世的時候少；綜觀東漢的社會哲學發展，對儒家的失望多，對德治的信念少；其用儒道的合併，或是儒法的融通，交替運用，內容本身仍然以儒家爲主流，雖然結局是落入儒法合流之中，但是，哲學諸子對儒家思想實用的批判，可謂功不可沒。

東漢哲學的反省，尤其對傳統的批判，並由批判而創造新局的嘗試，都是哲學家們努力的成果。在中國哲學史的發展中，東漢的確沒有什麼創見，也沒有出現特別偉大的集大成的哲學家，但是，以王充爲中心的批判哲學精神，卻是特具一格的。在中國哲學特重實踐的性格上看來，東漢的批判精神，自有其貢獻。在對社會原理和對社會問題的瞭解上，東漢諸子雖無特大創見，但其批判方式，恰好足以推動來日重建社會哲學的理想。批判本身雖富有消極內容，但其哲學效果，卻仍是催生創見的。

中國哲學在東漢之後的最大創意，也就是融通儒、道、佛的隋唐盛世，以及隨之而來的宋明時代。

貳　東漢社會哲學的內在涵義

從前面的東漢社會哲學史的發展看，其內在涵義可在王充時期爲分界線；王充是中國哲學批判性格的代表人物，在他之前的社會哲學，對儒家思想具有信心，認爲以儒家爲主的德治、王道、仁政，仍然可以挽救社會的沒落；其中雖承接西漢對道家思想的運用，但這種黃老思想也只是促進儒家實踐工夫的工具。但是，在王充開始，以及在其之後的思想模式，則是一反對儒家體系的信賴，而部分採取法家的功利思想。

以對儒家的信賴與否，作爲東漢社會哲學內涵的區分尺度，也許並不周圓；但是，至少是中國社會哲學中，最重要的內涵課題。

信賴與否本身，在哲學範疇的劃分上原是態度問題，是相當主觀的認定；但是，由這主觀的態度，確實催生出哲學的根本內涵。政治手段的採用，關係著對社會終極目標的努力進程。當然，整個漢代的社會終極理想，都離不開《禮記．禮運篇》的大同世界；但是，在東漢諸子的努力中，早已在下意識中把這「天下爲公」「世界大同」的終極目標，當作絕對的預設，而把注意的焦點，完全放在社會問題的沒落，以及如何改進社會的課題中。乃致於，並不是所有的思想家，都能在社會問題觀察之外，釐清出社會原理的形上基礎。

在西漢時代，「獨尊儒術」的決定，無論如何總還有濃厚的形上意味，其「天人感應」說，雖有可能演生讖緯命運，但亦可以轉化成社會原理的最終基礎。到了東漢，不但開始懷疑「獨尊儒術」的作法是否有效，而且由於反對讖緯，亦把「天人感應」學說棄置不用。這也就造成東漢哲學基礎不够穩固的原因。東漢的社會問題，在於政治的腐敗，社會的混亂，官方的迷信，百姓的無奈；而哲學家面對這些問題，所能提出來的化解之道，把社會原理仍然固守在儒家思想的範圍中，最多也只是設法把過去的道家或法家的原理，來附和儒家的主流，用以開展出能够化解當時社會問題的理論。不幸的是，由王充爲首的批判哲學，對儒家主流也掀起懷疑的態度；但在積極方面，又無法提供足以取代儒家的思想。在積極提供方案的運作上，當然，儒、道的共融，或是儒、法的合併，未嘗不是創見，亦未嘗不是解決的方式，但是，關鍵性的問題卻在於：對主流思想——儒家的懷疑之後，沒有提出足以取代的思想體系。

東漢社會問題之所以一直惡化下去，也就因爲哲學思想家，不能把握住社會原理；而這其中原因並不單純，必需更深一層地加以探討。

現就請分別討論東漢社會中的社會原理，以及社會問題二大課題，來涵蓋東漢社會哲學的內在涵義。

一、社會原理

東漢的哲學，以王充爲中心看來，是以批判爲中心，而批判的性格則由懷疑爲出發點。但在社會原理的探討中，批判式的懷疑，或懷疑式的批判，都不足以構成社會原理。社會的起源問題，人際關係的規範問題，在東漢諸子中，其實都沒有擺脫先秦的「天人關係」以及「君民關係」；亦即是說，漢代無論西漢或東漢，在基本的思想型態上，仍然是承襲先秦的。

像王符的社會起源論，最根本的說法，還是太古混沌，民不聊生的境遇中，天命聖人，來解決百姓的生存問題[59]。這顯然的把「君民關係」的基礎，奠定在「天人關係」之中，是傳統儒家的思想體系。

但是，在另一方面，仲長統則在社會發展原理中，強調：王位是用武力奪取的，並非來自天命；這末一來，社會的發展，由王位的奪取，到社會的繁榮安定，再到社會的沒落，乃致於國家政治的滅亡，都是命中注定的，並非源自有意志的天[60]。

當然，仲長統極力由天命轉化成人事，是人本精神的強調，但是，其「命運」的理解，是否擺脫了「天命」呢？

王充之前的東漢諸子，把「天命」和黃老的「自然」相配合，來處理社會起源論；王充之後的東漢哲學家，由於排斥天命，於是必需以立法來維持人際關係的正常化，來突現其承接從荀子傳遞下來的「人本」法家思想。

「人」的根本問題，才是漢代批判哲學的核心。王充在這方面，提出了東漢學說的代表核心：性和氣的課題。

王充因為要擺脫「君民關係」的天道解釋，同時亦不贊成「天人關係」，因而，在人類起源

---

[59] 同[42]。
[60] 仲長統，〈論天道〉，同[7]，第二七七頁—二七九頁。

的根本問題上，不走「天生蒸民」的思想路子；而是正眼觀察「人」，在人生體驗中，抽離出「氣」的元素，認爲人是由氣所組成的。而且，這氣在起初時是元氣，沒有混雜，是人間世善的起源；但是，這元氣由於環境的變化，漸漸演變成了五行之氣，這就使人間世有所衝突，而產生惡事了[61]。在個別的人來說，元氣的多少也就形成人的聰明才智的高低；而這聰明才智的限定，則是各人的命運；聰明才智不同，命運也就不相同[62]。人由元氣所生，由精氣所生，由精氣所養，最後因精氣減少而死[63]。

在上面極簡短的描述中，我們可以結論出：王充不承認天生萬物，尤其不承認位格的天；同時不承認有鬼神。這對當時流行的讖緯學說，算是嚴厲的批判。

人的變化，尤其是人類繁衍的事，在王充看來，原是天地合氣，生了人類；而人類則是由於夫婦合氣，而繁生子女。但是，這「生」完全是自然現象，並非刻意安排的意志行爲。[64]

這樣，從沒有意志的天，到否定人的意志，宇宙於是成了唯物的、機械的；善惡的行爲，完全由氣的元素決定，根本不是人所應負責的。因此，倫理道德也就失去了意義；進一步是：社會規範亦沒有一定的標準。

---

[61] 王充，《論衡·物勢篇》，同[19]，第三一頁。
[62] 王充，《論衡·率性篇》，同上，第一七頁，又〈氣壽篇〉，同上，第七頁。
[63] 王充，《論衡·論死篇》，同上，第二〇二頁。
[64] 王充，《論衡·物勢篇》，同上，第三一頁。

在王充的最終決定中，人根本上就是物，雖擁有智慧，但仍然是在機械決定論中存在，並沒有什麼自由。「人，物也。」[65]的結論，在東漢時代，算是非常勇敢的命題。也許就是由於這論題，王充一直被當代思想家，看成是唯物論的信徒[66]。當然，唯物的意義，更加突現在其對鬼神存在的否定，尤其是肯定人死後，沒有靈魂的存在[67]，甚至於沒有上帝的存在[68]。

但是，社會哲學探討社會原理時，能否蔚成一種學說是一回事，能否為沒落的社會提出一種化解之道，又是另一回事。王充的學說，在形上基礎的否定上，的確做到了前人所未發。但是，問題也就在於，為了讖緯迷信等事實，因此而否定了「天人關係」，以及「君民關係」，用以消除社會不良風氣，卻未免只是突現了批判哲學的消極面。社會原理所需要的，是積極的形上體系，一方面是百姓心理上的安全感，另一方面則是人際關係的各種規範。

東漢以王充為中心的批判思想，的確指出了社會的積弊所在；同時，也的確在努力設法，把神仙讖緯思想的基礎推翻，除去了天的超越性，除去了精神不死的永恆性。但是，問題也就在

---

[65] 王充，《論衡．辨祟篇》，同上，第二三九。
[66] 參閱羅光著，《中國哲學思想史》。〈兩漢、南北朝篇〉，學生書局印行，民國六十七年十一月，第二五三頁。
[67] 王充，《論衡．論死篇》，同[7]，第二〇二頁。
[68] 王充，《論衡．命義篇》，同上，第一一頁，在這裏，王充註解「富貴在天」的含義，完全是自然的天。

於，用什麼來取代這些深入民心的信仰？還有，人生意義如果完全界定在今生，死亡之後根本沒有存在，爲什麼要立德、立功、立言？如果人際關係的規範，沒有上天的天道來界定，人與人之間由誰來決定行爲的標準？

東漢社會原理顯然地只在消極面，作著破除迷信的工作，但畢竟沒有分清罪惡的起源，以及社會發展的理論基礎。王充以後的哲學家，多在設法找回儒家的「天人關係」以及「君民關係」，以德治、王道、仁政，作爲東漢社會的指導原則，來肯定社會原理的形上基礎。

當然，如果王充以及其先後期的東漢思想家，能夠在批判哲學中，肯定「人」中心的課題，而從傳統的「天」中心的形上基礎，轉換成「人」本精神，則亦不是不可能之事。但是，可惜的是：東漢諸子在探討人性的課題時，卻又無法把人性獨立起來，卻在爲了防止鬼神的迷信，而把人性限制在時空中，沒有勇氣接納「三不朽」的學理，來提昇人性從時間走向永恒，從空間走向無限。（這工作首由佛教去完成）。

天的基礎義被否定，人的永恒性亦被拋棄，於是，東漢哲學本身失去了形上基礎；社會原理中的指導原則，於是搖擺不定；王充以後的荀悅、仲長統，亦只能在有意無意之間，抓住部分的傳統形上基礎；但在批判性格的立場上，又不能過於強調「天人關係」，同時亦無法肯定人性的超時空性格，於是，東漢社會哲學，根本上沒有把社會原理建立起來；也就因此，東漢的社會問題，也一直無法解決；連帶著來的，也就是讖緯神仙的風氣，不但沒有消失，反而有更形發展的趨勢。這趨勢已經從官方發展到民間，而形成文化脈絡中，非常特殊的鍊丹、畫符、算命、看風水的習俗，而形成魏晉南北朝非常特殊的社會風氣，也促成哲學反省中，沒有形上基礎的清談之風。

二、社會問題

東漢的社會問題，首先就是在政治理想上，仍然承接著長治久安的漢代特性，但是，社會的現實，卻並不如理想；東漢二個世紀，除了初期的光武中興（不足二十年），以及明章之治（三十年左右），合起來半個世紀之譜，算是風調雨順，國泰民安的日子之外，接著來的一個半世紀，就是連續不斷的外戚當道，黨錮之獄，宦官專政，十常侍之亂，黃巾之亂，董卓之亂等等民不聊生的時日。東漢在大環境動亂之下，社會問題層出不窮，而在各種社會問題中，政府官員和一般百姓，都在內心希望找到存在的基礎；這希望由哲學家們理念化，而形成東漢哲學特殊的批判特性。

東漢哲學所關心的問題，原初與其它時代的哲學並無不同，都是在設計指點迷津，提出化解之道；但是，東漢哲學以王充為首的哲學動向，只要我們在《後漢書》中綜觀各家著作的內涵，就不難看出其中端倪：

有關桓譚的《新論》，內容是「言當世行事」[69]。

有關張衡的〈二京賦〉，內容是「因以諷諫」[70]。

至於王符的《潛夫論》，則是「指訐時短，討讁物情」[71]。

有關王充的《論衡》，內容是「釋物類同異，正時俗嫌疑」[72]。

王充的《養性書》則是「裁節嗜欲，頤神自樂」[73]。

有關荀悅的《申鑒》，是「通見政體」[74]。

有關仲長統的《昌言》，是「每論說古今及時俗行事，恒發憤歎息。」[75]

在所有的哲學著作中，東漢諸子可以說，都針對當時社會問題，盡力指出當時的錯誤，同時亦提供針對時弊應改革的事宜。當然，諸哲學家所寫的，中心思想還是指點迷津，而不是把化解之道作為首要的任務；更重要的是，在提出化解之道時，也多落實到政治的實踐課題，而少有提及哲學基礎，更沒有在政治實踐的課題上，注入哲學基礎的因素：像宇宙問題、人生問題，尤其

---

[69] 《後漢書》卷二十八上，〈桓譚馮衍列傳〉第十八上，楊家駱主編，同[2]，第九六一頁。

[70] 《後漢書》卷二十九，〈張衡列傳〉第四十九，同上，第一八九七頁。

[71] 《後漢書》卷四十九，〈王充王符仲長統列傳〉第三十九，同上，第一六三〇頁。

[72] 同上，第一六二九頁。

[73] 同上，第一六三〇頁。

[74] 《後漢書》卷六十二，〈荀韓鍾陳列傳〉第五十二，楊家駱主編，同[2]，第二〇五八頁。

[75] 同[71]，第一六四六頁。

爲何生存的課題都沒有提及。但是，反過來，在批判的對象上，卻是從社會問題，馬上連結在形上基礎之上；而爲了解決社會問題，像讖緯、卜筮，鬼神的信仰，卻立刻結論出：應斷絕天人關係，以及隨著而來的君民關係。

於是，哲學基礎的形而上部分，遭到排除；在哲學的範圍內，的確破除了迷信，這些可在東漢諸子著作中找到明證；可是，在社會中發展的虛妄，畢竟由於沒有代替品，不但沒有消失，反而有變本加厲的趨勢。

東漢哲學家在破的工夫上，是破除了讖緯卜筮的理論基礎，但是，並沒有在立的工夫上，替正確的社會觀——個人心靈的寄托，以及人際關係的規範——樹立良好的典範，因而社會原理沒有建立起來，因而，社會問題一直不能好轉。

王充之後的幾位思想家，王符、荀悅、仲長統，大都理解到要解決社會問題，必需提倡仁義道德，這些德目原就是個人修身爲君子，以及兼善天下爲聖人的必經之途，也是個人所以心安，以及人際關係所以有規範的理由，但是，問題不在德目本身，也不在如何去修德的課題，而是在回答爲什麼要有仁義道德的哲學基礎問題。天已經不是主宰，而人又因爲局限在時空內，變成人死如煙滅，道德的基礎在那裏？基準又在那裏？

東漢哲學家在解決社會問題的哲學探討中，不是不曉得要用那些德目，也不是不去實踐那些德目，而是無法給予爲什麼要實踐這些德目所以然的最終解釋。只要「爲什麼要做好人？」的問題，得不到滿意的答覆，社會就難以推動百姓去爲義而不爲利，難以說服人民去做好事，而不去做壞事。

換句話說，除去東漢後段的混亂實際情況不談，當時思想家無法處理社會問題的原因很多，其中最重要的，就是缺乏指導原則的定立與推廣。這也就是由於由王充爲首的除去了「天人關係」以及「君民關係」的類比意義所致。形上基礎的缺乏，是東漢人際關係無法正常化的原因；意志的天被否定，是道德文化失去形上基礎的導火線。

東漢的社會問題關鍵，首要的是政治上衰亂，先是外戚與宦官的循環鬥爭；從章帝就開始，竇后專權，重用外戚，及至安帝的鄧太后，就更是外戚當權的時代了，後來鄧太后去世，安帝又寵幸乳母，又演成一幕外戚當道的悲劇；其後的順帝、冲帝、質帝、桓帝，都遭遇到外戚當權的困難；最後桓帝終於消滅了外戚之患，卻召來了另一種災禍，卽是宦官專政。

除了外戚與宦官之外，也就是由之而產生的黨錮之獄，迫害知識份子，摧殘人才，這些內憂本就足以使東漢走向毀滅之途的，何況還有外患呢？外患中的羌亂，延續了一百六十餘年，隨時給予東漢很大的威脅。

這些內憂外患，發展到靈帝時，已到了無以復加的地步。社會中民不聊生，也因此羣盜四起，而其中最有組織的，莫過於黃巾之亂。後來，雖然平定了黃巾，董卓、李傕、郭汜之亂又起，這些混亂就一直延續到曹操父子的篡漢、東漢滅亡爲止。

東漢的社會，四分之三的時間是兵荒馬亂，民不聊生，加上當時社會哲學無法提出正確的指導原則，只能消極上指斥讖緯神仙之說，而無能提出積極的社會原理，如若沒有從印度傳來的佛學，作爲中國文化的新生機運，恐怕哲學慧命眞的從此就寂滅了。

叁 東漢社會哲學的當代意義

從前面的歷史發展和內在涵義兩個面向的探討中，東漢社會哲學的來龍去脈有了比較清晰的瞭解之後，接下來的工作，也就是對當時哲學家及哲學的批判，指出其貢獻，以及可能有的缺陷，並在這批判中，設法提出作者對東漢文化的一些見解。

中國文化的發展，有一點與西洋頗爲不同的是：西洋文化源自希臘的神話，起先透過這大眾信仰的神話體系，才漸漸醞釀出個別智慧的哲學思考，而在哲學思考中，釐定出道德規範。而中華文化的起源則來自先知先覺之士的道德意識，從道德意識進展到社會規範，然後落實到政治體制中，最後在政治體制的形上基礎找尋時，才產生神話；這也就是東漢落入神話體系，走進讖緯迷信之中，形成人生哲學的偏離現象。

中國哲學的這種發展過程，比之於西洋，可說是一方面早熟，另一方面則是過於深沉。早熟在於沒有經過迷夢的幼稚的神話階段，就已經到達了成年的覺醒；深沉則是沒有神話和形上學的支持，就徑自要尋求形上基礎的滿足。在東漢時代，政治上所需要的「天人關係」以及「君民關係」，哲學都無法幫上忙，甚至，反而在一片批判聲中，使君王更趨於迷惑，而終於跌進不能自拔的深淵。

東漢時代的思想家，尤其是古文家和今文家，起初時的分裂和爭端，重點表面上是各人專長不同，實質上則涉及到傳統與當代的文化承接問題，可幸這齣喜劇的落幕是合作並融通的，否則文學之爭必然會升級到哲學之爭，這又會給予東漢另一種摧殘。在文學之爭中暴露的問題，不但是傳統和當代之爭的課題，其背後隱藏的，卻有更深的政治文化問題，那也是「分」與「合」的價值選擇問題。文學之爭展示了「分」的局面和分裂的意義，但是，從許慎的《說文解字》起，到馬融的集大成工作，則在文學意義之外，表現了「合」的精神，以及融匯貫通的潛能，從孔子開創的儒家開始，中國文化的價值判準，一直是讚美「合」的融通性，而貶斥「分」的爭鬥性。

東漢文學上的成就可並沒有催生集大成的哲學思想家；哲學潮流以王充為核心的批判精神，以及「疾虛妄」⑯的內容，在在都是消極的批判錯誤。當然，傳統儒家的確也不主張人關心「命」或「時」，而是督促人去關懷「德」。可是，東漢思想家在理論上並沒有「立」德的基礎，而多在「破」人們對「命」及「時」的迷信。因而，必須可惜的說，哲學家沒有堅固的基礎，用

⑯ 王充，《論衡・佚文篇》，同㉒，王充自己把《論衡》比作《詩經》，以孔子對《詩經》的斷言「詩三百，一言以蔽之，曰『思無邪』」（《論語・為政篇》），而斷定《論衡》為『疾虛妄』。

來足以「破」命運及時勢的趨向；也就因此，東漢哲學既無法自立體系，又無法破當時的虛妄。原來，哲學的意義在這裏，也正如文學所揭示的「如其咀咒黑暗，不如點亮蠟燭」。東漢哲學家在咀咒黑暗方面，的確做到了應盡的工作；但是，在點亮蠟燭方面，似乎沒有開創新局。

在另一個層次上來看，批判哲學所站立的層面是理性的，可是宗教以及對宗教的信仰，或者神話，以及對神話的共識，都不是理性的層次，而多少夾雜了情感和神秘的成份，以理性來疏導情感可以，以理性來瞭解神秘可以，但是，以理性來反對情感，以理性來否定神秘，則要看是否批判本質，經得起理性的批判；理性是否能給予充足且合理的理論基礎。東漢諸哲在推翻西漢的「天人感應」學說之後，並沒有發明出足以取代的形上原理；這也就是其批判哲學終究落空的根本理由所在。

東漢哲學在社會混亂的現狀中，並沒有利用從西漢遺留下來的「國大民眾」的條件，加上中央集權方案的屢次失誤；而宮廷的混亂，導致政事失調，而社會各種混亂四起，民不聊生。哲學家在信儒崇道，反儒用法等綜合體系中，舉棋不定，更創造不出新的思想體系，無法給予社會存在的哲學原理；在人性的探討中，雖然在性善性惡的傳統課題上，略有突破的跡象；可是，這突破性的人性探討，卻無法針對社會問題，作進一步的人際關係釐定。因而，人性探討的成果，雖對人本精神有所裨益，但由於天道學說的失誤，還是流於無形，沒有產生對社會起死回生的作用。

從東漢社會哲學的探討，我們可以看出，哲學的批判性格只是起步的工作，而不能本身自成一個體系；哲學要自成體系，必須富有建設性的提案，像孔子在春秋時代的哲學思想，像佛學在隋唐時代的興盛。孔子對春秋的世代當然有批判，但其批判只是在導引出道德哲學的建立；佛家對魏晉南北朝的人生有批判，但這批判也只在引發宗教修行的旨趣。把批判哲學作爲起點可以，作爲哲學體系則不可。

再來就是人本精神的確立，不然就是承認人性本身的絕對，不然就是相信人類發展至絕對的潛能；這樣，才能在除去「天」的形上基礎之後，而落實在人間世。東漢哲學家受到「命運」的恐嚇，旣放棄了「天」，又不敢肯定「人」，因而懸掛在哲學的半空中，無法覓得形上基礎，來建立自成一家的哲學體系，又無法落實到社會層面，改變民不聊生的社會，使成爲安和樂利的環境。

最後，東漢哲學家在幾番努力之後，在遭受挫折之後，沒有能够像孔子一樣，發揮「知其不可爲而爲之」的精神，或是學習莊子的「天下無道，聖人生焉」的情操，仍然站穩崗位，反而開始作著悲觀的態度，而悲嘆時局的沒落，這就要怪哲學家本身的修養和定力不足，而不是學養和學理的問題。

在中國哲學傳統中，學說與行爲，知與行原是合一的，東漢哲學家本身的失去信念和信心，也就是社會哲學無法大放光明的內在因素。

結論

中國政治社會的終極目標，一如《禮記·禮運篇》所指出的，是「天下爲公，世界大同」；這目標所展示的社會是風調雨順，國泰民安的。東漢諸子顯然的，亦是以這終極目標作爲衡量當時社會的尺度，深深體會出現實社會與社會理想之間，差距著一段很大的路程，因而共同感嘆當時的沒落。在以道德文化爲取向的社會型態中，漸進的實踐原則，從修身到齊家，到治國，再到平天下，也是《禮記》的學理〈大學篇〉。東漢諸子卻也體認出，當時社會，除了光武中興、文景之治外，其它時間的社會，都沒有享受到政治中的德治、王道、仁政。〈禮運〉的「選賢與能」，亦未符合當時的「君臣之道」：舉凡外戚當道，宦官弄權，都莫不暴露出君主無能的表現；凡是內有流寇，外有羌亂，亦都顯示出君主不賢，沒有獲得「近者悅，遠者來」的向心力。東漢哲學家的洞識，的確能以傳統的尺度，界定了當時社會的沒落事實。

剩下的課題就是如何振興社會，如何創新社會的指導原則，來實踐理想的社會。

東漢諸子的著作中，很大的篇幅亦的確是用來規諫帝王，如何放棄讖緯，而回復到「德治」的常軌，用來衛護「大國人衆」的社會；或是回到儒家的傳統，或是折衷儒家和法家，以避免西漢末年儒道合併，所產生出來的讖緯副作用。

但是，終極的問題還是沒有建立形而上的基礎。東漢諸子在有關天、地、人的課題中，因爲避免符咒，而斬斷了天人關係，同時也切斷了君臣關係的天道；因爲避免神仙的學說，又把人性的精神生命，看成與肉體同燃同滅的東西。於是，人生的意義既無法超升自己，達到儒家「天人合一」的最高境界；又無能超越時空，而在立德、立功、立言的修習中，變成三不朽。這樣，人性就都成了上不頂天，下不著地的游離份子，徬徨於原就不甚安寧的社會中。人性自身既無法安身立命，又如何能安心在人際關係中創立安穩的社會秩序呢？這也就難怪到了荀悅與仲長統之時，學者已經對人性失去了信心，同時對儒家也失去了信念。

當然，漢朝本身是承傳先秦儒，以及作著綜合性的集大成工作，其對古文今文之爭，能以高度的智慧和耐心，以融通的工作，保存住傳統與當代的一脈相承，的確是中國文化界的一大貢獻。文學界互相容忍的開放心胸，於此大放光明。這心胸也正是促成後來佛教東來之後，雖然違反著孔子的「父母在，不遠遊」（《論語・里仁篇》）的出家修道，同時亦違背了孟子的「不孝有三，無後爲大」（《孟子・離婁上》）的獨身生活，但是，儒家諸子還是以極大的胸懷，容忍並接受了佛法，而促成了中國文化另一次的復興，締造了儒、道、釋合流的隋唐盛世。

當然，印度東來的佛學，不盡然用小乘的「出家」，表面上違反儒道的方案，而是在積極意義上，用今生今世、前生前世、來生來世的永恒輪廻，作爲修身的動機，這也正是補足並推動了漢儒所推動但沒有完成的道德基準，那就是「壹是皆以修身爲本」（《禮記・大學篇》）的肯定。佛家的修行設計，以及它對人性精神生命的肯定，以及其「人皆有佛性」的信心，在在都能符合原始儒對人性的肯定，那即是「人皆可以爲堯舜」。於是，這人性的肯定，的確也能補漢儒的不足。

中國哲學慧命的發展，由自證慧的儒和道，再加入了印度自證慧的佛法，終於綜合融匯成隋唐的共命慧；這儒、道、釋合流的共命慧，不但在中國從出家的小乘，轉化成入世的大乘，而且亦以中國爲中心，而推廣到整個亞洲，而塑造成今後東方文化的特性。

漢儒的心態，對這種文化發展的進程，都付了心力，同時亦有其貢獻。

魏晉社會哲學

緒論

中國哲學思想之發展，原在先秦諸子已打好基礎；其中孔子開創的儒家，以及老子所始創的道家，都能以理想的高峯，指陳出一個人生存在天和地之間，如何獨善其身，做個君子；刻劃出一個人生活在人與人之間，如何成爲一個兼善天下的聖人。孔子和老子，以及儒家和道家，都希望把理想落實到具體社會之中，指導人們度一個自由自在、幸福快樂的人生。

但是在中國歷史的流變中，先秦的儒、道並沒有實落到具體的政治社會體制中，倒是比較現實的法家，落實在秦朝，統一了六國，結束了長久以來的春秋和戰國的分裂和對立的局面。當然，秦的法治模式，偏離百姓所希望的安和樂利，過於遙遠；同時與儒、道的理想過於對立尖銳；秦的嚴刑峻法很快就崩毀了。

隨著秦而來的是接受了「國大民眾」的漢朝，在其「長治久安」的設計中，認定儒家的德治、王道、仁政，才是政治措施的張本，也才是百姓安居樂業社會的穩定力，於是採取了「罷黜百家，獨尊儒術」的方針，以期達到「德治」以及「禮治」的綜合成果❶。更進一層的是：漢代諸帝王將相本身，大都崇向黃老，作為個人「修身」的方案❷。漢代因而可以說，「道內儒外」的一種社會哲學體制，其「禮法」的運用，又多少承傳了法家的形式。也就因此，漢代社會哲學的運用上，委實統合了先秦儒、道、法三家的精華。

到了魏晉時代，情形有了很大的變化，其中最明顯的，也就是從漢代的「道內儒外」轉變成「道」的外顯。從漢代的儒家主流，演變成了魏晉時代的道家主流。這是「儒微道盛」的時代❸。

魏晉時代的思想，承接漢代思想的餘波；兩漢思想的發展，站在儒家為正統的立場來看，董仲舒是正面，而王充是反面。董仲舒開創了儒家獨尊的思想潮流，而王充則導引了魏晉的自然主義思想❹。

---

❶ 漢代「尊儒」的方法，一方面有為政者的德治、王道、仁政；但在另一方面，亦有「禮」的規範，來使「國大民眾」的社會，有「法」的遵循。這也正表示儒家在把自己理想落實到社會時，曾作某種適度地容納其他學說。參閱錢穆著，《中國思想史》，第六五—六六頁。

❷ 參閱鄔昆如著，〈西漢社會哲學之研究〉，《臺大哲學論評》，第八期，臺大哲學系出版，民國七十四年一月，第三〇頁。

❸ 參閱蕭公權著，《中國政治思想史》，上册，第三六四頁。

❹ 參閱錢穆著，《中國思想史》，第七〇頁。

當然，王充思想中的「自然主義」，甚至「無君思想」，是導引出魏晉「儒微道盛」結果的外在原因。魏晉思想中的老莊「遺世之爲我」思想，以及士人的「頹廢生活」，內在的原因還是由於，儒學本身之迅速退化，以及士大夫對禮法之久而生厭❺。這是「儒微」的原因。至於「道盛」，則是儒家積極建設社會理論與實際方案衰微後的必然結局，加上當時「亂世」所帶來的困擾，使思想家不得不遺世爲我，而演成「天下無道，聖人生焉」的消極作法。

魏晉時代，從東漢滅亡開始，卽始自公元二二〇年，曹丕自許州遷都洛陽，國號魏。一直到東晉滅亡，卽公元四二〇年，恰好是二百年。這兩個世紀在中國歷史文化發展，算是比較黑暗的時期，其中沒有出現一流的思想家，也沒有開展出偉大的思想體系。這兩百年間的主流思想，皆是注解老莊的人生哲學，對社會的建設及參與，採取消極的態度。像何晏、王弼、郭象，皆以注解道家經典稱著；而竹林七賢，則以哲學或文學，來描繪遺世思想；只希望把社會導引回歸自然，儘量減少積極的人爲的建樹。至於這二世紀的思想支流，是儒家思想的延續。在魏晉時代的儒家思想，雖然呈現衰微，但卻沒有止息。像傅玄、裴頠、王坦之、孫盛、劉實等人，都能站在儒家立場，闡揚積極的社會人生。此外，尚有設法調和儒道二家之說，使成爲實際社會措施與人生逍遙相輔相成的思想家，葛洪和陶淵明在這方面算是代表人物，李充的著作，亦可作爲典範❻。

---

❺ 同❸，第三六四—三六五頁。

❻ 同上，第三八一—三八二頁。

也就因爲中國思想發展史料，魏晉兩個世紀的時間內，缺乏第一流的思想家，所以有關這方面的學術論文，在量和質上，都比不上其它分段。我們在這裏能引用到的，當然最主要的來源，還是《晉書》，其中列傳部分，可以找到大部分這一時期思想家的生平和思想；然後就是依著《晉書》列傳的指引，各別地在四庫全書中，找出每位思想家的著作，配合《晉書》列傳的「批判」，以及當代思想家的學術論文，作爲本講錄寫作前的素材和資料。再來就是一些政治社會以及哲學的專著，其中有關魏晉玄學部分的意見，作爲本講錄的參考材料；而架構成論文之內容。

本講錄旨在闡釋魏晉時代的社會哲學思想，從何晏開始，經王弼，竹林七賢，一直伸展到郭象的道家思想；另一方面，亦勾劃出從傅玄開始，經裴頠、王坦之、孫盛、劉寔等人的儒家思想，作魏晉社會哲學歷史發展的線索，以及其內涵的質與量；從而亦提出其思想對社會的正負面作用，作爲本論文對該時代的批判。

因此，本講錄的進行，首先就是以道家玄學爲主流的社會哲學歷史發展，配以儒家思想爲支流的思想進路；然後以這些歷史發展中的思想內涵，作爲社會哲學的原理與問題，開展出社會內涵的探討。最後以當代意義的立場，來批判魏晉時代的社會哲學的正負面。

本講錄的主要參考材料，除《晉書》外，尚有何晏的《論語集解》，王弼的《老子注》，郭象的《莊子注》，葛洪的《抱朴子》，阮籍的〈達莊論〉以及〈大人先生傳〉，嵇康的〈養生論〉，傅玄的〈君臣並耕論〉，裴頠的〈崇有論〉，王坦之的〈廢莊論〉，劉寔的〈崇讓論〉，還有《世說新語》等。至於專著及論文部分，將列於講錄之附錄「參考資料」中。

壹　魏晉社會哲學史的發展

魏晉在政治上的分期是：魏四十六年（從公元二二〇年到二六五年），西晉五十二年（公元二六五年到三一六年），東晉一百零四年（公元三一七年到四二〇年）。政治上的分期對社會哲學沒有很直接的影響，可是，政制的措施，卻可以提供社會哲學一些素材。像三國時代（以魏爲代表）的紛爭，所造成的兵荒馬亂，民不聊生，知識分子自然容易開始對政制的有效性起懷疑，此期的何晏、王弼、山濤、阮籍、王戎等人，都在展示道家自然主義的優點，以期用「無爲」來取代自漢朝以來的禮法之治，來改善社會秩序。學說中自然免不了要「破」儒家的社會措施，要「立」道家的清靜無爲；而在立道破儒的工作中，注解《老子》的原義，乃致於引儒入道，來注解《論語》，都是此期的文化工作重點。當然，在衛護儒家的學者，亦不乏其人，像傅玄就是典型的代表，其主德主義及重農說，都在揭示人文價值的優位。

及至西晉，由於三國鼎立之期已過，而國家卻並未因此形成大一統，仍然不斷有內憂外患，致使知識分子仍無法認同政治，而加深了對老莊思想的研究和發揮，此期的郭象注莊，更展示了「無爲主義」的興盛。在承傳儒家思想方面，亦有裴頠出來，以〈崇有論〉來反對無爲主義。

到了東晉，葛洪的《抱朴子》，以及《神仙傳》，都在鼓吹無爲思想；陶淵明更以其〈桃花源記〉來描繪彰顯道家和儒家合璧的治道。由於東晉完全走進了清談的學風，比起西晉的「無爲」「無君」更進了一層；而清談的思想多以莊子人生觀爲基本，此時的儒家傳人王坦之，即用〈廢莊論〉來與道家思想對抗。

社會哲學史在魏晉時代的發展，主流仍是道家，是首先由老入莊，後來又回歸老❼。而支流則是儒家的慧命不息，一直扮演著積極的參與社會建設的理論衛護者的角色。

我們現在就以歷史先後的哲學家爲經，以他們的學說爲緯，來架構本論文的第一部分「魏晉社會哲學史的發展」。我們先探討主流的道家思想，然後再討論支流的儒家思想，再後提出綜合二者的嘗試。

一、道家思想❽

㈠何晏，字平叔，三國魏南陽人，生於漢獻帝興平元年（公元一九一年），卒於魏齊王芳正始十年（公元二四九年）。曾注《老子》，名《道德論》，又著《論語集解》，《周易解》等。

---

❼ 同上，第三八四頁。

❽ 蕭公權先生認爲魏晉時代的無爲及無君思想，不是道學的發展，而只是老莊的再起；參閱所著《中國政治思想史》第三六五頁。其實，老莊也正是原始道家的代表，其思想亦應歸於道家思想。魏晉期間的思想，既屬老莊，自然可以歸納爲道家思想。

何晏學說「祖述老莊，立論以爲天地萬物皆以無爲爲本。無也者，開物成務無往不有者也。陰陽恃以化生，萬物恃以成形；賢者恃以成德，不有恃以免身。故無之爲用，無爵而貴矣。」❾在何晏看來，「無」就是宇宙人生的根本。也就因此，導引出「無爲」「無欲」的人生，乃致於「無爲」的社會。

何晏在《論語集解》中，解釋「爲政以德」的意義，也用「德者無爲」，來說明儒家是以道家爲主，而引儒入道。何晏「以道家之學，解釋儒書」，可以說定立了魏晉時代學術風氣❿。這樣，在社會組織與措施上，何晏反對所有人爲的矯飾成份；即使人爲因素無可奈何，一定需要時，亦得儘量使其順乎自然⓫。自然無爲的思想，以及以道家爲中心，來解釋儒家思想，這就揭開了魏晉學術的序幕。

㈡王弼，字輔嗣，三國時山陽高平人。生於魏文帝黃初七年（公元二二六年），卒於魏齊王芳正始十年（公元二四九年）。著有《老子注》，《周易注》，《論語釋疑》等書。

王弼學說，追隨老子，發揮「自然無爲」的奧義，以「天地任自然，無爲而造」，來反對「人爲」；以爲「無爲而治」是最高的治道；社會秩序也因聖人的「無爲」而井然有序。

❾《晉書．王衍傳》，《晉書》卷四十三，列傳第十三，第五九四頁。

❿參閱楊幼炯著，《中國政治思想史》，第二〇五頁。又關於何晏思想，有王韶生著，〈何晏與魏晉學術的關係〉，《崇基學報》，第三卷第一期，民國五十二年十一月，香港，第一一二—一一八頁。

⓫參閱鄔昆如、黎建球合著，《中西兩百位哲學家》，何晏條，第一三二—一三四頁。

王弼的自然主義以及無爲主義，幾乎與何晏相同；其方法亦是一方面注老子《道德經》，找出其「無爲」和「自然」的天道特性，他方面設法把道家思想，融入儒家經典之中⑫。因此其社會哲學的根本思想，是以天道的自然與無爲，作爲人道的典範；而以人定禮法制度，越少越好，使人際關係只在自然順應中。

可是，在具體生活的規範上，孔孟的仁政德治，尤其人際關係的愛人，王弼仍然接受；因此王弼學說總評，可用「宇宙觀回歸老莊，人生觀回歸孔孟」⑬。

㈢嵇康，字叔夜，譙國銍人。《晉書》有〈嵇康傳〉，但未記明其生卒年，只載「文帝……因譖康……時年四十。」其爲司馬昭所殺，年僅四十；可推斷其生卒年爲公元二二〇—二六〇年前後）⑭。著有〈養生論〉，〈聲無哀樂論〉，〈釋私論〉等，收集成《嵇康集》七卷。

嵇康是竹林七賢之一；性好養生，常到山中採藥服食，以延年益壽。在理論體系上，有批判性，其反對軍權，因而遭到殺身之禍；他非湯武，薄周孔，祖述虛無，輕蔑禮法。這樣，嵇康的社會哲學是崇向淸靜無爲，主張廢除一切人爲禮法，度一個自然的生活；而在自然生活中設法用

---

⑫《三國志・魏志》卷二十八，何劭撰王弼傳。有關王弼思想，參閱蔡美珠著，〈王弼之「無爲」比較分析〉，《現代學苑》，第八卷第七期，民國六十年七月，第六—八頁。

⑬錢穆著，《中國思想史》，第七三頁。

⑭《晉書》所載，嵇康爲司馬昭所殺，而後者執政之期爲從曹魏正元二年（卽紀元二五五年）至曹魏咸熙二年（卽紀元二六五年），亦卽在這十年期間嵇康逝世；《晉書》另載，嵇康死時年僅四十；固以推斷其生年爲公元二一五—二二五年之間，而卒年爲二五五—二六五年之間。

藥物來養生，相信由養生可以進入神仙的境界⓯。

㈣阮籍，字嗣宗，晉代陳留尉氏人。生於東漢建安十四年（公元二〇九年），卒於曹魏景元四年（公元二六三年）。著有〈達莊論〉，〈大人先生傳〉，〈通易論〉等。

〈達莊論〉是注譯莊子思想，來反抗禮法，認爲自然無爲的生活才合乎天道，合乎人性；〈大人先生傳〉則提倡無君論，認爲古聖先王之前，都是自然無爲的，沒有爭奪，沒有戰爭，一切都順其自然。及至設立了君主，也就產生了暴虐，盜賊，百姓受禮法束縛而失去自由，形成弱肉強食的社會。

何晏、王弼主張無爲，但仍然讓君主存在，只是要求「小國寡民」的政治社會，反對「國大民眾」。到了竹林七賢諸子，則開始在「無爲」之上，加上「無君」，從根本反對政治社會的組織。

㈤郭象，字子玄，晉代河南人。卒於永嘉末年（公元三〇七—三一二年之間）。著有《莊子注》⓰。

魏晉時代的道學，由老入莊。何晏、王弼注老，郭象注莊，展示此一思路發展情形。

⓯ 參閱李豐楙著，《稽康養生思想之研究》，《靜宜學報》，民國六十八年六月，第三一—六六頁。

⓰ 有關郭象的《莊子注》問題，歷來諸多質疑，有謂其注偷自向秀，亦有謂只參考向秀之注而已。這裏所用的資料，是用傳統留下的郭象注，至於究竟其中有那些是向秀的，在思想發展史中，不太重要。

郭象學說，表現在他對莊子書的註解上。如果把這些註蔚成體系，則在形而上的境域內，說明道之「理」，而宇宙和人生都在此「理」之中存在；順理亦就是合乎自然，亦就是有道德；反之則有爲，則違反自然，亦卽不道德。

郭象的社會哲學，在消極上是承傳向秀等人的主張，以避世無爲作爲生活的模式；但在積極上則是心靈生活的自我提升，學習莊子的逍遙。

(六)劉伶，字伯倫，沛國人。《晉書》列傳中沒有記載其生卒年齡，只記述其與阮籍、嵇康相遇⑰。著有〈酒德頌〉。

劉伶學說完全以其人生觀爲準，喜飲酒，「不以家產有無介意，常乘鹿車，携一壺酒，使人荷鍤而隨之，謂曰：『死便埋我』。」⑱〈酒德頌〉的內容是：「有大人先生，以天地爲一朝，萬期爲須臾，日月爲扃牖，八荒爲庭衢；行無轍跡，居無室廬，幙天席地，縱意所如。止則操巵執觚，動則挈榼提壺，惟酒是務焉。」⑲

劉伶的這種學說，是「天地與我並生，萬物與我爲一」⑳的瞭解，因而其落實到社會時，亦

⑰《晉書》卷四十九，列傳第十九，〈劉伶傳〉，第六六六頁。
⑱同上。
⑲同上。
⑳《莊子·齊物論》。

是無爲與無君的，是不要人爲的規範的。但在另一方面，似乎在飲酒作樂中，只顧及自身的樂趣，難免有個人主義之嫌。

㈦向秀，字子期，河內懷人。「少爲山濤所知，雅好老莊之學。莊周著內外數十篇，歷世方士雖有觀者，莫適論其皆統也。秀乃爲之隱解，發明奇趣，振起玄風，讀之者超然心悟，莫不自足一時也。」㉑向秀著作主要的就是注《莊子》，其註釋後來還成了郭象注莊的藍本。

在其注《莊子》書中，仍然以竹林七賢的思想爲中心，採取擺脫俗世的禮法制度的態度，而縱情山林，任其自然，甚至忘其形骸。認爲莊子的精神也就在於離開俗務，而放蕩形骸於山林中。因此，對社會的法制次序，不感興趣；對人際關係的開展，更不積極，大有避世退隱的傾向。

上面列舉的七位思想家，都以發揮道家人生哲學爲職志，無論是注老，或是注莊，都要表明隱居生活的傾向，以及反對禮法制度的意旨。他們強調自然，強調人性的自由自在；這種放任的情形，幾乎到了「我要作什麼，就做什麼」的境域；而對於儒家主張「以禮節之」的方案，強調人格的修成，要用「我要作什麼，就偏偏不做什麼」的節制行爲，才算爲功的儒家學說，抱持了不信任的想法。

「道盛儒微」的結論，應是魏晉時代的根本寫照。但是，儒學雖然衰微，都仍然沒有消失。

㉑《晉書》卷四十九，列傳第十九，〈向秀傳〉，第六六五頁。

其中最大的原因有二；一是社會制度的禮法，有深厚的儒家人際關係氣氛；單就在《禮記》一書中，就可明瞭，中國社會制度，發展到後漢時，已具相當的穩定規模；從前漢開始的「國大民眾」的現實，加上「長治久安」的理想，而「獨尊儒術」的措施，都能在人生的各個層面，規範出「做人處世」的人際關係。漢朝所開展的社會制度，其後雖有朝代的變更，但基本上的人際關係結構，仍是屹立不動的。這種社會現狀，可不是任何學說可以摧毀的。再來就是知識份子，在關懷社會問題時，除了不滿現實，希圖改革，或是根本上否定傳統及現實的所有價值之外，總還有部份人士，靜下心來，檢討政制的利弊得失，而對傳統及現狀，給予一些應得的肯定和認同。當然，魏晉時期算是亂世，但是，比起春秋戰國，卻仍然有許多值得稱許的地方。於是，具有現實意識，同時思想又不走極端的一些思想家，也總是在「道家」批判現狀，乃致於否定制度用處時，敢於挺身而出，對現狀提出衛護的見解。

這也就是與道家當時的「無爲」「無君」思想對立的儒家學者。當然，他們由於時勢，在當時呼聲並不響亮，同時亦沒有獲得應有的回應；可是，站在思想史的發展上看，也是絕不可忽視的。

我們這就分別引介幾位當時較有思想的士人。

二、儒家思想

㈠傅玄，字休奕，北地泥陽人。《晉書》卷四十七記載，氏卒時年六十二，時爲西晉咸寧四年（公元二七八年），故其生年爲東漢建安二十二年（公元二一七年）㉒。傅玄著作很多，《晉書》記載爲內外中篇，凡四部六錄，合百四十首，數十萬言，以及文集百餘卷，其中對社會哲學有直接關係的，就是「重農說」。

「重農說」的主旨是「導儒尚學，貴農賤商」；其「貴農賤商」一說，雖與《呂氏春秋．上農篇》有相同的結論，但過程與理論基礎，卻大異其趣。呂氏〈上農篇〉重農的目的，在於容易治理管轄，而傅玄之重農則是一種「君臣並耕論」，根本上反對統治者，或是士大夫過一種遊手好閒的生活。傅玄認爲，農耕基本上是一種德行，是智者爲了教民解決民生問題的行爲，原是仁政的表現。

德治、仁政，都是儒家極力主張的政治社會原理。賢者是肯與百姓生活打成一片，與百姓同甘共苦。

社會秩序靠社會制度來穩定，而社會制度的推行又靠有道德的人來參與；於是，人爲的一切設計，都成爲必然的結論。

㈡裴頠，字逸民，河東聞喜人。生於西晉泰始三年（公元二六七年），卒於西晉永康元年（公元三〇〇年）。著有〈崇有論〉，反對「無爲主義」，尤其駁斥從無生有的學說。與傅玄二人

㉒《晉書》卷四十七，列傳第十七，〈傅玄傳〉，第六三八頁。

乃攻擊晉代玄虛風氣之二大巨子。

〈崇有論〉的寫作動機，就是：「頠深患時俗放蕩，不尊儒術，何晏阮籍素有高名於世，口談浮虛，不遵禮法，尸祿耽寵，仕不事事。至王衍之徒，聲譽太盛，位高勢重，不以物務自嬰，遂相放效，風教陵遲，乃著崇有之論，以釋其蔽。」㉓這是反對清談，反對不守禮法的人生。在哲學基礎的運用上，魏晉玄談的思想基礎是道家的「無」概念，以之作爲天地萬物的最終根源。裴頠在這裏，特別提出對「從無生有」的反駁。他說：「夫至無者無以能生，故始生者自生也；自生而必體有，則有遺而生虧矣。」㉔這是「從無不能生有」的理解，極富形上學的辯論色彩㉕。

從這兩種辯證接著發展的，也就是正面主張政事、人倫、禮法、制度等，都是社會生活不可或缺的條件，因而主張「有爲」來反對「無爲」，主張「有君」來反對「無君」。

㈢儒家在當時衛護正統的努力，最爲有功的，也就是傅玄和裴頠。其餘尚有王坦之（三二六—三七五）著〈廢莊論〉，說明由莊子學說而誤解人生的情事，因而提出：「眾人因藉之以爲弊薄之資。然則天下之善人少，不善人多；莊生之利天下也少，害天下也多。」㉖此外孫盛著〈老

㉓同上卷三十五，列傳第五，〈裴頠傳〉，第四九九頁。

㉔同上第五〇〇頁。

㉕西洋中世哲學承傳亞里士多德形上學，在本體論中，亦有「從無不能生有」（Ex nihilo nihil fit）一說。

㉖《晉書》卷七十五，列傳第四十五，〈王坦之傳〉，第九六二頁。

聃非大聖論〉，斥老子主張的淸靜無爲，認爲並沒有盡好人際關係的責任；以爲人生的責任才眞正是自然，放棄責任則恰好違反自然㉗。還有劉寔著〈崇讓論〉，指出社會政制需由「讓」出賢和能，來治理社會；意卽主張社會應以人爲的「有爲」來創造秩序，而反對「無爲」的學說。進一步認爲失去「讓」的精神，所直接導引出來的是「爭」，因而推論出，「無爲」的學說表面是反對「爭」，事實上則是由於沒有積極發揚「讓」的精神，反而導社會以「爭」的局面㉘。

上面所列舉的儒家學說，或是正面地主張社會制度的重要性，或是反面地駁斥老莊學說，站在魏晉主流思想看來，都是思想的反動；但是，站在具體社會生活看來，則是落實到社會的反省和重新肯定。

三、儒、道合璧的嘗試

㈠葛洪，字稚川，號抱朴子，丹陽句容人。生於曹魏嘉平五年（公元二五三年），卒於東晉成帝咸和八年（公元三三三年）。著有《抱朴子》、《神仙傳》等。

葛洪的思想，最重要的就是相信人可以靠仙丹成仙，其《抱朴子・內篇》皆是丹藥，指出藥方的質與量，以及煉丹之方法；以爲服食丹藥，就可長生不老，而成仙。《神仙傳》則在指證，

㉗ 同上卷八十二，列傳第五十二，〈孫盛傳〉，第一〇五二頁。
㉘ 同上卷四十一，列傳第十一，〈劉實傳〉，第五七二－五七五頁。

說明人間世的確有許多神仙存在。在這裏，葛洪極力反對符咒，認爲神仙之成，需要修練以及服藥，而無法靠符咒或祈禱所能達成㉙。

雖然如此，《抱朴子・外篇》則屬儒家㉚。因而，其思想重心可說是「內道外儒」；氏主張「無爲」，但不主張「無君」；這裏，無爲是指不要過份僵化禮法，而有君則是主張禮法的定立和遵守。這也正是「自然」與「人爲」的合璧，道家與儒家的合璧。

當然，葛洪本身雖致力於「儒道合璧」的工作，但內心仍是偏向於「道」家的；這一方面在所著《抱朴子》書的「內道外儒」看得出，另一方面他亦曾明白的表示過：「道者儒之本，儒者道之末」㉛。又在其訴說老子與孔子之分別時，亦認爲「仲尼，儒者之聖；老子，得道之聖也。」㉜在「活世的聖人」，與「得道的聖人」之間，顯然的是偏向於老子。當然，儘管偏向於道家，但卻並不排斥儒家，而是相反，對儒亦尊崇備至。他說：「所以貴儒者，以其移風易俗，不惟揖讓與盤旋也。所以尊道者，以其不言而化行，匪獨養生之一事也。若儒道果有先後，則仲

㉙ 同上卷七十二，列傳第四十二，〈葛洪傳〉，第九三五頁。
並參閱林麗雪著，〈抱朴子內篇思想析論〉，《國立編譯館館刊》，第七卷第二期，民國六十七年十二月，第三五—七七頁。

㉚ 參閱孫星衍撰，〈新校正抱朴子內篇序〉，第三頁。
並參考尤信雄著，〈抱朴子之道德思想〉，《國文學報》，第七期，民國六十七年六月，第一二三—一三〇頁；又同著者，〈葛洪的儒家思想〉，《鵝湖》，第二卷第十一期，民國六十六年五月，第一八—二一頁。

㉛《抱朴子・內篇》，〈明本篇〉，卷第十，第一頁。

㉜ 同上，〈塞難篇〉，卷第七，第二頁。

尼未可專信，而老氏未可孤用。」❸這也就等於承認儒家與道家可以相輔相成，不能偏廢任何一方。

儒、道二家思想的爭辯，早已形成中國思想界的風氣；儒者非道，道家難儒，但都站在自己的思想立場，來貶低對方的學說，總不像《抱朴子．外篇》中的〈詰鮑篇〉，讓雙方都能盡其所能，站在相等的平等立場，與對方辯論。〈詰鮑篇〉的整體結構，在一來一往的辯論中，把主題放在「有君」「無君」的課題上，而以「自然」和「人爲」的得失，作爲辯證的過程；而雙方都在儘力衛護自己的見解，大有見仁見智的思考內容。當然，《抱朴子》在這裏，強調了儒家人文主義的精神，認定人文主義要比道家的自然主義好❹。

〈詰鮑篇〉可以說透過抱朴子和鮑敬言的辯論，把儒家和道家可能有的長處和短處，統統都呈現出來；把二家實際的困難，以及理論的辯解，都毫不保留地寫出，的確是儒道二家的全面反

❸ 同上。其意義請參閱李本田著，李世傑譯，〈魏晉時代的儒、玄論爭〉，《恆毅》，第五卷，第八，一一，一二各期，民國四十五年三，六，七月連載，第一七—一九，二三—二四，一三—一五頁。

❹ 在中國傳統經典中，老子的《道德經》是「獨白」的形式，而《論語》是「單向的對話」；到了《孟子》，就開始採取「雙向的對話」，到《荀子》就發展到「論文體」了。當然，《孟子》的「雙向對話」，比較上接近預先設定對方，而一開始就有一面倒的趨勢，而《抱朴子》的〈詰鮑篇〉，則與西方的柏拉圖《對話錄》相仿，對話中不容易產生預先設定的漏洞，因而亦沒有一面倒的情勢；而是雙方都有高潮，有沈思，有詰難，到最後才能峯廻路轉，突現出眞理的光明。有關《抱朴子．外篇》的思想，有林麗雪著，〈抱朴子外篇思想析論〉，《臺大文史哲學報》，第二十八期，民國六十八年十二月，第一九一—二五四頁。

省以及總檢討。

〈詰鮑篇〉儒道之辯，重點在於：鮑敬言把君臣身份的對立看成互不相容的競爭局面（以符合晉代亂世的現實），與天地陰陽四時合調的調和氣氛，無法共存，因而主張「無爲」與「無君」，亦卽無政府主義，不必定立社會規範。可是，抱朴子則認爲君臣原就是配合天地陰陽的，聖人亦是「體天作制」的，天尊地卑基本上呈現在君臣之道上；因而主張「有爲」「有君」，有組織有制度的社會。

㈡陶淵明，名潛，字元亮，潯陽柴桑人，生於東晉哀帝興寧三年（公元三六五年），卒於劉宋文帝四年（公元四二七年），著有〈五柳先生傳〉，〈歸去來辭〉，〈桃花源記〉等，都收集在《陶淵明集》中。

陶淵明思想表現得非常熱情，一方面感嘆文化的沒落，他方面又意識到自己的無力感。因此，在「出世」與「入世」二者間，作著交互的證成；他一面覺得世事的無常，但同時又意識到重建社會的責任，這就是他一身兼儒、道二者的最重要理由。看透人間世的空幻，原是佛家思想的精華。陶淵明曾與當時廬山的一位法師慧遠交往，甚得佛法。因而，可以說綜合了儒、道、佛的學說精華，來作爲做人處世之道。

不過，道與佛的「出世」思想，畢竟沒有淹沒其儒家的「入世」精神。〈歸去來辭〉是「歸家」，並非「出家」，〈桃花源記〉亦非「仙境」，而是「人間世」。無論是〈五柳先生傳〉中的「忘懷得失」㉟，或是〈歸去來辭〉中的「鳥倦飛而知還」㊱，或是〈桃花源記〉中的安和樂利的社會，都在說明個人的自由自在的生活，以及羣體的互助互愛的羣居。陶淵明的心目中的社會，是擁有儒、道二家之長的。

(三)李充，字弘度，江夏人。著有《注尚書》，《周易旨》，《釋莊論》，《學箴》等。《晉書》未載其生卒年㊲。有關其思想，《晉書》記載「幼好刑名之學，深抑虛浮之士」㊳。他指出虛浮之士的錯誤在於：錯懂了道家「無爲」的意義，同時亦沒有客觀地觀察禮教的本質；而祇在膚淺處瞭解儒、道二家，進而攻擊禮法，以及附和道家隱世的消極思想。他認爲「無爲」與「禮法」應該同時並用：無爲用在心靈之陶冶，叫人不要貪圖功名利祿；而禮法則在衛護社會之安定。他指出這方面的理由是：「先王以道德之不行，故以仁義化之。行仁義之不篤，故以禮律檢之。檢之彌繁，而僞亦愈廣。老莊是以明無爲之益，塞爭欲之門。」㊴這樣，儒、道二者實相輔相成，都是人文社會所必需的學說和實踐。

在時間的先後上，社會制度首先興起，亦即儒家首先以禮法治理社會，而當禮法走向了沒落

㉟《晉書》卷九十四，列傳第六十四，〈陶潛傳〉，第二二〇六頁。
㊱同上。
㊲同上卷九十二，列傳第六十二，〈李充傳〉，第一一七一—一一七二頁。
㊳同上，第一一七一頁。
㊴同上。

之後，道家的無為思想才興起，以救人心之功利追逐。可是，在形上次序看來，把握人心之欲求才是根本，施之於政制則是後來的實踐部份。因而，李充還是認清了這本末的關係，他說：「故化之以絕聖棄智，鎮之以無名之樸。聖教救其末，老莊明其本。本末之途殊而為教一也。」㊵

從魏晉社會哲學的歷史發展看來，士大夫所爭論的課題，委實沒有走出原始儒、道二家的範圍；儒、道二派在魏晉時代之爭，大都在注解儒、道二家原始思想之涵義，而然後持不同的看法與作法，而有不同的意見出現。當時以道家為主流的思想，對《老子》《莊子》的注解有理論與實踐二種不同的呈現：理論部份是在那些思想家的經典中可找到，而實踐部份則在他們生平中出現。魏晉時代的思想家，無論是儒者，或是道家，或是儒道合璧的學者，都能心口合一，理論與實際配合。這也是魏晉時代，學術的可愛處；此期沒有知行疏離的思想家出現。

貳 魏晉社會哲學的內在涵義

從上面的三個面向來看魏晉社會哲學史的發展，就不難窺探出其思想內容：一方面有注解道家人生觀的避世思想，其所強調的社會生活，顯然的是「小國寡民」的，甚至「民至老死，不相

㊵ 同上，第一一七二頁。

往來」的㊶。這是否定人際關係的社會功能；另一方面有承傳儒家思想，符合當時社會生活的具體事實，主張人際關係的規範，並強調人文價值高於自然秩序之上。最後亦有提升儒和道，既承認道家對個別的人在獨立性上的成就，又承認儒家在人際關係上發揮的社會功能，因而主張二者相輔相成。

我們就從這三個面向的探討，濃縮出魏晉時代社會哲學內涵：基礎上是道家對人的獨立性所發揮的「個人」獨善其身成爲君子的功能，而在外顯上則是儒家對人的羣體性所顯示的兼善天下，成爲聖人的規範。人性的兩個座標，生存在天和地之間的獨立性，生活在人與人之間的羣體性，都分由儒家和道家所分工合作，而獲得解決。

魏晉諸子提倡「無爲」也好，主張「無君」也好，實質上是從漢以來的「禮法」過於僵化；在道德的表現上，知行無法合一，理論與實際不能配合，因而才使士大夫以避世的行動，來表達自己心中的不滿，以及內心無法認同的公共秩序。

我們在審視魏晉的社會哲學思想，還是按學術的體系方法，先在「社會原理」的釐定上，加以綜合和分析；然後再到「社會問題」的提出，以及已有的、或可能會有的答案。

㊶ 《道德經》第八十章所描繪的羣體以及人際關係，「寡」與「小」都是否定詞，參閱鄔昆如著〈否定詞在道德經中所扮演的角色〉，《中央研究院國際漢學會議論文集》，思想與哲學組，第二册，民國七十年十月十日，第七九一—八〇〇頁。

一、社會原理

魏晉的具體社會是有組織的，是由從漢以來「獨尊儒術」所設計的「長治久安」的禮法，也即是宗法社會的型態。這型態由家庭到家族，到民族，其間的「親情」和「鄉情」扣緊了人際關係。當然，由於三國鼎立的戰亂，以及邊疆民族的入侵㊷，社會中突現不出「安和樂利」的成果。於是，知識份子開始懷疑儒家治道的功能，並開始否定其價值，並非無理性的行爲。而部份學者設法在儒家之外，尋找安身立命之道，亦屬無可厚非。但是，問題的核心，並不在於批判眞假對錯，或是選擇是非善惡；而在於批判以及選擇的判準，是否足以提供哲學基礎；也卽是說，在對社會原理的探討中，對人性存在的原則中，是否把握住「人性」這一項，作爲人類行爲的基準，進而推進社會的實際設計。

魏晉時代，本文第一部份歷史發展的探討，無論是道家的，或是儒家的，或是儒道合璧的，其實都在這「人性」的基礎上，發表了自己的見解，而釐定出社會原理，作爲社會結構、社會進行、社會發展、社會型態的基礎。

「人性」的探討，在魏晉的思想家心目中，似乎不容易劃分成「獨立性」與「羣體性」的二

㊷ 晉代邊疆民族之入侵，以五胡亂華爲最，其時五胡十六國，從晉永興初至宋元嘉間（起自公元三〇四年，直至四三九年），共一百三十五年，佔去了整個東晉，以及西晉一部份。

元。這「獨立性」在原始道家，無論是老子或莊子，都有非常深刻的把握，能使一個人生存在天和地之間，過一個頂天立地的生活。可是，魏晉玄學家所探討的，或是竹林七賢所推崇的，並沒有肯定出這「獨立人格」的重要性，也沒有叫人擺脫精神和肉體的束縛，能「與造物者遊」，更沒有把人的精神提升到「天地與我並生，萬物與我為一」的境界。他們在消極上反對儒家的「有為」「有君」，而積極上則過自己所喜愛的生活，卻沒有莊子的「心齋」「坐忘」的忘我精神。

因此，在討論魏晉時代的道家思想，只能用「關聯性」來瞭解：人與自然的關聯，人與人的關聯。道家主張人與自然的合璧，但反對人際關係的推動，儒家則強調人際關係，以及其所形成的宗法社會，因而主張禮法的合理性。至於儒道合璧的思想，則需超越此二者的對象，而回到「人性」的根本，一方面在探討其獨立性，另一方面顧及到他的羣體性；而以此二者構成社會原理的認定。

我們這就進入社會原理的課題。

㈠人的獨立性

社會的形成，在自然的「親情」或「鄉情」中，多由血統，羣居所集結而成，或者更好說是「生成」而不是「組成」[43]。「生成」是屬於「天道」，或稱「自然」，而「組織」才是人道的

[43] 社會中如最簡單的「家庭」，都是由「親情」的血統所「生」。當然，家庭中的「夫妻」關係，可以是「自由組合」，與「生」沒有什麼關係；可是，下一代的子女「生」下後，夫妻變成了父母，而父母與子女之關係則是「生」成的，而非「組成」的。

課題。

人際關係，無論是「生」成的，或是「組」成的，都有其一定的規範，因而才能創生有秩序的社會。

但在另一方面看，這「生」或「組」的主體都是「人」，而且是個別的「人」。這主體的健全因而才是羣體健全的起點，人的獨立性也就因此在社會哲學開始時，就得首先有其定位。

人的獨立性，在人生哲學縱的座標看來，是一個人生存在天和地之間，如何做人的課題。這課題的理解，原始儒家承傳了《易經》的體系，把人的存在，看成是天地所生，是陰陽相合，是仁與義的道德之德，也卽是「立天之道，曰陰與陽；立地之道，曰剛與柔；立人之道，曰仁與義。」㊹當然，在人道部份，也卽是我們現在探討的個別的人的獨立性或羣體性問題時，仁與義的德目並沒有發揮得理想，這也就是老子要表明「絕仁棄義，民復孝慈」㊺的道理。不過，老子哲學在人生縱的座標中，的確發揮了「頂天立地」的精神。

儒家理想中的「天人合一」，道家所推出的「與道合一」，其實都在展示個人的「獨立性」。不過，儒家天人合一的進路，是走羣體關係（人際關係）的道德模式；是以「愛人」來證明「敬天」，是以「與人仁愛」來達成「與天合一」。儒家的「羣我關係」是走向「天人合一」的道德

㊹ 《周易》，〈說卦傳〉第二章。
㊺ 《道德經》，第十九章。

進路。

當然，儒家的這條道德進路，雖然其核心在「人際關係」，亦卽人的「羣體性」，但是，其出發點及基礎，卻仍然是人的「獨立性」。唯有「獨善其身」的「君子」，才能進而「兼善天下」成爲「聖人」。

原始道家的「與道合一」的進路，原是要透過「心齋」「坐忘」的，透過幾許修練，克制自己的欲望，然後才獲得精神的自由，而「與造物者遊」，而到達「天地與我並生，萬物與我爲一」的境界。

可是，魏晉時代的玄學，固然在瞭解原始道家字面上的意義，而完全否定了人際關係的功能，而以「無爲」「無君」來界定理想社會的結構本質。或者，說得更深遠一點，他們根本在否定社會組織對人生的積極功能。

「無爲」「無君」是在落實到行動層面，其形上基礎則是宇宙論以及本體論的「無」。何晏那句「天地萬物以無爲本」㊻足以開創魏晉玄學之路，而從「無」導引出「無爲」「無君」等社會主張。

人的「獨立性」的表達，魏晉思想主流中，多以消極的學說表出。其中就是以「無爲」與「無君」的兩條進路，來反對人爲的「人際關係」；以爲唯有消滅這人際關係，亦卽除去人的「羣

㊻《晉書》卷四十三，列傳第十三，〈王衍傳〉，第五九四頁。

體性」，才能突現出人的「獨立性」。

⑴「無爲」的理論，有三個不同的層面去實踐：

①首先就是折衷當時政治社會措施的「因臣以治，而君無爲」，這種主張以王弼爲首，郭象等人繼之。王弼說：「夫天地設位，聖人成能。人謀鬼謀，百姓與能者，能者與之，資者取之，能大則大，資貴則貴，物有其宗，事有其主。如此則可冕旒充目而不懼於欺，黈纊塞耳而無戚於慢，又何爲勞一身之聰明以察百姓之情哉。」㊼郭象也說：「夫王不材於百官，故百官御其事而明者爲之視，聰者爲之聽，知者爲之謀，勇者爲之扞。夫何爲哉，玄默而已。」㊽又說：「雖有天下，皆寄之百官，委之萬物，而不與焉。斯非有人也。因民任物而不由己，斯非見有於人也。」㊾

當然，這第一種的「無爲」模式，祇是提倡君王無爲，但百官還是有爲的。這也可以說並非徹底的「無爲」。

②第二種「無爲」的模式是「不爲煩苛之政」，這是銜接上項的「因臣以治，而君無爲」的學說之後，叫官員亦不可以妄爲，尤其不可以實行暴政。王弼說：「若乃多其法網，煩其刑罰，

㊼王弼，《老子注》，第四十九章。
㊽郭象，《莊子注》，〈人間世〉。
㊾同上，〈山木〉。

塞其徑路，攻其幽宅，則萬物失其自然，百姓喪其手足……故聖人不立形名以檢於物也。」[50]稽康亦說：「夫民之性，好安而惡危，好逸而惡勞；故不擾則其願得，不逼則其志從。洪荒之世，大樸未虧；君無文於上，民無競於下；物全理順，莫不自得。」[51]

第二種「無爲」模式，則是在指明「不行煩苛之政」，但仍然是「有爲」的，仍然是要「行政」的。

③第三種「無爲」模式，就是「放任」。郭象說得最爲清楚，他說：「無爲之言，不可不察也。夫用天下者，亦有用之爲也。然自得此爲，率性而動，故謂之無爲也。」[52]

這種放任的「無爲」，至少還承認「有君」，多少有社會制度的存在。魏晉玄學發展到極處時，根本就要否定人爲制度，這也就是「無君」的想法。

(2)無君的說法，有阮籍、陶淵明、鮑敬言等人。阮籍說：「昔者天地開闢，萬物並生；大者恬其性，細者靜其形；陰藏其氣，陽發其精；害無所避，利無所爭；放之不失，收之不盈；亡不爲夭，存不爲壽；福無所得，禍無所咎；各從其命，以度相守；明者不以智勝，闇者不以愚敗；強者不以力盡，弱者不以迫畏。蓋無君而庶物定，無臣而萬事理。」[53]陶淵明的〈桃花源記〉，

[50] 王弼，《老子注》，第二十八章。
[51] 稽康，〈難自然好學論〉。
[52] 郭象，《莊子注》，〈天道〉。
[53] 阮籍，〈大人先生傳〉。

所描繪的社會，就是沒有君主，亦沒有官吏，衹有家庭組織的54。至於《抱朴子》書中所描繪的鮑敬言，則是最激烈的「無君論」。該書〈詰鮑篇〉中，鮑敬言提出了五項論證，證明「君王」存在的不合理。首先是「違反天命」，第二是「違反民意」，第三是「違反自由」，第四是「違反天性」，第五是「違反平等」。而在平面展開辯證「無君」時，分由二條進路：一是指出「無君之樂」，一是提出「有君之苦」；因而總結出：「人主憂慄於廟堂之上，百姓煎擾乎困苦之中。」55

「無爲」「無君」的說法，作爲「人的獨立性」的消極理論基礎，其實已經觸及到「人的羣體性」的課題。

(二)人的羣體性

魏晉道家主流思想，把「無爲」和「無君」來肯定人的「獨立性」，但同時亦否定了人的「羣體性」，至少否定了人的羣體組織性。魏晉玄學諸子衹承認自然的人際關係（像家庭、家族、羣居的鄉情等），而反對人爲的制度化社會，反對「有爲」「有君」。

在另一方面，未息不顯的儒家學說，亦有其地位。儒家原初期卽以「人際關係」來發展個人

54 參閱吳怡著，〈陶淵明的思想研究〉，《憲政論壇》，第六卷第十期，民國四十九年十一月，第一六一—一七頁。

55 葛洪著，《抱朴子》，〈詰鮑篇〉。

的「獨立性」；其在社會中的「忠」「孝」等德行，都是在穩定社會的秩序，所提出的「禮法」。在漢代「獨尊儒術」的機會下，儒家思想皆落實到社會各階層，小至家庭的組織，大至國家的法規，都莫不以儒家人際關係的理論爲準繩；雖然在亂世中，有不少不守禮法的情事發生，但在基本上，還是承傳從漢以來的舊制㊺。舊制因爲落實在基本的民生事件上，故有通俗性的事例可資佐證。魏晋玄學玄談所用的理論，足以支持「無爲」和「無君」的，是在採用社會混亂中的一些事實，作爲思考的素材；而儒家追隨者，在這裏所能引用的，則是百姓的寄望，以及傳統社會所遺留下來，成功的人際關係部份。這些部份也就被用來指證：社會秩序是靠人爲的制度來維持的。而人爲制度的最大特性，就是其規範的定立；這規範的定立，需要有國家、政府的組織。

這也就是人的「羣體性」的強調。

儒家在此期中對「羣體性」的強調，一爲積極地提出「人際關係」的重要性，以及對「積極生活」正面的認知與把握；一是消極地駁斥當時道家思想的「無爲」與「無君」的說法。

(1)積極的人際關係的強調，有傅玄、裴頠、劉實等人。傅玄的重農說是尊儒尚學，貴農賤商的㊼；他所提供的「君臣並耕論」一方面反對當時士大夫的遊手好閒，以及縱酒山林的避世思

㊺ 參閱牟宗三著，〈魏晋玄學之主要課題以及玄理之內容與價值〉，《中國文化月刊》，第十五期，民國七十年一月，第一三—一八頁。又陳致平著，《中華通史》，第三册，第五六九頁及以後。

㊼ 《晉書》卷四十七，列傳第十七，〈傅玄傳〉，第六三五頁。

想，另方面在解決民生問題的課題上，拉短執政者與百姓間的差距，以減少一些不必要的誤會或磨擦。對當時政治的革新方案，傅玄亦提出了治本之道，他說：「立德之本，莫尚乎正心。心正而後身正，身正而後左右正，左右正而後朝廷正，朝廷正而後國家正，國家正而後天下正。」[58]這是仿〈大學〉而提出的社會發展方案。

裴頠的〈崇有論〉，直接反對「虛無」的主張，肯定所有具體可行的制度。他說：「用天之道，分地之利，躬其力任，勞而後饗。居以仁順，守以恭儉，率以忠信，行以敬讓；志無盈求，事無過用，乃可濟乎？」[59]其「從無不能生有」的辯論[60]，直接針對當時道家形上學之核心課題，認爲所有的社會成果，都需努力獲取，而非用「無爲」就可坐享其成的。

劉實的〈崇讓論〉，強調「賢能政治」對社會安定的重要性，並認爲賢和能的擢拔就是靠「讓」的精神。但這「讓」不是消極的「無爲」，而是積極地去「推舉」。劉實從歷史事實中，舉出禪讓政治對社會的功效，同時指出這人際關係的「讓」的美德[61]。

積極的人際關係的強調，在於說明傳統儒家的禮法仍然是社會安定和發展的基本方案。當

---

[58] 同上，第六三六頁。
[59] 同上卷三十五，列傳第五，〈裴頠傳〉，第五〇〇頁。
[60] 同[23]。並參閱蕭欣義著，〈從「崇有論」看魏晉玄學〉，《民主評論》，第十卷第二十一期，民國四十八年十一月，第二一六頁。
[61] 《晉書》卷四十一，列傳第十一，〈劉實傳〉，第五七二頁。

然，在禮法制度推行時，難免有疏失或不足之處，乃致有過份強調，而僵化的危機；上列諸子在著作中，亦都窺見了這點，同時亦毫不客氣地指出；但是，他們卻更肯定，唯有透過人為的制度，社會才能走向安和樂利。

⑵消極地駁斥道家學說者，有王坦之、范寧、孫盛等人。王坦之作〈廢莊論〉，其內容是指，在社會發展過程中，由於百姓欲望有時會放任，故有聖人出來，規定禮法，來節制疏導；這種作法絕非為私，而是為社會秩序著想；但是莊子則教人放棄所有禮法，豈非置社會秩序而不顧[62]？

范寧著論，以為「王弼何晏二人之罪，深於桀紂，蓋桀紂暴虐，不過濁亂一世，身死國亡，猶足為後世之鑒。王何叨海內之浮譽，資膏粱之傲誕。畫螭魅之為巧，扇無檢以為俗。鄭聲之亂樂，利口之覆邦，信矣。吾國以為一世之禍輕，歷代之罪重；自喪之釁小，迷眾之愆大也。」[63]

孫盛作〈老聃非大聖論〉，駁斥老子之清靜無為學說，以為其說荒誕，不切實用。他說：「屏撥禮樂以全其任自然之論，豈不知叔末不復反自然之道。直欲伸已好之懷，然則不免情於所悅，非浪心救物者也。非唯不救，乃獎其弊焉。」[64]

---

[62] 同上卷七十五，列傳第四十五，〈王坦之傳〉，第九六二頁。
[63] 同上，〈范寧傳〉，第九七一—九七二頁。
[64] 同上卷八十二，列傳第五十二，〈孫盛傳〉，第一〇五二頁。

當然，當時士大夫的傾向，大多是對實際政治社會的措施，由於內憂外患而抱持懷疑和不信任態度，而倒是對老莊思想有濃厚的傾向，儒家思想在當時的反撲，沒有引起很大的回響。

但在理論的架構上，比較能綜合「人性」個別性和羣體性，而又能讓道家儒家都暢所欲言的，還是《抱朴子》的〈詰鮑篇〉。

㈢兼顧個別性與羣體性的嘗試

《抱朴子》中〈詰鮑篇〉提出了鮑敬言的無君論與抱朴子的有君說，作爲辯論的主題，雙方都用盡了渾身解數，來論證自己的學說。

〈詰鮑篇〉開始時先由鮑敬言論說；認定「有君論」之始是「強者凌弱，則弱者服之矣；智者詐愚，則愚者事之矣。服之，故君臣之道起焉；事之，故力寡之民制焉。」而認爲古時正常的情形是：「夫混茫以無名爲貴，羣生以得意爲歡。」到了制度開始之後，就形成「天下逆亂焉，而忠義顯矣；六親不和焉，而孝慈彰矣。」而原始社會的情形是：「無君無臣，穿井而飲，耕田而食，日出而作，日入而息……萬物玄同，相忘於道。」但是，有了禮法之後，就「尙賢則民爭，名貴貨則盜賊起，見可欲，則眞正之心亂。」65

鮑敬言道盡了有君之害與無君之益。

相反，抱朴子則站在相反的立場，從述古代的情形，說明有君之益，以及無君之害；他說：

65 葛洪，《抱朴子》，〈詰鮑篇〉，《抱朴子・外篇》卷之四十八，第一、二頁。

「古者生無棟宇，死無殯葬，川無舟檝之器，陸無車馬之用，吞啖毒烈，以至殞斃；疾無醫術，枉死無限。」這是原始社會，人類無法生存的情況，因而極需「是以有聖人作，受命自天，或結罟以畋漁，或贍辰而鑽燧，或嘗井以選粒，或構宇以仰蔽。備物致用，去害興利，百姓欣戴，奉而尊之，君臣之道，於是乎生。」[66]

抱朴子用「有爲」的制度，作爲「有君」的基礎，而且認定人文社會的重要，遠勝於自然的、荒蠻的社會。換句話說，抱朴子以「人際關係」，以人的「羣體性」，作爲人類生存的必需條件。相反，鮑敬言則一口咬定，人文社會是殘害人生的原因。

當然，鮑敬言的「無君論」是把所有人文社會中的壞處，都要禮法來承擔，而所有的人類福祉，都是自然社會所賜。相反地，抱朴子則把所有好處，都看成是人文社會的，而原始社會所能給予的，祇是紛亂和荒蠻。葛洪在這裏，儘量讓「人爲」與「自然」的學說，發揮極致，而使儒家和道家都能反省自身的長處與短處，來停止對立與相互排斥，而能走向互助合作，共同締造安和樂利的社會。

因此，葛洪所努力的，是融洽儒道二家，使二者各發揮所長，擯棄所短，而共同成爲魏晉時代的社會原理的創造者。

---

[66] 同上，第二頁。

二、社會問題

魏晉時代的社會原理中，我們把焦點放在人的「獨立性」和人的「羣體性」二個面向，來說明當時主流思想的道家，以及支流的儒家。從這社會原理的論說中，我們已能窺探出當時的社會問題，以及對這問題提出的解答。

儒、道在魏晉時代的表現，在理念層次上當然無法和先秦相比，但是，其在運用上，以及對理論落實到政治社會的功能反省上，卻是功不可沒的。雖然在這反省的成果上，即是所提出來的化解之道上，沒有什麼創意，但是，在中國文化發展史上，尤其是儒道二家面對面的接觸上看來，仍然是有其貢獻的。

魏晉時代，社會的最大問題，就是兵荒馬亂，民不聊生。此期二百年期間，除了武帝的二十餘年，能够力精圖治之外，其餘絕大部份時間，都是亂世。「綱紀廢弛，政事頹靡，兵禍頻仍，民生益困。」[67]

㈠亂世中突現出來的社會問題，在哲學的探討下，最先的反應是要指點迷津，也就是要找出禍源，然後才好對症下藥，來撥亂返正。魏晉時代最爲突出的思想，在病源學的探討中，就是把責任歸於從漢以來的「獨尊儒術」。這也就是爲什麼在東晉時，特別發展遺世主義的思想潮流，

[67] 楊幼炯著，《中國政治思想史》，第二〇四頁。

以及士大夫歸隱山林的頹廢心態；同時也就是西晉清談興盛的原因。遺世思想不但在思想上不肯認同各種禮法，就是在實踐上亦倡導「無爲」「無君」的措施，來積極破壞道統。至於清談，則是莊子思想庸俗的部份，獲取了莊子心靈境界入門的部份，而沒有進入莊子精神的堂奧。

因此，魏晉時代的實際社會是動亂的，而百姓過著痛苦的生活，知識份子則在隱居、清談；不但沒有發揮自己的「憂患意識」出來替眾人服務，締造一個安和樂利的社會，反而提倡，所有的社會制度都不好，都在違反自然。社會秩序混亂，人民疾苦，而士大夫又不肯出來參加重建社會的工作。這是魏晉社會問題的嚴重性部份。

更嚴重的是，在理論上沒有把人的「羣體性」透視，反而主張「小國寡民」，以及「無爲」「無君」等違反現實的學說。

至於那些退隱山林，縱酒作樂的人生，在羣體意識的尺度看，就更等而下之了。

通常，文化沒落，哲學興起。哲學總是扮演著「文化醫生」的角色。可是，不幸的是，魏晉時代文化是沒落了，哲學卻興起了「虛無主義」「消極主義」，不但沒有改造和拯救文化，反而更加速了文化的衰亡。

從亂世的體驗，哲學家的反應可以像孔子的「知其不可爲而爲之」的精神，仍然挺身而出，指點迷律，提出化解之道，雖明知當時諸侯迷於權力，不會接受他所提倡的德治、王道、仁政來開展安和樂利的社會，但是，孔子還是周遊列國，乃至於到了六十八歲，的確走不動了，仍然回到魯國去教書，把整頓社會的理念，傳給弟子，留給後世。司馬遷用這「知其不可爲而爲之」的精神贈給孔子，可以說名至實歸。從孔子傳下來的儒家，亦分享了這精神，在亂世中亦不逃避，仍然要出來救亡圖存。

春秋時代的另一個偉人老子，司馬遷在《史記》中，就沒有把這種精神來描述他。老子在眼見中原無法拯救時，就要出國，離開困難中的社會，也正如道家第二代的莊子所主張的「天下有道，聖人成焉；天下無道，聖人生焉」㊳。這種避世的精神，雖可稱得上是生活的智慧，可就沒有積極的救世精神。

魏晉玄學所追隨的人生觀，便是道家所開展的；這人生觀雖可能使一個人不受外界亂世的困擾，但畢竟不是社會哲學上乘的解決方案。

㈡接下來的社會問題，除了避世之外，就是對自身生命的關懷。福、祿、壽早已成爲中國民間所追求的對象。孔子的處理方法是用時、命、德的三概念，來透視福、祿、壽的課題。他認爲，福、祿、壽都是時和命的範疇，是由天命、天時所控制，吾人無法掌握；而人類唯一能把握的，是「德」；有了德，就會從「天道福善禍淫」的原理，賜給人福、祿、壽。於是，「德」的修練就成爲孔子以及由其開創的儒家所信守不移的原則。儒家的道德進路，於是成爲個人幸福，以及羣體生活安和樂利的保證。儒家對生命的關懷，總是設法用「德」來孕育它，使其終於能達

㊳《莊子》，〈人間世〉。

到「天一合一」的境界。

老子本也關心道德，但是他的道德是關心個人的「獨立性」，他的道德進路是關懷個人如何與道合一；在與道合一的前提下，他可以放棄所有的人際關係的關心。這也就是魏晉玄學家，在遭逢困難時，所尋找到的一條出路，斬斷人際關係，開展人與道的溝通。

正如儒家後來沒落成法家，「以德化人」的原則墮落到「以力服人」的桎梏，道家沒落成道教之後，再加上從秦始皇就開始的煉丹，漢朝運用的畫符，以及算命，看風水等等，都成為政府與百姓都在追求的習尚。肉體生命的追逐，使儒家的「德」被遺忘，更忽略了傳統的「立德、立功、立言」的三不朽；而以肉體的不朽作為追求的最終價值。

道家的退隱避世，更加強了這種煉丹、畫符的風氣。葛洪雖一直反對符咒，反對畫符的文化，但他自己卻跌進煉丹的桎梏中，無法自拔。道教開始了系統化的追求仙丹，連主張儒道合璧的葛洪，不但在《抱朴子》一書中，把重點放在丹藥上，而且更在所著《神仙傳》中，說明人可以成仙，可以擺脫人間世的所有束縛。

魏晉時代的社會問題，失落了人際關係的普遍關懷，而造成各人自掃門前雪的風習；而在哲學辨論中，蒙上人為與自然的爭論對話，以及有為無為的對立，還有有君無君的相反主張。而眞正的問題核心，還是聰明才智高的人，在眼見亂世，目睹民間疾苦時，心靈的反應，以及運用理知後所提出的解決方案。

「獨善其身」或「兼善天下」的抉擇，才是社會問題在進展到需要解決時的眞正課題。魏晉的道家選擇了獨善其身一途，強調了人的「獨立性」，而儒家則堅持著兼善天下才是獨善其身的目標，則「羣體性」才是人性開展自己的場所。

㈢亂世中的另一社會問題，便是外族文化與中原文化的融通或互相排斥的課題。中華民族在五胡亂華時，愛好和平的民族，開始往南遷移，其中像客家族，遷徙到南方，保存並發揚了傳統的中原文化；而中原本身，則由於與外族的融通，開始在語言、習慣，乃致於建築、服飾都開始變化，形成一個合璧的文化模式，亂世所帶來的「雜居」，其意想不到的成果，是文化上的融通，以及向外謀生的民族拓展[69]。

魏晉時代，與匈奴、羯、鮮卑、氐、羌等族的文化融通，是漢族被迫與外族的文化合一，這種合一運動所造成的心理準備，對正在進行的印度傳來的佛教的中國化，有很大的幫助。五胡亂華迫使漢族與他們和平相處，佛教東來亦迫使儒、道學說要研究、比較、融通佛學思想。這對隋唐盛世，可以說是一種文化的，以及社會的準備工作。

因此，魏晉時代社會哲學的內涵，在其社會問題的探討中，承傳傳統的儒家、道家思想是一面，接受和融通外來思想是另一面。這樣，魏晉社會哲學本身，其內涵沒有什麼創意，但對檢討和批判傳統，以及開展對外來文化的開放心胸，則扮演了中介的角色，成爲文化發展過度時期的

[69] 參閱陳致平著，《中國通史》，第三册，第五二九—五三三頁。

典範。

叁　魏晉社會哲學的當代意義

就如剛才在第二部分「魏晉社會哲學的內在涵義」中，結尾部分所結論的，魏晉的中介意義，上承傳統，下導文化融通的角色，也許是給予魏晉時代正面的一種評價；而其思想主流的內涵，尤其「遺世的為我思想」，以及「頹廢生活」，則沒有積極的建樹。至於舉出當時思想家在對社會哲學的開展和發揚，則可斷定是中國歷史各分段中，最低潮的時刻，既沒有什麼偉大的創見，更有一些荒誕不經的說法；甚至自稱繼承老莊，而卻把老莊的原意歪曲了，也把老莊的精神降低了。

也就因此，要給予魏晉時代社會哲學一種評價，總是負面的多於正面的，劣多於優的定案[70]。不過，在學術的探討上，我們還是不厭其煩地，依序來深入探討。

依照前面二大部分的討論線索，我們仍然可以在歷史發展，縱的面向，來批評魏晉諸子的社會哲學基礎；同時，亦可以在橫的面向，看它的內在涵義部分，究竟有什麼貢獻，以及有什麼

[70] 參閱黃建中著，〈魏晉玄學之發展及其影響〉，《中國學術史論集》，第一期，民國四十五年十月，第一一一三三頁。

缺失。

一、歷史的意義

㈠魏晉時代，無論主流的道家，或是支流的儒家，或是企圖綜合儒道的學者，都一致承認歷史傳統的重要性；認爲傳統的想法和做法，都是該時代的規範，都應由後世加以珍惜、發揚。在各項論證中，「上古之時」「先王之世」，或是「古者」「曩古之世」都成爲論證的依據；儒、道在這方面，雖然採證的重點不同，所用的內容有異，但是，都同樣認爲，傳統才是當代的楷模。也就因此，其論證「無爲」「無君」，或辯證「有爲」「有君」，亦都用古代的歷史作爲憑證。

在中國思想的發展上，針對這「歷史意義」的定奪，儒和道是站在同一陣線之上，而法家則重改革，不重傳統。其中最清楚的，就是韓非，他是主張急進的「變」，才是歷史的意義，他提出了上古、中古、近古的各期變化，而認爲如果「吃古不化」就會取笑方家，他說：「今有構木鑽燧於夏后氏之世者，必爲鯀禹笑矣。有決瀆於殷周之世者，必爲湯武笑矣；然則今有美堯舜湯武禹之道於當今之世者，必爲新聖笑矣。」㉑於是，他結論出：「是以聖人不期修古，不法常

㉑《韓非子》，〈五蠹篇〉。

可，論世之事，因爲之備。」[72]法家對歷史的觀感是「變」，是「創新」，而儒、道二家則認爲歷史的意義在「常」，在「承傳」。

魏晉時代的社會哲學，也因此被困守在「常」與「承傳」的歷史流變中，無法開創新的機運；原因就是在社會制度上，完全反對「法家」的模式，而接受了從漢朝傳下來的「獨尊儒術」，以及後來演變的「內道外儒」的局面。

但是，就在「崇古」的立場上，因爲對傳統解釋的不同，而與儒家衝突，其「無爲」「無君」之說，畢竟一直停留在，而且也只能停留在理論和理想的層面，無法落實到具體的政治社會中。儒家思想能够落實到具體世界，而魏晉時代的道家思想，卻無法在實際政治社會中運作，這是魏晉思想主流的一大缺失。

㈡對傳統歷史的解釋不同，儒道二家在魏晉玄學時代的爭執，到後來還是由二家融洽的方式，獲得緩和；乃致於在面對外來文化的佛教，作了三教合一的嘗試，那就是進入隋唐時代的先聲。不過，在進入儒、道、釋合流之前，還有一些重要的問題，等待討論。那就是從戰國時代後期的法家，其社會哲學的基本模式，是要用法制來治理「國大民眾」的局面；這模式不但助長了秦統一六國的野心，而且也的確在中國歷史中，創造了「大一統」的局面；不但疆域上的中央集權政治性的運作，就是文化上的書同文、車同軌，統一度量衡，也都由秦所用的法家思想所

[72] 同上。

開創。

儒家在漢代設法適應這「國大民眾」的局面，同時把法家的「以力服人」的政治方案，改作「以德化人」的德治、王道、仁政。漢朝在這方面是有相當成果的。但在魏晉時代，亂世所表現的，當然是這「國大民眾」的「大一統」破滅，而魏晉玄學諸子就認定是儒家「有爲」「有君」的失誤，而相反地主張「無爲」「無君」；也卽是說，用「小國寡民」的模式，作爲治世的準則。可是，上面歷史發展中所提示的，道家諸子，根本無法提出具體的，有說服力的歷史事實，證明「小國寡民」是政治社會最好的模式；其論證中的「上古之時」「古者」等等都相當地空幻，不像儒家所利用的實際的「國大民眾」的「大一統」作爲政治社會理想，來得具體可行。

二、內在涵義

從前面提及的「國大民眾」或是「小國寡民」的對立理論，我們可以很方便地從歷史縱的發展的課題，轉換到內在涵義的平面展開。這也就是對社會構成份子的探討：個人的「個別性」以及「羣體性」的課題。

㈠個別性的強調，落實到個人的獨立性；獨立在天和地之間。本來，原始道家的老子或莊子，都能展現出理想人格的「頂天立地」，亦都能「與造物者遊」，以及感受到「天地與我並生，萬物與我爲一」的境界。但是，魏晉時代的「無爲」「無君」，似乎並沒有發揮老莊的這種超越的精神；也即是說，魏晉諸子並沒有著眼於一個人如何提升自己的精神，使其在與肉體和物質世界的引誘中，能够不爲所動，而仍然保有精神的自由，魏晉玄學諸子，只在制度的表層，批判了制度所帶來的壞處；相對地，魏晉時代的儒家繼承人，亦沒有能够把儒家的「仁」心突現出來，而亦用「見招破招」的模式，和道家諸子爭論落實到制度的表層理論。

個人的個別性以及其獨立性，在魏晉時代可以說繳了白卷。譬如人性的「善」「惡」問題，沒有被提出來討論；人性本身的結構問題，也同樣沒有被重視；更遑論人的來源、發展，未來展望問題，更是沒有觸及了。在個別性沒有被重視，或至少沒有提供哲學的存在基礎，又如何能建構有組織，能賦予安和樂利的社會呢？

㈡羣體性的漠視：上面提及的個別性，魏晉玄學諸子當然在實踐上還算用了不少心思；不然，像竹林七賢就不會那末關心自己的欲望，也更不會離羣獨居，縱酒山林了。在人的存在另一層次上，人際關係是被玄學家所否定，而爲儒家所贊同。同樣地，這否定和贊同的理由，亦和人的獨立性的探討一般，放在「功利」的層面去衡量，而沒有回到「人性」本身作基礎。

因此，如果把人生的兩個座標，生存在天和地之間，以及生活在人與人之間，拿出來探討的話，就不難結論出：生存在天和地之間所要求的，是頂天立地，這也正好是人的獨立性的描繪；而生活在人與人之間所要求的，則是出人頭地，這也正是人際關係的目標，是人的羣體性所要發展的方向。

人的羣體性也就是發展其社會性的基礎；在這種觀點之下，哲學的探討就必需先瞭解人性：說明單獨的，個別的人，無法完滿自身的存在，而自己獨立的存在，也必需有羣體的社會來支持；如此才能擺脫在討論社會制度時，在「無爲」「有爲」之爭中，在「無君」「有君」之爭中，完全落實到功利層面。能擺脫利害關係，回到是非觀念中，才是哲學辯論過程中的首要工作。

再來就是「順自然」來解釋「無爲」的論證，其哲學的設定應該是人的「性善」，因而才可以順性去生活。道家在這裏，就必須堅持這「性善」的原則，否則就無法用「順自然」的方法，作爲達到目標的手段和過程。但是，在論證「有君」「有爲」的社會時，玄學家卻到處引用了「性惡」的例證，這豈不犯了辯論中自相矛盾的毛病？

總之，在理論的層面上，魏晉時代的思維運作，並不够周密；其對亂世的指點迷津，還勉強湊得上是哲學；但在提出化解之道上，則智慧不足。

結論

從上面攸長的歷史發展、內在涵義、當代意義的討論中，魏晉時代的社會哲學，在反省傳統的儒家和道家的二大思想流派，有許多可圈可點之處；但就仔細深入分析，則又顯得其智慧不足，無法開創新局；尤其是其道家的思想，帶有濃厚的「出世」精神，與神仙說，縱酒山林等理想與實際，都形成密切的關係。

在結論中，我們濃縮上面探討的成果如下：

㈠魏晉是亂世時代，學者諸子在指點迷津上，盡了最大的努力；但是，他們所指出來的，卻並不是迷津的核心；他們提出「國大民眾」的「有爲」政治，作爲世衰道微的理由；而無法直透人心，找出善惡的起源處，作爲亂世的緣由。心性的研究，在中國哲學發展中，是在受到佛教「心性」研究的衝擊之後，由宋明諸子所發揮到極致的。魏晉玄學沒有進入問題的核心。

㈡哲學功能最大處，在於提出化解之道，魏晉諸子眼見亂世，曉得民不聊生，但所提出的化解之道，並沒有落實到每個人生活層面，而只在制度方面，提出「有爲」「無爲」「有君」「無君」之爭，社會並不會因了這些爭辯，變成安和樂利的。

㈢魏晉玄學的極限，概如上述，其拯救方向，可以從人心開始，而發展到世界主義的天下平。這也就是儒家的落實方法。但是，儒家本身的極限，呈現在他的道德進路上，「天道福善禍淫」的信條，由於現實社會中許許多多的「福德不一致」的事例，使人懷疑到「上天」的眞實性；也就是說，儒家道德進路本身，缺乏行爲的動機，這動機後來由佛教提供，而把中華文化，從道德的層面，提升到宗教的層面。

從魏晉到隋唐的文化變遷，有其一定的軌跡，但最清楚的，莫過於：「當時人五情六欲，陷溺深了，卻還要縱心調暢，不束於教，這才不得不仰待西方佛法來拯救。」[73]

參考書目

1.《晉書》，藝文印書館據清乾隆武英殿刋本影印。
2.錢穆，《中國思想史》，香港新亞書院出版，民國五十一年四月再版。
3.蕭公權著，《中國政治思想史》(上)，華岡出版有限公司，民國六十六年二月六版。
4.楊幼炯著，《中國政治思想史》，商務，民國六十六年一月臺四版。
5.陶希聖著，《中國政治思想史》，第三册，食貨出版社，民國七十一年五月再版。
6.羅光著，《中國哲學思想史》〈兩漢、南北朝篇〉，學生書局，民國六十七年十一月初版。
7.薩孟武著，《中國社會政治史》，第三册，三民書局，民國五十一年十二月初版。
8.唐君毅著，《中國哲學原論》〈原道篇二〉，學生書局，民國六十九年一月四版。
9.鄔昆如、黎建球合著，《中西兩百位哲學家》，東大圖書公司，民國六十七年四月初版。
10.蘇新鋈著，《郭象莊學平議》，學生書局，民國六十九年十月初版。
11.葛洪著，《抱朴子》，臺灣中華書局，民國五十七年八月二版。

---

73 錢穆著，《中國思想史》，第八五頁。並參閱周紹賢著，〈清談亡晉問題之商榷〉，《大陸雜誌》，第十四卷第十一期，民國四十六年六月，第一三—一八頁。

隋唐社會哲學

緒論

㈠中國哲學的發展，到隋唐是融通的時代；融通中國本土哲學與外來的印度哲學；融通中國道德取向的哲學與印度宗教取向的哲學。這種融通的哲學性格，起源於漢朝中國本土二派哲學的融通工作：儒家人文主義與道家自然主義的融通。漢朝開始的「內道外儒」，是把道家的修心養性，作爲修己的工夫，而把齊家、治國、平天下的職責，歸於儒家。也就因此，中國自漢朝以來的社會哲學，人的「羣體性」部份，無論理論或實踐，都由儒家思想作主流；也卽是說，自漢之後的社會理論，是主張人際關係的，甚至主張「國大民眾」的；並沒有接受道家獨善其身，甚至主張「小國寡民」的意見。這樣，中國社會哲學在此期的思路，雖在哲學思想流變中，走向儒道融通之途，可是，這融通是：採取道家的修練工夫，作爲爲政者修身的法寶；採取儒家所主張的人際關係的規範。這情形也就是文化思想上的分工合作。

如果把儒家當作中國哲學正統的話，那道家只是支持了「修身」的基礎部份，而在「齊家、治國、平天下」的社會上層架構，仍然保持了儒家的原始色彩。

中國哲學接受印度佛學的方式，也循著這條進路；因爲，佛家思想的重心也與道家相似，比較著重「個別性」的修練，而比較不關心人際關係的「羣體性」。也就因此，在社會哲學的探討中，「齊家、治國、平天下」的課題，在隋唐時代，仍然是儒家模式，而其「修身」部份，原本就消融道家的修練工夫的自然主義，如今加上了佛教的宗教成份；在哲學純粹的探討上，就顯得有獨特的性格，那句「自天子以致於庶人，壹是皆以修身爲本」❶的原則，透過道家和佛家的充實，似乎更展現了中國哲學以道德取向的性格。

㈡上面就思想的融通性格而言，的確是由儒道的融通，走向儒、道、佛的融通。但是，就哲學的「補足」或是「救援」的性格而言❷，佛教哲學的東來，則有其文化的另外一面：那就是儒家哲學以及道家哲學在發展過程中，都發生了困境。儒家的困境，是對傳統道德文化的信念，無法在現實社會中，獲得檢證；那就是太史公司馬遷（公元前一四五—八五年）在其《史記・伯夷

❶《禮記・大學》。
❷哲學的「補足」或「救援」性格，參閱鄔昆如著《哲學概論》，五南圖書出版公司印行，民國七十六年九月，第四七八—四八〇頁。

列傳》中的感嘆：「天道是耶非耶。」❸原來，儒家傳統的信念是「天道福善禍淫」❹，老子也提出了「天道無親，常與善人」❺，這原是道德文化傳統中的「報應」觀念。司馬遷研究歷史，竟然發現像伯夷那麼好的人，餓死首陽山，而盜跖般的壞人卻享盡榮華富貴。這種「不理解」，顯然地就是因爲儒家的「時間」性格，只取向於今生今世；需要佛家的三世：前生前世、今生今世、來生來世的「時間」瞭解，這「報應」一直延伸到來生來世，作爲道德實踐的動機。佛教的報應思想，在這裏顯然有補足的作用。

再就道家而言，從先秦開始就與儒家思想相互激蕩，到了漢代的「內道外儒」的做法，乃致於「天人感應」的原本儒家思想，被漸漸地渲染成祥瑞和災異的自然主義，一變而成爲人生哲學追求福、祿、壽，乃致於追求長生不老，而運用了鍊丹、畫符、算命、看風水等迷信，把追求肉體生命的不朽或轉化，取代了追求精神的不朽，淡忘了傳統的「立德、立功、立言」的境界。❻佛教輕賤肉體的享受，高估靈性的生命，總算補足了道家的思路和做法。

㈢上面的思想融通性格也好，補足的性格也好，都對社會哲學的形上基礎有深厚的影響；因

---

❸ 司馬遷，《史記》卷六十一，〈伯夷列傳〉第一，《新校本史記三家注並附編二種》第三冊，楊家駱主編，鼎文書局印行，民國六十九年三月三版，第二一二五頁。

❹ 《書經．湯誥》。

❺ 《道德經》第七十九章。

❻ 《左傳》襄二十四年：「太上有立德，其次有立功，其次有立言。」

爲它可以決定人生觀的確立，而人生觀才是一個人生存在天和地之間，生活在人與人之間思言行爲的基礎。不過，也就在「人生觀」作爲社會哲學的形上基礎部份而言，隋唐時代雖然在文化的性格上是儒、道、佛的融通，可是，非常明顯地卻是以儒家爲整合主體去吸取、消化道、佛的思想，而演變成三者合一的集大成思想。這樣，在研究隋唐社會哲學的進程中，在處理社會原理時，或是在討論社會問題時，可以有集大成的總論；可是，在社會哲學由這儒、道、佛三家所締造的歷史演變中，卻無法不分別加以探討，好在同中求異，又在異中求同；至於在當代意義部分，則觀照中國哲學發展史的脈絡，如何窺探在隋唐承傳兩漢，乃致於承接先秦，而且下導宋明的指陳。

㈣本講錄的進行方式也就順著這「歷史發展」、「內在涵義」、「當代意義」的探討進行。在「歷史發展」的脈絡中，我們分別利用儒、道、佛在隋唐時代的著作，甚至要提早延伸到南北朝時代的一些作品，來抽離出三種思想相互融通的情形。當然，在資料的處理上，隋唐時代所留下的佛教著作，委實如汗牛充棟，數千卷的《大藏經》⑦，當然不是本論文所需要的必讀資料；

⑦《大藏經》在《隋書》中有五千四百卷，唐時五千四十八卷，宋時蜀版五千四十八卷，福州東禪寺版六千四百三十四卷、福州開元寺版六千一百十七卷；明有《南藏》六千三百三十一卷，《北藏》六千三百六十一卷，《武林版》六千七百七十一卷；清雍正刻《龍藏》，乾隆《續藏》凡八千四百十六卷（見《辭海》「大藏經」條）。本文所引用的版本是臺北佛教書局出版的《佛教大藏經》，民國六十七年三月，全八十四册；以及《續藏》第一輯、第二輯，自八十五册至一百六十二册，民國七十二年四月。文中引用思想部份多是「經」部份，而「律」部份沒有引用；同樣，「論」的部份亦未涉及。

我們只能從中找出有關的篇章，來窺探佛家弟子對融通儒、道哲學所作的努力，以及能落實到社會思想中的可能性。《舊唐書》與《新唐書》在處理儒、道思想上，是主要的資料來源。當然，不可或缺的是《四庫全書》中的「子部」，對儒家諸子的收集，還有《道藏》對道家學說的記述。

㈤本講錄的動機很單純，是設法銜接作者七年前就已開始的學術研究工作，即是對中國社會哲學思想的探討的一部份❽，以上承先秦的儒、道、法三家的社會哲學思想，經西漢、東漢的發展，再至魏晉時代，下導宋明，乃致於清代、民國的社會哲學；希望經由十年時間，每年完成一個階段，最後能清理出完整的「中國社會哲學研究」。當然，除了上述的體系研究動機之外，還有一點就是：隋唐時代的哲學，尤其作為社會哲學的思想基礎部份，特別能展示出筆者在哲學史研究過程中所集結成的結論：「文化沒落，哲學興起」，以及「本土文化不足，外來文化補充」❾。

現就請進入主題。

---

❽ 作者從民國七十一年開始發表〈先秦儒家社會哲學之研究〉㈠㈡（《哲學與文化》月刊第九卷，第七、八期），〈先秦道家社會哲學之研究〉（《臺大哲學論評》，第七期），〈先秦法家社會哲學之研究〉（《臺大哲學論評》，第六期），〈西漢社會哲學之研究〉（《臺大哲學論評》，第八期），〈東漢社會哲學之研究〉（《臺大創校四十週年國際中國哲學研討會論文集》），〈魏晉社會哲學之研究〉（《臺大哲學論評》，第十期）。

❾ 同❷。

壹 隋唐社會哲學史的發展

中國哲學的發展，自東漢滅亡（公元二二〇年）到隋末（公元六一九年）近四個世紀，是最沒落的段落，其中發展了讖緯，迷信，陰陽五行，把物質世界的現象，看成精神的內涵；又把此世的生命，看成神仙的永生。此期的社會哲學思想，主流乃是自漢代《禮記》所開創、所制定、所推行的「家族文化」。於是，其個人修身部份，已由儒家走向了道家。

這四個世紀沒落時代的思想大勢，也就是從儒到老莊的思想進程；而其間的代表人物，一是王弼（公元二二六—二四九年），一是何晏（公元一九一—二四九年）；前者的《老子注》，後者的《論語集解》，都在展示出此期思想動向，都在設法恢復原始儒家，以及原始道家的學說。

隋末的王通（公元五八四—六一七年），提供了集大成的「儒體道用」的哲學基礎，而在具體政治社會上，則仍然以「無爲而治」的精神，作爲融洽儒、道二家的實踐；而其「民爲貴」的承傳孟子思想，則是在落實到社會措施時的原理原則。

「儒體道用」的方式，就是在運用「無爲」作爲最高的社會指導原則；但在實踐原則上，則是要用「仁義禮樂」「愛民厚生」作爲施政的根本❿，在儒道融通的內容上，王通運用「無爲」，

❿《文中子·中說·問易》。

已經全用來爲儒家「民本」精神，而不再是老莊道家以個人之逍遙爲目的了。也卽是說，王通所引出的思想，已經不單是個別性的完美，而已經走向羣體性的關懷。這羣體性的關懷，原就是社會哲學的思想基礎。

也就在王通能引用老莊來爲儒家社會哲學舖路，而在另一方面，佛教的東來，也有極類似的思想進程；那就是「老莊」思想融通「般若」，而產生了「三論」，進而締造「天台」；後來玄奘往天竺取經，直譯佛典，而開創了「唯識」，進而發展出「華嚴」。這是佛學思想在「慧」範圍內的發展。

「慧」總是在理論的層面投下了較多的心智；但佛學在宗教方面，還是以實踐爲主，那就是「定」的流源。這派也就是禪宗所開展的禪定，由達摩祖師，五傳至弘忍，弘忍北傳神秀，南傳慧能。

在隋唐社會哲學史的發展課題中，佛教的思想發展，尤其是其與儒、道融通的努力和成果上看，總是隋唐社會哲學思想的基礎，其與儒家的協調，以及與道家的協調，都表示其落實到政治社會體制中，尤其浸入到民間心靈中的心意。因此，我們在這段史的發展，以佛學思想爲優先，來加以探討。

一、佛教思想

由印度發源的佛教，其始祖釋迦牟尼（紀元前五六六—四八六年）因了悟到人生諸煩惱，而以出家修道的方式，創立了佛教。釋迦原本是王子，竟棄絕人間世的榮華富貴，功名利祿，爲求得解脫；這種宗教精神，原則上是否定人世的社會價值，而著眼於人性精神的超度。這原則首先要預設的，也就是承傳了印度婆羅門教的靈肉二元的學說⓫，肉體是煩惱的因緣，而靈魂才是救援的主體；肉體有朽有壞，而靈魂不死不滅。

在這裏，問題不在於這靈肉二元的學說如何論證，而是佛教所接受並承傳的這種思想，要如何引進本來沒有這種二元分立學說的中國？當時中國思想的主流，當然已經步入到儒道融洽的階段。換句話說，佛教從後漢開始，傳入中國之初，就必需曉得如何被中國文化接受；更具體地說，這種「出世」的思想，如何能在中國「入世」的文化中，佔有一席之地？

佛教的早期大師，也就因爲洞識到，在中國文化流變中，道家的思想原本亦富有「出世」的色彩；至少，其「小國寡民」⓬以及「逍遙」⓭的性格，大有「超世」的作法；至少是不同意儒家的，或是法家的「國大民眾」措施。但是，求諸史實，儒家的政治社會，不也讓道家來分享？其「內道外儒」，或是「儒體道用」不也正是道家被儒家吸收、融通，而終於能在具體的政治社

⓫ 參閱 *A Source Book in Indian Philosophy*, Ed. by Sarvepalli Radhakrishnan and Charles A. Moore, Hawaii, 1972, p. 635.

⓬ 《道德經》第八十章。

⓭ 莊子《南華眞經》，尤其〈逍遙遊〉及〈秋水〉二篇。

會中，扮演重要的角色？

我們透視了這種智慧型的觀察之後，也就不會驚奇，爲什麼佛家諸子在最早的時期，就開始融通道家，利用道家的學說，來彰顯佛家思想。下面我們試舉出幾位代表性的人物：

㈠道安（公元三一三—三八五年）：爲晉代大師級人物，史載他「安既篤好經典，志在宣法，所請外國沙門……譯出眾經百餘萬言。」[14]當鳩摩羅什於姚興弘始三年（公元四〇一年）入長安時，道安已在長安，大弘佛法[15]。其著作〈性空論〉，提倡「一切論法，本性空寂」，說出「無在萬化之前，空爲眾形之始」[16]。這是很顯然地設法把哲學所關心的宇宙起源論，融通道家的「無」以及佛家的「空」，以爲這兩概念可互作比擬。而在這種比擬的融通中，從形而上的「本體」，設法落實到人生的「實踐」，《中論疏記》說：

「釋道安〈本無論〉云：如來興世，以本無弘教。故方等眾經，皆明五陰本無。本無之論，由來尚矣。謂無在元化之前，空爲眾形之始。夫人之所滯，滯在未有。若託心本無，即異想便息。」[17]

因爲宇宙的最根本元始是無，因而人心亦應該是無，才能免除各種煩惱。這顯然是用道家的

---

[14]《高僧傳》卷五，《大藏經》卷五十，第三五四頁。

[15]《高僧傳》卷二，《大藏經》卷五十；以及《中觀論疏》卷二，《大藏經》卷四十二，第二九頁。

[16]《中論疏記》卷三，《大藏經》卷六五，第九二頁。

[17]同上。

思想，來闡釋佛家的教義。再進一步的融通工作，便是其〈安般經注序〉所說：

「安般者，出入也。道之所寄，無往不同。德之所寓，無往不託。是故安般寄息以成守，四禪寓骸以成定也。寄息故有六階之差，寓骸故有四級之別。階差者，損之又損之，以至於無爲。級別者，忘之又忘之，以至於無欲也。無爲故無形而不因，無欲故無事而不適。無形而不因，故能開物。無事而不適，故能成務。成務者，卽萬有而自彼。開物者，使天下兼忘我也。彼我雙廢者，寄於唯守也。」⑱

老子的「無爲」，莊子的「坐忘」，乃至於中國原始思想的「開物成務」，道安都用來替佛教的信仰舖路。這三種思想，當時稱爲「三玄」，亦卽來自《道德經》、《莊子》、《周易》；佛家一開始，就抓緊了中國當時思想高潮時的內涵，而加以利用⑲。進一步傳道：

「是以諸佛因般若之無始，明萬物之自然。衆生之喪道，溺精神乎欲淵。悟羣俗以妙道，漸積損以至無。設玄德以廣教，守谷神以存虛。齊衆首於玄同，還羣靈乎本無。」⑳

這段引言，基本上就是佛道的合璧，利用道家的概念，來闡揚佛教教義。

㈡慧遠（公元三三四—四一六年）：史載：

---

⑱ 僧佑《出三藏記集》卷六，《大藏經》卷五五，第四二頁。
⑲ 參閱馮友蘭著《中國哲學史》，太平洋圖書公司，香港，民國四十八年七月版第六六五頁。
⑳ 僧佑《出三藏記集》卷八，《大藏經》卷五五，第五五頁。

「釋慧遠，本姓賈氏。……博宗六經，尤善老莊。……時沙門釋道安立寺於太行恒山，……遠遂往歸之。……年二十四便就講說，嘗有客聽講，講實相義。往後移時，彌增疑味。遠乃引莊子義爲連類，於是惑者曉然。」㉑

以莊子的學說，來講佛義，又是融通佛、道的努力。

㈢僧肇（公元三八四－四一四年）：《高僧傳》說：

「釋僧肇，京兆人。……愛好玄微，每以老莊爲心要。嘗讀《老子》德章，乃歎曰：『美則美矣，然期神冥累之方，猶未盡善也。』後見舊《維摩經》歡喜頂受，披尋玩味，乃言始知所歸矣，因此出家。學善方等。兼通三藏。……後羅什至姑臧，肇自遠從之，什嗟賞無極。及什適長安，肇亦隨返……著《波若無知論》凡二千餘言；竟以呈什，什讀之稱善。」㉒

鳩摩羅什把印度佛學思想帶入中國，僧肇親聆其教，得其眞傳；更能以老莊思想來輔佐，在哲學層次上，宣揚佛法，在所著《寶藏論》中，有如下的論述：

「故經云：『道始生一，一爲無爲；一生二，二爲妄心。』以知一故，即分爲二。二生陰陽，陰陽爲動靜也，以陽爲淸，以陰爲濁。故淸氣內虛爲心，濁氣外凝爲色，即有心色二

㉑《高僧傳》卷六，《大藏經》卷五十，第三五七－三五八頁。
㉒同上，第三六五－三六六頁。

法。心應於陽，陽應於動；色應於陰，陰應於靜。靜乃與玄牝相通，天地交合。故所謂一切眾生，皆稟陰陽虛氣而生。是以由一生二，二生三，三卽生萬法也。……夫內有一生，卽外有無為；內有二生，卽外有有萬；內有三生，卽外有三界。旣內外相應，遂在種種諸法及恒沙煩惱也。」㉓

這亦是僧肇把《道德經》的義理，應用到佛法的註解上，是另一種的道佛合璧。當然，站在社會哲學的立場來看，則從理論入於實踐部份時，仍然是融通佛、道，作為對現象世界的排斥。僧肇在〈物不遷論〉中，分清「常」與「無常」㉔，而聖人則能夠從「無常」的世界現象中，見到「常」的本體㉕。又在〈般若無知論〉中，更肯定聖人之心，對世物的體認，總以之為幻覺，轉瞬卽逝的不眞實世界㉖。世界不眞實，人生如虛幻，這樣的理論，對人際關係的社會自然就不專心致意了。

㈣道生（公元三七二—四三四）：也是鳩摩羅什弟子，頗能潛修沉思，又通佛經義理；對因果問題有獨到的見解，主張「善不受報」，又主張「頓悟成佛」；其最重要的思想，就是「人皆能成佛」；後來，印度來的《大涅槃經》到了長安，果然證實「闡提皆有佛性」。可見道生智慧

㉓《本際虛．玄品》第三，《大藏經》卷四五，第一四八頁。
㉔《肇論》，《大藏經》卷四五，第一五一頁。
㉕《離微體淨品》第二，《大藏經》卷四五，第一四七頁。
㉖《肇論》，《大藏經》卷四五，第一五三頁。

之高㉗。

「善不受報」的學說，道生本身並未作詳細的論述，但慧遠有明報應論，是在闡揚「善不受報」，或是受到道生的影響㉘。其內容是融合佛家之說與道家之說；認爲所謂報應，卽心之所感召，若無心卽應物者，雖有作爲，則亦無所感；這也就是要超越通俗的輪廻報應之說。

至於「一闡提人皆得成佛」，譯成通俗語言，就是「人人皆可成佛」。這原就是儒家「人皆可以爲堯舜」㉙的人性超升論。當然，這二者間是有相異處的，相異處就在於「頓悟成佛」的學說上。〈辯宗論〉說㉚：

「有新論道士，以爲寂鑒微妙，不容階級，積學無限，何爲自絕？今去釋氏之漸悟，而取其能至；去孔氏之殆庶，而取其一極。一極異漸悟，能至非殆庶。故理之所去，雖合各取，然其離孔釋矣。余謂二談救物之言，道家之唱得意之說，敢以折中，自許竊謂新論爲然。」㉛

㉗《高僧傳》卷七，《大藏經》卷五十，第三六六—三六七頁。

㉘馮友蘭在論述此段時，引用陳寅恪先生的意見，主張道生或許影響了慧遠，見馮友蘭著《中國哲學史》同⑲，第六八六—六八七頁。

㉙《孟子．告子》下。

㉚〈辯宗論〉雖非道生所作，而是謝靈運所述，其中提出道生的意見。見馮友蘭《中國哲學史》，同上，第六八八頁。

㉛《廣弘明集》卷十八，《大藏經》卷五二，第二二五頁。

〈辯宗論〉還進一步解說了「華人易於鑒理，難於受教」，而「夷人易於受教，難於鑒理」由之而推論出：中國人比較能「頓悟」，而印度人則需要「漸悟」，漸悟也就是積學。從這裏再引伸，而研究出孔子教人側重頓悟，而釋氏教人則較重積學。㉜

道生能從佛、道的融洽，進而設法融通儒、佛。但在一開始時，就不但注意二者相通之處，而是指出二者在修持方法上的不同。但是，道生的最大貢獻，還是在「頓悟」的理解上；透過「頓悟」，佛教就中國化了。「頓悟」的中國化，算是佛教中國化的開端，同時亦把宗教取向，以及道德取向，都神秘化起來；後來的禪宗，以及「放下屠刀，立地成佛」的信念，都奠基在這「頓悟」的概念上。

㈤智顗(公元五二二—五九七年)：這位七歲就與佛家結緣，十八歲出家，進入相州果願寺，苦修勤讀的和尚，後來成了《法華經》的最重要宣揚者。他雖然不是天台宗的創始人，但卻是最重要的繼承人兼最有體系的宣揚人。智顗的人生觀，在於體悟到法華三昧，而覺得人生苦短，兼具各種煩惱；因而覺得人生的任務便是：脫離苦海，進入眞如極樂世界。站在社會哲學的觀點來看，智顗是不主張人際關係的，甚至，認定唯有斬斷人間一切束縛，才能解脫，才能進入眞如。智顗的學說，對個人獨善其身的層面，深加探討；對羣體性具體生活的兼善天下來說，則勸人拋

㉜〈辯宗論〉，《廣弘明集》，同上。

棄社會庸俗生活的㉝。

在人性靈肉二元之外，智顗更進一步開展了人性的另外二元，那就是「染性」和「淨性」；前者說明眾生都要受環境所染，有善有惡；這是具體事實上而論；後者則站在理想的層次上，說明人性還是能體現佛的淨德，而形成「人人皆可成佛」的理念。前面道生站在理念層次上，說出了「人人皆有佛性」，可說是闡明了佛的共相；而這裏，智顗則提出佛的了別義，以為理論上固然人人皆可成佛，但在實際上，卻非人人都成佛。不能成佛的理由，也就是人性的染性所致。這染性畢竟多是由社會環境所造成，因而，擺脫社會束縛，總是智顗學說在消極上的表現㉞。

㈥吉藏（公元五四八—六二三年）：嘉祥大師吉藏，一生中講《三論》共一百餘次，講《法華》共三十餘次，著作多達四十餘部，其中最重要的有《中論疏》二十卷，《百論疏》九卷，《十二門論疏》六卷。這些作品都在展示吉藏的修練方法：破邪與顯正。破邪的運用，原是承傳佛教一開始在印度就以「外道」出現，破婆羅門教之錯誤；這是消極面，但卻對社會人際關係，作了虛幻的斷案，認定色相界的空虛。顯正也就是在闡揚佛法㉟。

㉝《大乘止觀法門》卷一，《大藏經》卷四六。

㉞同上，並參閱鄔昆如、黎建球合著《中西二百位哲學家》，東大圖書公司印行，民國六十七年四月，第一七六—一七七頁。

㉟《二諦》，《大藏經》卷四五。並參閱武內義雄著《中國哲學思想史》，仰哲出版社，民國七十一年九月，第一七五頁。

在佛學與中國哲學的融通工作上，吉藏開始了集大成的工作，那就是：比較了儒、佛的優劣，同時也比較了佛、道的優劣。而比較所用的資料則是以《三論》和《法華》的精髓與《周易》，作為佛家與儒家的對比；而《老子》及《莊子》與佛經的比較，則代表佛家與道家的對比。

在與儒家比較中，認為重點應在主觀、客觀二面，儒家一直抱持，眞實世界中，有主觀、亦有客觀；但佛家則認為只有主觀世界為眞象，所謂的客觀世界，原就是虛幻㊱。

在與道家比較中，重點放在現象與實相之區別；道家的宇宙，有本體和萬有的對立趨勢，但吉藏認為假名卽實相，本體與萬有間根本構不成對立㊲。

在相較之下，吉藏看出了融通的可能性；至於如何融通，吉藏並沒有詳細的說明。

㈦玄奘（公元六〇三—六六四年）：俗姓陳，河南偃師人，十三歲便出家，潛心性相之學，因有許多疑問，乃決定往西天求法。於唐太宗貞觀三年（公元六二九年）啟程，於貞觀七年，抵達印度；學經求法，十二年後，於貞觀十九年（公元六四五年）回國，著手翻譯各種經典。所譯成果非常可觀，計有七十五部一千三百餘卷；其中最重要的就是《成唯識論》，由之而組成法相宗；而《成唯識論》因此也成為法相宗的寶典。

㊱ 同上。
㊲ 同上。

玄奘學說的根本，也就肯定人人都有所「執」，或是「執我」，或是「執法」，二者都以爲人間世是實有，其實都是虛幻。要洞識人間世的虛幻，得靠阿賴耶識，因其中隱藏著各種轉變，能使心靈擺脫「我執」，而進入涅槃㊳。若無法破我執，就有煩惱，會陷於痛苦之中。

這樣，玄奘學說的核心，還是教人從「心靈」開始，先是認「識」心靈，然後再以行動，進入無心的領域；再從無執的無心領域，最後達於聖善的境界㊴。當然，心靈的思考進路，仍然必需透過三性、三無性，才眞正進入眞如世界㊵。

佛教的唯心體系，至玄奘告一段落，後來的學者，多依此途發揚光大。

(八)慧能（公元六三八—七一三年）：俗姓盧，廣東嶺南人，因家境清寒，又幼年喪父，賣柴爲生，故未讀書識字；但天份奇高，得五祖弘忍眞傳，成爲禪宗六祖。傳記中最有名的事件有二：一是弘忍要傳法時，囑弟子做偈；弟子們公推神秀代表，後者本來不願意，後來依弟兄要求，作了「身是菩提樹，心如明鏡臺，朝朝勤拂拭，莫使惹塵埃。」弘忍看過偈，曉得神秀並未悟道。後來倒是慧能聽人念了神秀的偈，自己也請人寫了一偈，那就是「菩提本無樹，明鏡亦無臺，本來無一物，何處惹塵埃。」後來弘忍教慧能念《金剛經》，又把衣鉢傳授給他。

㊳《成唯識論》卷七，《大藏經》卷三一，第三八—三九頁。
㊴參閱鄔昆如、黎建球合著《中西二百位哲學家》，同上第㉞，一六八—一七一頁。
㊵《成唯識論》卷二，《大藏經》卷三一，第六頁。

第二件事就是慧能四十歲時，覺得隱修期滿，可以出來傳道了，到了廣州法性寺，寺中印宗法師在講《涅槃經》；外面有二位和尚在爭論「幡動」和「風動」的問題；慧能說出：「既非幡動，亦非風動，而是心動。」印宗卽爲其落髮受戒。後來女皇武則天亦聞名而下詔，要慧能進京說法，辭病不去，隱居說法，以致於終。㊶

慧能由於不識字，因此沒有著作，但其講法由弟子記下，總結是：「教外別傳，不立文字，直指人心，見性成佛。」並由此道進入「頓悟」境界；這種「不立文字，以心傳心」，由弟子神會廣爲流傳㊷。

(九)神會(?—公元七六〇年)：爲慧能弟子，其一生功德，全在述慧能、繼慧能。很可能《六祖壇經》是其所作㊸；闡述並闡揚慧能的思想。

《壇經》所主張的，也就是「不立文字，以心傳心」；但是，這「心」又不是擁有什麼理念，而以「無念」爲主，《壇經》說：

「我此法門，從上已來，先立無念爲宗，無相爲體，無住爲本。無相者，於相而離相。無

㊶ 慧能生平，見《宋高僧傳》，卷八，《大藏經》卷五十，第七五四—七五五頁。

㊷ 神會生平，同上，第七五六—七五七頁。

㊸《六祖壇經》照傳統的說法，是慧能口述，弟子法海記錄；近期胡適之先生發現敦煌本《神會語錄》，其中有數處與《壇經》文字略同，懷疑此書是由神會及門人所作。見馮友蘭《中國哲學史》，同上第七七三頁。

念者，於念而無念。無住者，人之本性，於世間善惡好醜，乃至寃之於親，言語觸刺欺之時，並將爲空，不思酬害。念念之中，不思前境。」㊹

神會的思想，也就在於闡述「前念著境卽煩惱，後念離境卽菩提」㊺以及到達「一切卽一，一卽一切」㊻的體悟。這也就是「頓悟」以及「般若」。

「無念」的意義很多，但在積極的社會關懷來說，《壇經》也就沒有正面的答覆；佛學發展到唐代中葉，其出世精神，以不觸及社會人際關係，仍然是根本的信念。

㈩法藏（公元六四三—七一二年）：俗姓康，西域祖籍，至祖父才歸化中國；雖比玄奘年輕四十歲，但亦參加了譯經工作，並且敢和玄奘爭論，而退出譯場；並此後奠定了華嚴宗㊼。史載其著作如下：

「藏爲則天講《新華嚴經》，至天帝網義十重玄門，海印三昧門，六相和合義門，普眼境界門，此諸義章皆是《華嚴》總別義綱，帝於此茫然未決。藏乃指鎭殿金獅子爲喩，因撰義門，徑捷易解，號《金獅子章》，列十門總別之相，帝遂開悟其旨。」㊽

㊹《壇經》，《大藏經》卷四八，第三五三頁。
㊺同上第三五〇頁。
㊻同上。
㊼《宋高僧傳》卷五，《大藏經》卷五十，第七三二頁。
㊽同上。

《金獅子章》就是用來注解《華嚴經》的，其中主要的學說就是十門：

「初明緣起，二辨色空，三約三性，四顯無相，五說無生，六論五教，七勒十玄，八括六相，九成菩提，十入涅槃。」㊾

在初明緣起中，分清世界的二元：理法界與事法界，類似與西方希臘哲學的觀念界和感官界的二元。而在這二元世界中，理法界才是自滿自足的，譬喻中的金獅子，金是因，工匠之製作是緣，因緣和合，便成宇宙。

在辨色空中，認爲現象界諸事物皆屬虛幻，都是色相界，亦都是空。

在約三性中，說明現象界諸事物，要因緣和合，才能產生，而諸事物本來是空無一物的；事物存在必需他因他緣，一直追溯到眞心本體，完全自因自緣時，才算完滿。

無相的彰顯，本來就是讓世界諸事物，必然要放棄自身的存在，然後才能談《華嚴經》，了悟人生眞諦。

可是，無相本身，原是心靈中了解的因緣和合，這種有待，即非絕對的生；這也就是「說無生」的意思。

五教的列舉也就是判教。華嚴宗能把各教派整齊排比，好給它們應有的定位。

勒十玄所要表達的是「一卽一切，一切卽一」，是本體與現象間之貫通關係。括六相指出共

㊾ 《金獅子章》，《大藏經》卷四五，第六六三頁。

相與差別相。

成菩提也就是超越了現象界諸分野，而進入眞如之中。

入涅槃時，就進入「無知」境界，根本沒有本體現象之分，就是連認知主體亦遺忘了。

誠然，法藏的《金獅子章》，以「金」和「獅」之關係，開展出知識與本體的各個層面，但歸結都在「存乎一心」，是一種主體性的突現與消失。西洋哲學講對主體的意識，而佛家哲學與道家哲學，都以「無意識」爲最高存在以及知識境界。

華嚴宗在佛教諸宗派中，可說形上意識較深的一派，無論其本體論，或是知識論，都達到了至高峯。就是在社會哲學的人際關係上，沒有開展出原理原則來；或許，在本體的二元世界劃分中，一開始就覺得感官世界是色相界，而色相界並不眞實，是虛幻，不是人生所當追求的對象。

㈩宗密（公元七八〇—八四一年）。《宋高僧傳》說：

「釋宗密，姓何氏……家本豪盛，少通儒書……元和二年，偶謁遂州圓禪師，圓未與語，密欣然慕之。……又集諸宗禪言爲禪藏，總而序之。」㊿

宗密爲華嚴宗奉爲第五祖，但他亦崇向禪宗的神會；他致力於融通「宗」和「教」；「宗」即禪宗，「教」即經典之教。

宗密著作以《禪源諸詮集都序》以及《原人論》爲代表，內容展示出其「教」「禪」兼修；

㊿《宋高僧傳》卷六，《大藏經》卷五十，第七四一頁。

教就是華嚴之教，禪就是荷澤之禪。教分三宗，相對的禪亦分成三宗：下列的對照表可使我們瞭解其相互的關係：

教之三宗	禪之三宗
(1)密意依性說相教（唯識宗）	息妄修心宗
(2)密意破相顯性教（三論宗）	泯絕無歸宗
(3)顯示眞心卽性教（華嚴宗）	直顯心性宗[51]

在宗密看來，無論「教」或「禪」，都以獲得佛心而體悟眞如；但是，一切眾生，皆有空寂之眞心，此眞心本自清淨的，明明不昧，了了常知，又永久不滅的，稱之爲佛性，或稱爲如來藏。但是，另一方面，眾生也爲妄想所蔽，自力無法證得自心，故而佛要親自顯示眞心，這就是華嚴宗的學說精華[52]。

宗密所作《原人論》，在形而上的人生理論中，一反佛家的作法，開始攻擊儒、道二家的學說。他在〈斥迷執〉時說：

「儒道二教，說人畜等類，皆是虛無大道，生成養育。謂道法自然，生於元氣。元氣生天地，天地生萬物。故愚智貴賤，貧富苦樂，皆禀於天，由於時命。故死後卻歸天地，復其

---

[51] 參閱武內義雄著《中國哲學思想史》，同[35]，第二一〇頁。

[52] 《續藏經》第一輯，第二編，第五冊，第四三六頁。

虛無。」[53]

這裏，面對中國傳統文化，人與自然和諧的理論，尤其是佛教靈肉二元的學說，宗密提出了二者的衝突性。佛教對靈魂的重視，以及對肉體的輕賤，原就其對精神世界的重視，以及對物質世界的輕賤，有相互消長的作用。宗密站在佛家立場，首先就把儒道對人的看法，加以反對，並斥爲迷執。

這裏涉及的問題，基本上還是來生來世的課題。儒、道對來世的興趣不大[54]，而佛教則執著其三世：前生前世，今生今世，來生來世；並且以輪廻報應的思想，來連結此三世。

在這種思想的相互擊蕩中，我們也會想起南北朝時反對佛教來生之說的，竟有「神滅論」的興起和發展，主張人死如煙滅，形亡則神滅。關於這點，我們在本文第二部份「內在涵義」中，會更深入去探討。

《原人論》不但斥儒、道二家，而且亦斥儒教中膚淺的部份。當然，宗密並不走極端，他仍然認爲儒、道，或部份佛家子弟，都擁有部份眞理。然而，宗密所要強調的是：華嚴宗卻擁有全部眞理。至於思想家，宗密認爲孔、老、釋都是至聖；但就推萬法，窮理盡性，至於本源的，祇

---

[53] 《原人論斥迷執》第一，《大藏經》卷四五，第七〇八頁。

[54] 儒家的孝道，雖有從今生今世，延續到來生來世的跡象，像「子曰：生，事之以禮；死，葬之以禮，祭之以禮」（《論語・爲政》）。「祭祖」也就必需預設祖先靈魂不死不滅；但這預設畢竟沒有形成思想的體系，甚至沒有提出足够的討論。

有佛教55。

學者研究佛學，多以宗密對儒、道的直言，作爲往後開展宋儒的契機56。

但是，就隋唐的佛家思想本身來看，已經是在消融中國原有的儒家和道家的哲學思想。首先就是因爲譯經的工作，在魏晉南北朝時代已經完成；唐代玄奘再度引起譯經運動，祇是在有系統地改正前人的翻譯。隋唐的佛學大師們，已經不太發展印度原有的邏輯和玄想的哲學性格，而滲進了濃厚的中國哲學模式。先是與道家的融洽，後來與儒家的契合。也就因此，在佛教發展史中，三論宗、天台宗，甚至唯識論等比較默觀性的宗派，在隋唐時代都逐漸沒落，而代之以興的，則是導向實踐的禪宗57。

當然，禪宗是印度佛學和中國實踐取向的哲學的合璧；但是，這實踐仍然是個人獨善其身的；而在這個人獨立性的完美之外，難以找到羣體性的關懷，也更難找出對社會原理的探討，或是對社會問題的歸納式討論。佛教的社會哲學思想，在其發展史中，除了作爲社會羣體組成份子的修心養性的基層工作之外，看不出有其它方面的成果。倒是儒家的主流文化，在融通佛家思想

55 同51，第二一二頁。原文在《原人論會通本末》第四，《大藏經》卷四五，第七一〇頁。

56 參閱馮友蘭《中國哲學史》，同上第七九八—七九九頁。參閱唐君毅著《中國人文精神之發展》，臺灣學生書局，民國六十三年五月再版，第三二一—三三三頁。

57 參閱羅光著《中國哲學思想史．魏晉隋唐佛學篇》下冊，臺灣學生書局，民國六十九年九月，第一〇〇四—一〇〇六頁。

之後，改變了佛的性格瞭解，而把「家」的理念也投入佛學的學理之中；那就是「在俗進修」的理論和實踐。這點，我們留待下面再深入討論。

二、儒家思想：

隋唐在中國歷史發展中，是盛世，是「國大民眾」的；而且，其文化也大量地向外傳播。這文化傳播的內容，以及「國大民眾」的體制，本身是屬於儒家思想體系的。儒家思想落實到政治社會，早在漢代接收了秦朝的大一統帝國就開始了，而且是以「罷黜百家，獨尊儒術」的方式下進行的。漢代社會思想的理論的實踐，筆者曾以兩篇論文加以認眞地討論過[58]。其中《禮記》一書中所包含的社會哲學思想，尤其包含了各個面向，眞是濃縮了人生的各種際遇；其中的〈大學篇〉，就有如下的整體架構：

格物、致知→知性的發展

誠意、正心→德性的培養

修身→個別性的完美

---

[58] 參閱鄔昆如著〈西漢社會哲學之研究〉，《臺大哲學論評》第八期，民國七十四年一月，第一—三五頁；以及〈東漢社會哲學之研究〉，《臺大創校四十週年國際中國哲學研討會論文集》，民國七十四年十一月，第六九—九五頁。

齊家、治國、平天下」羣體性的完成59

其中以羣體性的完成，成為社會哲學的道德進路內涵。齊家的家族文化，無論是孝道的表達，或是父子有親，長幼有序，夫婦有別等規範，都在開始締造人際關係，而且要使之順天應人地正常化60。再來是治國，締造風調雨順，國泰民安的社會，到最後則是天下平的世界主義藍圖。

羣體性的完成，《禮記》的〈禮運篇〉有「天下為公，世界大同」的瞭解，由羣體社會生活的「選賢與能」開始，突破個人，突破家庭，突破國家，而走向全世界、全人類。

〈禮運篇〉的世界主義取向，還是漸進的，從據亂世到昇平世，再到太平世。不過，從後漢開始，從印度傳進來佛教，其神秘進路與中國固有的道德進路，有許多地方不甚符合。其中最顯著的例子，就是關於羣體性的起點「家」的問題。「身修之后家齊，家齊之后國治，國治之后天下平」61是儒家所提出的進路，可是，佛家卻要「出家」。設想一個年青人「出家」，不但違背

---

59 參閱鄔昆如著〈從禮記論儒家社會哲學思想〉，《國際孔學會議論文》，臺北，民國七十六年九月十二－十七日，第三頁。

60 孟子在處理人獸之分時，用了人際關係的規範，作為準則，那就是「人倫」，或是流傳的「五倫」：「父子有親，君臣有義，夫婦有別，長幼有序，朋友有信」（《孟子．滕文公》上）；五倫中三倫是家庭內的關係，可見人之為人首要在家庭的羣體生活中表現。

61 《禮記．大學篇》。

了孔子的「父母在，不遠遊」[62]的教誨，而且亦違反了孟子的「不孝有三，無後爲大」[63]的孝道。

也就在羣體性的哲學問題上，起初，儒家的確難以接受佛教的想法和做法；在思想史的發展上，有關儒家和佛家思想的交融情形，大致是這樣的：首先是引儒入佛，繼則是儒佛融通，但是後來儒家的本位主義興起，而轉成揚儒抑佛。

從後漢亡到隋末，上面已經提到過，四個世紀期間，是中國思想文化的低潮；讖緯迷信，陰陽五行的學說，取代了道德實踐的取向。這期的儒家，在政治社會的運作上，儘量融通道家，而創造出「內道外儒」的長期運作，像王通「儒體道用」，就是典型的例子。

可是，亦在這同時，佛教已廣爲傳開，帝王將相亦相繼禮佛，理由就是佛教傳播的方式，先抓住了道家老莊的學說，設法融老莊入佛，因而亦使原本就「儒體道用」的帝王將相，也跟著設法造成「儒體佛用」，或是「內佛外儒」。佛教在宮庭之中，從東漢桓帝開始，就在宮中立浮屠之祀；其後苻堅、晉哀帝、宋文帝、齊竟陵王、梁武帝、北魏道武帝、文成帝、獻文帝、隋文帝、隋煬帝、唐太宗、唐高宗、武帝、唐中宗、唐代宗、唐憲宗、唐宣宗，都崇信佛教；其中唐憲宗還迎佛骨，由於韓愈諫之，竟被貶爲潮州刺史。

---

[62]《論語·里仁》。
[63]《孟子·離婁上》。

在佛教的傳播期間，雖然遭遇過一些禁令，甚至「三武兩宗」[64]之禍，但是，畢竟成爲中國宗教的一枝獨秀。於是，儒家主流的思想發展，當然也無法排斥佛教，祇好設法與之融通，或者至少在表面上融通，而骨子裏仍然是儒家思想爲主流，俾能造成「儒體佛用」的成果。

現就請以時間順序，申論隋唐時代的儒家數位代表人物的社會哲學思想：

㈠韓愈（公元七六八—八二四年）：字退之，鄧州南陽人。著有〈原道〉、〈原性〉等，共有《詩文集》四十卷，《外集》十卷，皆收集在《韓文公集》中。韓愈思想，在唐代最特出的，就是反佛；反佛當然是消極的一面，而積極上則是要承傳中華固有道統的儒家。

〈原道篇〉一開始就把儒家哲學核心概念的「仁」「義」「道」「德」作了交代。他說：

「博愛之謂仁，行而宜之之謂義，由是而之焉之謂道，足乎己無待於外之謂德。」[64]

接著，要突現這些仁義道德，並且與別家學說不同，於是說：

「斯道也，何道也？曰：斯吾所謂道也，非向所謂老與佛之道也。堯以是傳之舜；舜以是傳之禹；禹以是傳之湯，湯以是傳之文武周公，文武周公傳之孔子，孔子傳之孟軻，軻之死不得其傳焉。」[65]

韓愈排斥佛教的理由也就在於：

---

[64] 《韓文公集》，《四部叢刊》本卷十一，第一頁。

[65] 同上，第三頁。

「傳曰：『古之欲明明德於天下者，先治其國；欲治其國者，先齊其家；欲齊其家者，先修其身；欲修其身者，先正其心；欲正其心者，先誠其意。』然則古之所謂正心而誠意者，將以有爲也。今也欲治其心而外天下國家，滅其天常。子焉而不父其父，臣焉而不君其君……舉夷狄之法而加之先王之教之上，幾何其不胥而爲夷也。」[66]

這裏，表面上是在反對佛家忽視了人際關係；站在社會哲學的立場來看，韓愈反佛的理由，也就是佛家的羣體性被湮沒，而祇著重個人的獨立性的完成。但是，韓愈文章字裏行間所表現的，並非直接指向理性的，個人個別性或是羣體性的問題，而是用了較重較多的情感因素：那就是華夷之辨的重心。在承傳並保存，乃致於發揚中華道統上面來說，韓愈認爲堯舜禹湯文武周公孔子孟子傳下來的，才是正統，這是形式上認定中華文化，而且相信它優於夷狄文化。至於文化的內容，韓愈所舉出的思想重心，也就是社會性的課題，認爲中華傳統文化應該落實到國家社會。但是，佛教文化，一方面是外來的，是夷狄的，不是中華正統的，另一方面又不落實到國家社會，因而主張排佛。

當然，〈原道篇〉中，不但排佛，同時也排斥道。排斥道的方式也就不以之爲夷狄，而是以其忽視了人際關係。

韓愈由於諫迎佛骨而被貶爲潮州刺史，他的諫言書也就陳列了各項激烈的理由；他說：

---

66 同上。

「佛者夷狄之一法耳，自後漢時流入中國，上古未嘗有也。……且佛夷狄之人，與中國言語不通，衣服殊製，不知君臣父子爲何物；假如其身至今尙在，奉其國命，來朝京師，陛下容而接之，不過宣政一見，禮賓一設，賜衣一襲，衛而出之於境，不令惑衆也。況其身死已久，枯朽之骨，兇穢之餘，豈宜令入宮禁？乞以此骨投諸水火，永絕根本，以斷後代之疑惑。」⑥⑦

在這諫言中，隱藏著韓愈對來生來世信念並不苟同，但其主要的論據仍然是上述的夷狄外族，以及忽視人際關係的倫常文化。韓愈論證中，最有力的算是社會的人際關係，這與他哲學對人性論的看法，有很重要的關連。韓愈的人性論，和傳統的孔、孟、荀都不一樣；他認爲人性有品級之分。人性分成上、中、下三級；從這三級的人性導引出五種性以及七種情。三級中，上品是善人，中品則可善可惡，下品則是惡人；而五種性則是：仁、禮、信、義、智；七種情就是：喜、怒、哀、懼、愛、惡、欲。然後又以三品來符合性，以及分別情，而導出人間世各種事象。

韓愈由〈原性〉來排佛，其基本的哲學原理也就奠定在人性的瞭解；而這瞭解是從個別性開始，但不停留在個別性中，而是要在羣體性中完成。這就無法與佛家思想融通了。

㈡李翶（卒於公元八四一年），字習之，趙郡人，與韓愈的關係是亦師亦友。但在與佛家的意見上，並不一致。他是設法「引佛入儒」的學者。其代表作是《復性書》，此書是繼韓愈〈原

⑥⑦ 同上。

性篇》而作，說明「性」本身並無善惡之分，善惡來源是情；因而，針對「情」來修行的方式是對的。這也就是在探討修練的方法時，覺得儒和佛不但不互相排斥，而且是可以相輔相成的。所以他說：

「弗慮弗思，情則不生；情既不生，乃爲正思，正思者，無思無慮也。《易》曰：『天下何思何慮？又曰：閑邪存其誠。』《詩》曰：『思無邪。』情者，性之邪也；知其爲邪，邪本無有，心寂不動，邪思自息，惟性明照，邪何由生，如以情止情，是乃大情也，情互相止，其有已乎！」[68]

李翺不像韓愈，用民族意識和人際關係，來衡量佛學，而是以「修身」的根本方法，來探討佛學與儒家相通之處。因而結論出儒佛相融通的可能性。至少，在論證的文字看來，李翺比韓愈多用了理性，而後者比較在情緒上發表自己的意見。

李翺在這裏，很顯然地是用禪宗的理論，設法達到儒家的主張。這種思考的方式和運用，開展了後來宋明時代的方法和內容[69]。進一步，亦有學者主張，李翺的《復性書》不但融通了儒佛，而且亦涵蓋了道家[70]。則更襯托出其哲學的功能了。

[68] 《復性書·中篇》，全集，第八—九頁。
[69] 參閱陶希聖著《中國政治思想史》，食貨出版社，民國七十一年五月再版，第三册，第二九二頁。
[70] 參閱唐君毅著《中國哲學原論·原性篇》，新亞研究所出版，學生書局印行，民國六十八年二月四版，第三〇八頁。

㈢柳宗元（公元七七三—八一九年）：字子厚，著有《文集》四十五卷；《舊唐書》一六〇，《新唐書》一六八有記載。

如果說韓愈極力衛護中華道統，則柳宗元算是異端；因爲後者對傳統的政治社會起源論，採取根本不同的看法。傳統的「天命」思想，以及聖人聽天命而出來爲政，替百姓服務；也卽是說，傳統思想認爲：制度的創立與天命有關，天理和人事是相通的，而柳宗元則以爲人事歸人事；在社會中人際關係開始複雜，需要規範來維持秩序時，有智者和能者出來，用強權推行公理。因此，政治的次序，社會的規範，在柳氏看來，既非天命，亦非由羣眾所推舉，而是爲政者的「力量」所使然。這種說法，顯然的與荀子以及法家的思想接近。從下面兩段引文中，我們便可看出這種思想的脈絡。他說：

「爲人之初，總總而生，林林而羣。雪霜風雨雷電暴其外，於是乃知架巢空穴，挽草木，取皮革。饑渴牝牡之欲敺其內，於是乃知噬禽獸，咀果穀，合偶而居。交焉而爭，睽焉而鬬，力大者搏，齒利者齧，爪剛者快，羣眾者軋，兵良者殺。披披藉藉，草野塗血；然後強有力者出而治之。往往爲曹於險阻，用號令起而居臣計伍之法立。德紹者嗣，道怠者奪。」㉑

又說：

㉑《柳河東集》一，〈貞符〉。

「人不能搏噬而且無毛羽，莫克自奉自衛。荀卿有言，必將假物以爲用者也。夫假物者必爭；爭而不已，必就其能斷曲直者而聽命焉。其智而明所伏必衆，告之以直而不改，必痛之而後畏。由是君長刑政生焉。」72

從前面引文中，可知柳宗元的社會起源論，傾向於人文，而對抗自然；而且沒有德治主義的跡象，倒是指出「以力服人」的措施。甚至，明言刑政、爭奪、弱肉強食的看法。

韓愈所依持的中國道統，到孟子爲止，因而說出：「軻之死不得其傳焉。荀與楊也，擇焉而不精，語焉而不詳。」73 對孟子之後的學者，不甚接納。但是，柳宗元則提出荀子的學說，來解釋社會的源始，以及原理。若說孔孟的社會是「選賢與能」74 的，則柳宗元所依持的荀子則是「選智和能」。孔孟的道德取向被韓愈所接受並推廣，而荀子的智力取向則由柳宗元來發揮。

柳宗元哲學的另一基礎，就是要說明「天人無關」，因而亦肯定「神道設教」爲害國家社會；社會的一切起於人爲，亦都是爲了人，同時亦以人爲尺度。這也就造成了徹底的人本主義。但是，這人本精神並沒有走向道德取向，倒是走向了「以力服人」的社會模式。74

㈣劉禹錫（公元七七二—八四二年）：字夢得，《舊唐書》一六〇，《新唐書》一六八都有記載。著有〈天論〉等。

72 《柳河東集》三，〈封建論〉。
73 〈原道〉，《韓文公集》，同上65。
74 《柳河東集》三，〈斷刑論〉下。

劉氏同意柳宗元的說法，以人本精神來處理社會問題。而在思想的基礎上，認爲人文社會的一切，都有共同的目的，那就是征服自然，以及征服別人。他說：

「天之道在生殖，其用在強弱。人之道在法制，其用在是非。」[75]

從這種想法推論下去，也就是人類社會的開始，是與天爭，後來與人爭；不過，所有的爭都是弱肉強食的[76]。

㈤林愼思：字虔中，懿宗咸通十年（公元八六九年）中進士，死於黃巢作亂時。是唐代晚期衰世的思想家，盡力恢復孟子德治思想，而揚棄柳宗元、劉禹錫的學說。其社會哲學的實踐部份，以「存養百姓」爲中心，而在行政措施上「除煩去苛」；以爲「安民固本」才是政治社會達到安和樂利的途徑。但是，在另一方面，林氏爲了消除當時的煩苛之政，亦利用道家的無爲淸靜，來使官吏獲得勤政愛民的心境[77]。大有傳統融匯儒、道的趨勢。

※　※　※　※

以上提出五位儒家思想家，有承傳孔、孟者，有發揚荀卿者，亦有融通儒道二家者，更有融通儒、佛，甚至排佛的思想趨勢。眞的做到「引佛入儒」，「儒佛融通」，「揚儒抑佛」三大思想內涵。從這些內涵中，可以窺探出其社會哲學的取向，都在「入世」精神中，去關懷民生樂

---

[75] 〈天論〉上，《全唐文》卷六〇四。
[76] 同上。
[77] 《伸蒙子·諷失》，《新唐書》卷五七。

利；或是「儒體佛用」，或是「內佛外儒」，或是「崇儒排佛」方法上的相異，但終究目的仍然是此世的社會秩序。

三、道家思想：

唐代以李姓，奉老子爲遠祖，曾建老子廟祭祀，甚至以《道德經》爲考試進用的標準，後來以老莊爲國學，封道士高官厚祿。此期，道家的興盛，可以想像。

佛教進入中國，最先融通的是老莊。原來，道家的「小國寡民」的出世精神，頗能成爲佛家教義的解釋，以致於相互爲用，相輔相成。也就因此，道家在對佛家的反應，多爲願意合作，共同爲「獨善其身」的學理的發揚而努力。

但是在另一方面，道教在唐時亦混同了道家，而國內到處有道觀的設立。《唐六典》所載，開元時天下道觀，竟有一千六百八十幾所；帝王將相信道教者頗不乏人。尤其是唐武宗，更是篤信道教。這道教對佛教的態度，就與道家完全不同；道家設法融通佛教，以收相得益彰之效；而道教則設法排斥佛教，甚至釀成「三武兩宗」之禍[78]。

因此，隋唐時代社會哲學問題，站在道家立場看，當然仍然走不出「小國寡民」以及「民至老死，不相往來」[79]的消極態度；但這消極態度對當時興盛的佛教來說，則有三種情形：一是引

[78] 佛教在中國流傳史中，曾有「三武兩宗」之禍，遭受到迫害。三武就是：北魏太武帝，北周武帝，唐武宗；兩宗就是後周世宗及唐武宗。這四位君主都因聽信道教，或是強調儒家，而迫害佛教。

[79] 《道德經》第八十章。

佛入道，一是佛道融通，一是揚道抑佛。這三種情形是就對外來文化融通的一般情形來說；但就道家哲學上看，尤其以社會哲學來看，則可提出四位思想家作代表。今分述如下：

㈠元結（公元七一三—七七二年）：字次山，生於安史之亂。著有《元子》十篇，《浪說》七篇⑧⓪，《漫說》七篇。《藝文志》把元結的《浪說》、《漫說》歸入儒家著作，其實依其內容應納入道家。當然，其著作所表現出來的，譏彈衰世，諷刺苛政，相當激烈，這原是儒家和道家共同擁有的正義感；問題在於：在指出社會秩序沒落之後，運用的方法：儒家的修、齊、治、平之道，到了漢朝，已是走向「國大民眾」的途徑；但是，道家則主張無為，以及「小國寡民」，而元結所提出的方式，則多屬老子，作為形上基礎；當然，在實際運作上，則仍以儒家為依歸，可說是「以道為體，以儒為用」的方式。我們可選擇幾段文字，足以表達出這思想的進路。

「時之化也，道德為嗜欲化為險薄，仁義為貪暴化為凶亂，禮樂為耽淫化作侈靡，政教為煩急化為苛酷。」⑧①

社會風氣敗壞，是元結觀察和感受，但是，更根本的，還是倫常的失序。他說：

「夫婦為溺惑所化，化為犬豕。父子為情慾所化，化為禽獸。兄弟為猜忌所化，化為仇敵。宗戚為財利所化，化為行路。朋友為勢利所化，化為市兒。」⑧②

---

⑧⓪元結傳記及著作，見《新唐書》卷一四三，第五九頁。
⑧①《元子》、《時化》。
⑧②同上。

誠然，社會之所以亂，那是因爲家庭失去次序，已經是父不父，子不子的情況。但是，更根本的，還是人心的敗壞，這就是：

「情性爲風俗所化，無不作狙狡詐誑之心。呼聲爲風俗所化，無不作諂媚僻淫之辭。容顏爲風俗所化，無不作奸邪蹙促之色。」[83]

人心的敗壞，才是亂世的根本；因此，元結在這裏所提出的化解之道，突現出其傾向於道家的心態。他說：

「夫王者其道德在清純元粹，惠和溶油，不可恩會盪熿，哀傷元休。其風教在仁茲諭勸，禮信道達，不可沿以澆浮，溺之淫末。」[84]

又說：

「其賦役在簡薄均當，不可橫酷繁聚，損人傷農。其刑法在大小必當，理察平審，不可煩苛暴急，殺戮過甚。其兵甲在防制戎夷，鎭服暴變，不可怙恃威武，窮黷戰爭。」[85]

這種化解的方式很清楚地是用消極的方法，是哲學中《道德經》模式的「否定詞」用法[86]。

---

[83] 同上。
[84] 《元子・系謨》。
[85] 同上。
[86] 參閱鄔昆如著〈否定詞在道德經中所扮演的角色〉，《中央研究院國際漢學會議論文集》，思想與哲學組(下册)，民國七十年十月十日，第七九一—八〇〇頁。

(二)无能子（公元八八七年）：原爲書名，其作者已不可考。其書序中說明是因黃巢亂，故避地流轉而著書；至於寫書之積極目的則是：「其旨歸於明自然之理，極性命之端。自然无作，性命无欲。」[87]

无能子也就由這種自然主義的立場，來批評當時社會問題的困境。其自然主義的思想，崇向於「萬物平等」的理論，這平等觀原就適宜於道家和佛家，都在破傳統的「人爲萬物之靈」[88]的學說。他在〈聖過〉篇中，說明所有的「分」，都是由原始的「合」而來，所有殊相，亦都出自共相；所以一切的差異都是後來的，原始的眞實都是一；這樣，人與動物，人與物類，都相等，且不可分。他說：

「所以太古之時，裸蟲與鱗毛羽甲雜處，雌雄牝牡自然相合，無男女夫婦之別，父子兄弟之序。夏巢冬穴，無宮室之制。茹毛飲血，無百穀之食；生自馳，死自仆。無奪害之心，無瘞藏之事；任其自然，遂其天眞。無所司牧，濛濛淳淳。其理也，居且久矣。」[89]

這顯然是道家自然主義的描寫，而認爲順應自然的社會，才是社會的發展目標，而不是人爲

---

[87] 《新唐書》卷五九，〈藝文志〉三，丙部，〈神仙家錄〉記載《无能子》三卷。注曰：「不著人名氏，光啟中隱民間」以及「不述其姓名遊宦」。
[88] 《書經．周書．泰誓》上。
[89] 《无能子》卷上，〈聖過〉第一。

的制度。无能子在對當時社會的反感，以及對「暴君苛政之罪惡作總清算」[90]，這清算的箭頭很清楚地就是對準儒家的有爲主張。在无能子看來，人類原本過著「萬物平等」的自然生活；但是，後來被好事之聖人所破壞，定立了幾許社會制度和禮法；首先把「人」從自然中突現出來，然後又在「人」之中劃分許多等級，造成了「人倫」關係；在事物當中分成等級，而有了貴賤之分；面對著社會的脫序，无能子把責任歸於「有爲」的政治社會制度；以爲唯有回到原始社會的樸素和單純，才會給人帶來幸福。

在這裏，无能子透徹了社會發展的階段，也就是人類歷史發展的階段，用四分法來描繪：第一階段是有家無國的半自然社會。這是人類在自覺中突現自己，以爲自己高於其它存在物。在這一階段中，人與自然的平等關係破壞了，但仍保有人際關係的平等。第二階段則開始有社會的組織，而開始了人與人之間的不平等待遇，有了君臣之分，有尊卑之分，貧富之分等等。第三階段緊接著第二階段而來，因爲人心開始了尊尊輕卑，惡貧愛富，追求功名利祿，於是人與人之間起了爭奪；聖人爲了使爭奪有規範而定了禮法；但在禮法中，仍然是上欺下，強欺弱，只不過是利用章法來發展私欲。這也就是原始社會的失落，而代之以興的是禮法的、倫理道德的文明社會。第四階段則文明愈文明，法制加上法制，爭奪加上爭奪；而且，已經發展到：從個人的爭奪變爲

---

[90] 參閱蕭公權著《中國政治思想史》（上），華岡出版有限公司印行，民國六十六年二月六版，第四二六頁。

集體的、有組織的爭奪，那也就是戰爭。這也就是无能子對歷史發展的觀感，他把一切罪惡都歸於人心的貪，以及有爲。於是他說：

「嗟乎，自然而蟲之，不自然而人之。彊立宮室飲食以誘其欲，彊分貴賤尊卑以一其事，彊爲仁義禮樂以傾其眞，彊行刑法征代以殘其生，俾逐其末而忘其本，紛其情而伐其命。迷迷相死，古今不復。謂之聖人者之過也。」[91]

无能子的社會觀是承襲道家的自然和無爲，因而亦主張「小國寡民」，主張人際關係減少到最低限度。奇怪的是，在這方面，无能子並沒有運用佛學的理論，使佛道合璧，以共同批判儒家的社會哲學。

㈣羅隱（公元八三三—九〇九年）：字昭諫，著有《兩同書》、《讒書》、《甲乙集》等，載在《五代史》第二四、《唐才子傳》等書中。

无能子崇道貶儒，認爲社會原理是自然無爲；而羅隱則設法調和儒、道二家。其調和的方法首先說明人文制度的用處；頗有「道體儒用」的設計。在形上思想基礎上，把「自然」概念作非常廣義的瞭解，認爲所有人文社會的產生和發展，其實都已包含在「自然」之中，自然的歷史發展本身就涵蓋了人類的歷史。因爲，「人」是自然的產物，而不是文明的產物。這樣，羅隱的社會哲學基礎，也就在這種形而上的學說中，把人文消融在自然之中，形成儒、道不但不衝突，反

[91] 《无能子》卷上，〈聖過〉第一。

而相輔相成；當然，羅隱是把儒家歸屬到道家學說中。因此，社會制度的成立，無論是初階段的「人爲萬物之靈」的意識，或是羣體性的相互爭奪，其實都是「自然」。

羅隱的這種學說，頗有把自然看成生命，一直在發展和進步當中；由樸素的自然，發展到人文的自然，再發展到文明的自然，乃致於發展到末路，把社會秩序搞亂。

爲了使「自然」順著自然，不致於發生副作用的紛亂，羅隱於是提議用儒術，亦卽需要有道德的人出來主政；或是，在位者應修德。這樣，德者之治就順乎自然，而無德之人，在有了權力之後，才會妄用權力，作出爲害社會之事。這樣，爲了具體的政治社會，儒家的修身方式，或是制度的定立，人才的選拔，羅隱都認爲必要的，而且是合乎自然的。

(四)譚峭（公元八八七—九五九年）：字景昇，生逢唐末五代亂世之時，其思想因而也多少帶有出世的色彩。著有《化書》，共百十一篇。

《化書》內容站在歷史的眼光來看世事的變化無常，而且由盛而衰的變化，每況愈下。這種社會沒落的情況，早在元結已有「時化」「世化」[92]之說，認爲本性被環境所污染而沒落，社會因風氣而敗壞，因而指出化解之道的「無爲」。譚峭繼元結的學說之後，有系統地提出「六化」，卽是道、術、德、仁、食、儉。這六化的意思是連貫的，以爲：道不足繼之以術，術不足繼之以德，德不足繼之以仁，仁不足繼之以食，食不足繼之以儉，其名愈下，其化愈悉。這裏所指的道

---

92 同81 82 83。

是「無爲」之境，是最高的自然境界，除非不奈何，否則必須堅守這一自然境界。而最低的條件則是「足食」，這是屬於實踐原則，與道的無爲指導原則，遙遙相對。在「六化」的理解中，社會的命運是悲劇性的，一直沒落下去，到最後只能以民生問題爲中心，失去了道，也喪失了德。

但是，譚峭認爲，如果人君能勉力行仁義，道義亦終有恢復的一天；然而，事與願違，當時人君並沒有施行仁政，因而社會一直沒落。終於，譚峭退而求其最基本的「化」，那就是民生問題的「食」「儉」二化。使天下足食，讓百姓「衣食足知榮辱」，教百姓「勤儉致富」，而從物質生活的富足，逐步走向精神生活的把握。

「儉化」在落實到社會生活中的重要性，譚峭提出了根本推動之方，那就是他有名的「四說」：慳號不足著；文飾非必要；示民以奢，召其覬覦，適爲自致危亡之道；儉爲萬化之柄，不僅爲均食之道[93]。

這樣，希求從儉化解決衣食問題，從食化走向求仁，亦卽從求生走向求仁的道德層面，從仁而德，從德而術，從術而道，終究回到道的原始境界。譚峭的社會哲學，在開始時追隨道家消極的主張，可是，後來在提出化解之道時，則積極地由具體進入抽象，由生活必需回歸到精神理念。

同樣，譚峭在發展道家哲學的同時，除了隱約中批判儒家的有爲所造成的社會困境之外，並

[93] 《化書、慳號、乳童、君民、化柄》等篇。

沒有對佛家學說有所探討；而是積極地就觀察社會的困境，而提出化解之道。在道家哲學中，涉及積極性的社會建設理論的，譚峭實爲重要代表，而其思想亦比其他同門思想家較有體系，而且亦較能落實。

※ ※ ※ ※

上面所提及的四位道家思想家，對整體的融通外來思想時期的隋唐來說，似乎並非很重要，因其所涉及的課題，既非「佛道融通」，亦沒有「揚道抑佛」。主要的理由也許就是因爲當時的時勢，道教的勢力已經相當的大，帝王將相信道教的人不少，而且，國中對道士的地位，也已經認可，甚至亦有「政教互通」的情形。這樣，眞正的「揚道抑佛」並非在學理上紮根，而是在「教派之爭」。上面已提及過的「三武兩宗之禍」，亦都是由於信道教的人排斥信佛之徒，或是儒家的人排斥宗教所引起，而運用了政治力量，來迫害佛教。

北魏太武帝，先是聽信崔浩，信仰道教而反對佛教。其中政治因素大於宗教信仰因素：在太武帝滅北涼時，虜回許多沙門，就已發覺佛教勢力很大；在太武帝統一中原，北伐柔然時，更發現許多貴族都養沙門，而不服兵役。後來帝在平定蓋吳時又在長安，在佛寺中搜出大批武器；於是以作亂罪名，詔令盡誅天下沙門[94]。

北周武帝時，僧侶人數多，程度良莠不齊，加上佛教與道教的派系之爭；武帝本來開明，但

---

[94] 參閱陳致平著《中華通史》，第三冊，黎明，民國六十七年四月，第五〇五頁。

亦因社會中這些困擾，而有意治平，於是召集僧道名儒，辯論得失；終於決定唯有六經儒術，才能治理國家，於是下令迫害佛道二教，毀經像，罷沙門道士，著令還俗[95]。

唐武宗迫害佛教的理由很簡單，因爲其信道教，而禁止了佛教，曾毀寺廟四千六百，招提蘭若四萬，藉僧尼還俗者二十六萬五百人[96]。

周世宗對佛教的打擊，加上上面的教難，雖然有不少佛教人士受難，但是，隋唐的融通文化性格，畢竟是大潮流，幾次災難，並沒有阻止這文化融通的時勢。

貳 隋唐社會哲學的內在涵義

從上面「史的發展」探討中，我們爲了方便起見，將隋唐的社會哲學形而上的基礎部份，分由三個面向去探討；那卽是儒家、佛家、道家三個不同的立場以及不同的思想內容。基本上看，道家和佛家的思想發展，其基本信念，還是停留在「獨善其身」的層面，其中除了道家的譚峭之外，少有學者敢走出「自我」一步，走向「羣體性」的完成目標，卽是經由儒家從漢代就整理好的齊家、治國、平天下的漸進原則。當然，佛家的「出家」堅持，與道家走「自然」之途，又有本質上的差別。道家的崇尚自然，但是不出家，道家的人際關係似乎比佛家落實；但是，道家卻

[95] 同上，第五〇九—五一〇頁。
[96] 同上，第五册，第二八二頁。

並不同意於儒家的完全「入世」的主張。

在文化意義上看，「出世」與「入世」並非重點所在，隋唐文化很重要的一點是：文化融通的課題，這課題後來竟亦成了派系之爭，以及過份理論化的困擾。中國本土的原有哲學，有儒家落實在具體社會的穩固基礎，有生命情調及生活智慧的道家：這兩派思想的內涵，基本上足够處理社會的課題。這種「足够」的意義在於原始意義的「人生」兩個座標，都被兼顧到，那就是：

道家：天↑(人)↓地

道家的「人」生，是處理一個人「生存在天和地之間」，如何做人的課題。其自然主義的傾向，訓練一個人清心寡欲，充份享受與自然和諧的樂趣；避免人際關係的各種磨擦。這顯然的是個人獨善其身的標準方案。

儒家：人←(人)→人

儒家的人生，處理的是人的横的座標，是要解決一個人，生活在人與人之間，如何做人處世的課題。其人文主義的傾向，發展了道德文化的各種人際關係的德目，四維八德，五倫以及各種社會規範，甚至連日常生活中的細小事務，亦都有所規定。這是人的羣體性中兼善天下的設計，是社會發展和進步的基本方案。

當然，站在儒家的社會理解來看，道家就未免有「出世」之嫌；但是，站在道家的立場看來，儒家又未免走向禮教，而又在社會發展中，無可避免地催生幾許危機。

不過，在文化史或思想史的事實中，果眞產生了這兩種困難；儒家的禮法一方面沒落到法家的「以力服人」的桎梏中，淡忘了「以德化人」的胸懷；另一方面禮法本身走向了僵化，而成了繁文縟節的禮教。在道家方面，情形也沒有好到那裏，其解脫塵世束縛的心願，一變而爲解脫肉體，而把肉體的不朽看成修練的目標；這也就是對神仙的嚮往；這種化肉體爲永恆，淡忘精神生命的提昇，畢竟走離了原始道家的原意。就好像禮教走離了原始儒家的原意一般。

佛教的東來，無論是修心養性的方法也好，排斥肉體生命的成仙奢望也好，都非常適宜補足道家在思想史上的偏差。在另一方面，其打心底相信的慈悲心腸，也不容許任何做作或僞裝，而可以補禮教的不足。隋唐盛世的成功理由，不能不說由這原始儒家、原始道家，以及佛家三種精神的合璧而來。

當然，再往深一層去看，隋唐社會性格的內在涵義，像儒、道二家的落實今生今世，都是「入世」的思想，就連道家的神仙，也是生活在人間而不吃人間烟火的存在；但是，佛家的「出世」精神，卻也並非在「世外」去求佛，反而亦是在「此生此世」修練，以今生今世的一切，來換取來生來世的幸福。

佛教的神秘進路，因此是道德取向的，與西方基督宗教的神秘進路，大異其趣；後者是要靠

「信」去稱義；極端的新教，甚至提出「因信稱義」，而排除道德進路。正因爲佛教走道德進路，所以很快就取得中國儒、道的認可與共融。這融通是雙向的，其中有「引佛入儒」，也有「引儒入佛」的走向；其中有「引佛入道」，也有「引道入佛」的方式。這是在學理上能理解的一面。但是，在生活實踐的層面上，卻有比較具體的表象，可以作爲學術研究的素材。那就是「三教合一」的民間信仰。中國在隋唐時期開始，由於唐朝盛世，國力已經拓展到整個東方，藩屬所接受的中華文化，雖然以儒家爲主流，可是在宗教神秘之事上，仍然涵蓋了佛和道的許多因素。這些散佈在藩屬，或是後來五胡亂華，南遷的居民，從移民帶來的原始儒、道、佛合一的跡象看來，顯然又是以儒家的具體社會，家庭制度爲中心，無論是自然主義的道家，或是主出家的佛家，終究是在融通在儒家落實的社會生活中。就如儒家佛家融通出來的「在俗進修」就是最好的例證。再如輪廻報應的理念，超越了佛家完全以「個人」爲主的學說，而進入到「禍福及子孫」的儒家「入世」思想；或者，貪官污吏之家，後堂的慈母或髮妻在供奉起佛祖，秉吃長齋，來超度這位作惡多端的兒子或丈夫。這種功過相通的學說，原是所有宗教的共識；但是，把它融洽在「家」的體系中，則是儒家特有的思想模式。佛教在儒家心目中，並不是完全「出家」的，而是可以在家中完成的。

「入世」的中國文化，還有更大的功能，能把佛教教義根本的精神轉化；就如：佛祖總肯定「人生」是煩惱的，因有生、老、病、死的煩惱，提出了「出家」的方案。佛家子弟的三絕：絕色、絕財、絕意，基本上是要消除內心的所有雜念；還有齋戒，基本上是消除肉體的私欲。但是，在中國佛教發展史中，像佛像的形態，就由滿面愁容的形像，先是化作安靜的姿態，繼則發展了笑口常開的彌勒佛，到最後竟然出現了不守清規的濟癲和尚，而後者還是「活佛」呢。這種「入世」精神，總是暴露出儒家文化的強勢，雖然在道德的形上基礎上，接受了佛教的內容，可是在實踐方式上，仍然是扮演著「主體文化」97的角色的。

儒家的「主體文化」與道家和佛家最不相同的地方，就是對社會羣體的看法。道教的小國寡民，佛家的出家，都與儒家的國大民眾的看法不同。隋唐時代，在思想的基本型態上，是有佛學成爲主流，而這主流亦成爲宗教信仰，而普及到帝王將相，以及凡夫走卒；但是，這祇是在心性方面，以及人生態度方面的轉變；至於社會制度，以及社會中的人際關係，仍然是儒家爲主流，爲主體文化。佛家在隋唐時代的心性加強，對儒家的社會原理，以及社會問題的解答，當然有治本之道的貢獻；這些貢獻在文化融通過程中，有時是難以釐清其歸屬的。當然，前面所述及的「入世」「出世」，或是「個別性」「羣體性」一類的思想分歧，是比較容易認定其歸屬，但在社會原理的形上基礎上，是比較有共通性格的。

現就請進入本段的內在涵義狹義部份，我們分兩大課題來探究，一是社會原理的課題，二是

97 有關「主體文化」的課題，參閱鄔昆如著《中西文化比較中—主體文化的探討》，《哲學與文化月刊》第六卷第二期至第九期連載，民國六十八年五月至十二月。

社會問題的處理。

一、社會原理

中國社會哲學的理論，從先秦諸子百家開創以來，雖然眾說紛紜，但基本上還是儒、道、法三家爲主要的派系：儒家設法用德治、王道、仁政的政治，來給百姓締造一個安和樂利的社會；而百姓在自己的責任範圍內，專務修身、齊家的課題，作爲政府治國平天下的進階。儒家的這種有爲，被道家的清靜無爲的哲學所批評，認爲人性最好能歸眞返樸，度一個自然主義的生活；道家的「小國寡民」與儒家的「國大民眾」，有著實際社會結構觀點的相異。這種相異點，發展到後來：道家以「修身」爲核心，而儒家以「修身」爲始點，倒是以「齊家」爲核心，而落實到政治社會的體制上。道家沒有落入實際社會，但卻走進了每一個個人的生活智慧以及生命情調中。

法家和儒家一樣，主張「國大民眾」；當然，二者的目標不是相同的：儒家的「國大民眾」是希望透過這「治國」的途徑和經驗，好走向社會發展的終極目標，那就是「天下爲公，世界大同」的「太平世」。而法家則把「國大民眾」作爲其富國強兵的基礎。還有更重要的一點是：儒、法二家的政治哲學，極端的不同，前者主張德治，設法勸說諸侯，要用「以德化人」的方式，導社會於安和樂利。而後者則要用法、術、勢，來「以力服人」。

這三家的社會理論，最先落實下來的，是法家，也就是秦統一中國所用的方案，終致演成了霸道，嚴刑峻法，民不聊生。但是，隨著秦統一而來的，也就是大一統的局面；這局面後來被漢朝接受，但政治和社會措施則揚棄了法家的暴政，而採用了儒家的治道。「罷黜百家，獨尊儒術」的理論和實際，使漢代成爲盛世；有大一統的局面，有書同文，車同軌的文化傳統，又有統一的度量衡。在社會原理上，儒家的人際關係又成爲重點，各種「禮」的規範都逐漸定型。漢代的「國大民衆」，的確成爲實際社會的楷模。

但是，漢代的爲政者，在拒絕法家的「以力服人」之外，卻接受了道家的生命情調，「內道外儒」的人生哲學，成爲許多帝王將相的行事準則。可是，在另一方面，法制的系統，仍然沒有完全絕跡；而是相反，當儒家思考如何從秦接受了這「國大民衆」，而仍然可用德治、王道、仁政去實際運作時，不得不定下許多規範，來領導百姓過一個羣體生活。這種對法制的瞭解和運用，雖然揚棄了暴政，可也沒有輕視任何規條；或許更進一步而僵化條文，成爲繁文縟節的「禮教」。

眞正的問題在這裏，不是去討論，究竟儒家的「禮」和「法」有何區別[98]，而是在說明中國社會哲學的原理，總是儒、道、法合璧運用的時間比較長，而單獨的呈現，或是獨立的存在，是

---

[98] 參閱 Roger T. Ames 著 *The Role of Ritual Action* (*Li* 禮) *in Confucian Philosophy*, Paper presented in the International Symposium on Confucianism and the Modern World, Taipei, Nov. 11-17, 1987.

比較少見的。

這種儒、道、法的合一運用，在中國政治思想史的演變中，有非常巧妙的配合，這配合一直延續到外來文化的到來，也卽是印度佛教的介入，才有了另一層面的發展。

從後漢開始輸入的印度佛教，很明智地抓住道家思想的精華，而運用「修」的課題，融通佛和道，使中國社會中無論上層的爲政者，或是一般百姓，都能把道和佛相互運用；把道家的生命情調與佛家的修持方法，結合起來，求得內心的平安與幸福；並且，在內心的平安之外，尙有來生來世的寄望。這也就是道德文化會很容易接受宗教文化的理由。今生今世的幸福要延續到來生來世，甚至到達永恆。這本來就是人性突破時間，進入永恆的超升特性。

這種「以修身爲本」的社會原理，基本上是形而上思想的基礎，不但佛家作如是想，道家作如是觀，就是儒家不也作如是行嗎？於是，本來就已「內道外儒」的思想動向，很容易把佛教的理論和實踐，當成加強修身的因素；何況佛教的慈悲性格，也恰好可以排拒法家的苛政；這也正符合儒家的仁政，以及道家的無爲。

南北朝開始的佛教興盛，就是以宗教的形式，融通了中國儒、道的道德文化，而落實到社會的具體生活中。這種落實是雙管齊下的；在高層次上有大規模的譯經工作[99]，在低層次上有各地

---

[99] 參閱羅光著《中國哲學思想史・魏晉、隋唐佛學篇》（下册），學生書局，民國六十九年九月，第一〇四頁。

興建的廟宇。譯經工作是知識落實紮根的，廟宇是實踐禮佛崇拜的。譯經在文化交融上作了極大的貢獻，在廟宇中的禮拜則是民間信仰的落實。說來奇怪，從南北朝開始興盛，到隋唐已大盛的佛教，畢竟沒有像西洋一樣地成爲基督宗教模式的制度宗教，反而社會制度一直是儒家的「國大民眾」，佛和道一直站在輔助的地位。雖然有過道士高官厚祿，道教亦沒有成爲國教。這也許就是中國道德取向的文化，對宗教的基本態度所致。百姓自始至終對政治不感興趣，喜歡「日出而作，日入而息」的田園生活，也是原因之一。

因此，隋唐時代的社會原理，基本上就可分成兩方面去看：一是儒家的社會制度，像傳統下來的修、齊、治、平的理念，其具體落實的「家」文化，另一個則是著重個人修持的道家和佛家爲主的方式。二者相互爲用，造成了隋唐開始的儒、釋、道合一的人生觀。這人生觀也就是有儒家的家庭制度，道家的生命情調，佛家的慈悲情懷[100]。

㈠社會制度：隋唐的社會制度是依循儒家的「家」中心所組成。史書中記載的方式，是以「戶」和「口」二者，作爲單位，如《文獻通考》的記錄，天寶年間的統計戶數爲九百六十一萬九千二百五十四戶，而開元時人口數爲四千一百四十一萬九千七百一十二人[101]。這種戶口式的記載，尤其是「戶」的記載，充分展示出以「家」爲中心的文化體系；在這裏，佛家的「出家」似

[100] 參閱《方東美先生演講集》，黎明，民國六十七年八月，第四五頁。
[101] 陳致平著《中華通史》第五冊，同上，第三〇九—三一〇頁。

乎沒有動搖到這根本。

再如婚喪喜慶，亦是以「家」為中心，其中最清楚的是婚姻講「門第」要「門當戶對」；而喪事還是傳統的「三年之喪」，並且規定「厚喪重喪」[102]。

這些制度的思想基礎都是「齊家」的實踐，也就在「家」的問題上，儒家與佛家的原則有時出現衝突；也就因此，早在北周武帝時，就是由於道教和佛教二者的教士太多，良莠不齊，而且亦涉及政治，於是下令禁止宗教活動；而希望透過儒家的「齊家」，走向「治國」的大道[103]。

儒家的社會原理，除了以「家」為中心之外，並不停留在家族主義之中，而是要漸進的，突破家族，走向國族；因此對佛教「出家」，隨著亦開始不盡國民之義務時，就有儒家的學者出面干預，像韓愈的排佛，其理由最具體的，就是佛教人士沒有盡兵役與納稅的義務[104]。社會制度所要求的羣體性共識，是隋唐社會原理中最基本的信念。

佛教由於缺少如同儒家的社會性，所以每當教士處理社會事務時，都會出現麻煩；上面提出的「出家」，走出社會，沒有盡到作「家人」以及「國民」的義務是其一；一旦在社會上獲得地位，參與了功名利祿的追逐之時，不但宗教情操因為政治利害關係而迷失，而且還惹上政治權力

[102] 同上，第三二四—三二五頁。
[103] 同[95]。
[104] 韓愈〈原道〉，《韓文公集》，《四部叢刊》本卷十一，第三頁。

之爭，而給宗教帶來麻煩。「三武兩宗」之禍，都是由這些麻煩所引起。

從這些觀點看來，隋唐社會原理的哲學基礎，基本上還是承傳儒家的人際關係，尤其是以「齊家」為出發點，透過「治國」，而終極目標著眼於「平天下」。當然，平天下的世界主義，在隋唐儒的心智中，並沒有充份的發揮，倒是佛教在這方面，似乎較能突破「家」和「國」的界限，而進入完全以「人性」，以及在人性中的「佛性」境域，發展出比較能與世界主義共通的學說。

當然，在這一點上，儒家的「平天下」和佛家的「世界主義」還是有根本上的差異；儘管終極目標相同，但是，達到此目標的方式則完全不同。儒家所採取的是漸進原則，是要修身、齊家、治國、平天下順序進行的，而且前一階段是後一階段的基礎，後一階段是前一階段的成果，而無法跳躍超越的。那就是「身修而後家齊，家齊而後國治，國治而後天下平。」[105] 然而，佛家所走的路，是跳躍的，是從修身之後立即走向了超乎家庭，超乎國家民族的涅槃境界。儒家非常重視人間世的家庭制度，國家社會制度，以為它們是順天應人的。但是，佛家則以為這些都是俗世的，都應當避免的，因為它們是人心煩惱的根源，我們要解脫，就必需擺脫家庭的束縛，擺脫社會人際關係的束縛。

顯然的，社會制度的共識的哲學基礎，在於肯定以及認同人的社會性和羣體性，把人性定位

---

[105] 《禮記·大學》。

在「合羣的動物」之中，認爲「合羣」是人的天性，從男女的兩性差異的意義，看成是互相補足，相輔相成的；因而把人際關係，看成與禽獸不同的本質標準。孟子在回答「人」的定義問題時，就用「父子有親，君臣有義，夫婦有別，長幼有序，朋友有信」[106]。這「人倫」的意義也就在於「人與人」之間的人際關係，這關係也就是基本的社會性；而這五種關係中，屬於「家」的竟有三種之多，那就是父子、夫婦、兄弟。而這些關係亦都起源於男、女不同的性別，所組成的「家」庭。〈中庸〉所說的「君子之道，造端乎夫婦」[107]也就是把家庭中的最基本人際關係，看成個人修成的關鍵；當然更看成是治國的關鍵：「欲治其國者，先齊其家」[108]也就指出這道理。

㈡修身的課題：社會哲學的形上基礎很顯然的，不是社會本身，因爲個人並非爲了社會而存在；反過來，社會所應做的，或是已經做了的一切，都是爲了羣體，同時亦爲了羣體中的每一個個人，個人因此是社會的構成因素。這種理論在呈現的模式上，似乎是來自西洋當代的個人主義，但實質上已經蘊含在中國原始道家以及中國佛家的學理中。道家的「小國寡民」，乃致於「民至老死，不相往來」[109]的思想基礎，都是在個人的個別性，以及獨立性的方面著手。也就如同上面表解中所提示的，道家所關心的課題，是一個人生存在天和地之間，人生存在自然之中，如

[106] 《孟子．滕文公》上。
[107] 《禮記．中庸》第十二章。
[108] 《禮記．大學》。
[109] 《道德經》第八十章。

何做人的問題。道家在檢討當時社會的困境，認爲亂世的起因，乃由於人際關係的過份強調而敗壞。因爲人的個別性以及獨立性的喪失，而消極上提出「不尙賢，使民不爭；不貴難得之貨，使民不爲盜；不見可欲，使民心不亂」[三〇]，積極上提出清靜無爲，來強化個人的獨立性。

這種強化，事實上是在儒家「修身」層面，儒家不也是在「誠意，正心」方面下功夫，以求得「修身」的成果嗎？

佛家在這方面，可以說開始時附和道家的說法，但基本上還是積極地倡導了「出家」以及格外的修持方案，而更要擺脫所有俗念，乃致於絕色、絕財、絕意，來求得個人的超度。

儒家的「自天子以至於庶人，壹是皆以修身爲本」[三一]，不也是在這方面，作爲齊家的進階？社會哲學的原理，雖然原則上是發揮人的羣體性，但這羣體性的成長，還是奠定在個別性的完美上。這原是儒、釋、道三家的共識。當然，這「修身」的方式或方法，三家並不相同；而且，「修身」的目的亦各異，但是，對「修身」的看重，則是同一的。

而這「修身」落實到社會時的功能，則三家又取得了共識，那就是由有德者來主政，來管理眾人之事，以便行王道，施仁政。社會措施中反對苛損雜稅，反對奴役百姓；主張安和樂利，主張勤政愛民，亦都是從個人的修身，走向國治的方面進展。

[三〇] 《道德經》第三章。

[三一] 《禮記・大學》。

德治、王道、仁政、慈悲，這些觀念背後所企求的，是對「人」的尊嚴和價值的肯定。儒家認爲「人是萬物之靈」⓬，人是高於一切存在物之上的。故要「愛人」；但是，這愛是有差等的，是「親親，仁民，愛物」⓭的。道家則以爲萬物皆平等，佛家亦作如是觀；於是，總結在社會人際關係中，亦都會把每一個個人，作爲關懷的對象。中國哲學儒、釋、道三大派都主張仁民愛物，亦都主張行仁；沒有提倡戰爭或暴亂的。

㈢神滅論：在佛教進入中國，與儒道二家接觸之時，曾經一度經過辯論、詰難，然後才融通的。而在詰難過程中，很有意義的一段就是南北朝就出現的「神滅論」⓮。這種論證主要的是反對佛教的輪廻說，因爲輪廻的根本預設是：人的靈魂不死不滅，肉體死後，靈魂仍然存在。

神滅論認爲：人之生，氣之聚；聚則爲生，散則爲死；人並沒有靈肉二元的劃分。於是結論出「人死神滅」；人一死，就什麼都不保留，一堆白骨也很快化作灰燼，就成了人死如煙滅，也因此就沒有所謂輪廻了。

當然，靈肉二元的學說在中國傳統的思想中，沒有什麼地位；傳統的三不朽的所指，謂精神

⓬ 同❽❽。

⓭ 《孟子・盡心》上。

⓮ 神滅論是南北朝時反對佛教之儒者及道家所提，反對佛教之學說，由僧佑（？——五一八年））收集爲《弘明集》，後由道宣（（？——六六七年））集爲《廣弘明集》，收集在《大藏經》卷五二之中；後有齊梁之際的范縝，著〈神滅論〉，收集在《梁書》中。

長存，亦非嚴格的界定靈肉的劃分；主張神滅論的學說，似乎目的是要找出佛教的哲學基礎的詰難，從破輪廻說來否定佛教。但是，就其所提論證，似乎亦只在重覆和強調形神一體，形神不可分，而並沒有提出進一步的理由或說明。

在另一方面，輪廻說基本上對中國文化的補足來說，是可以作爲「修身」的動機；因爲，在福德不一致的情況下，善惡報應如果無法在今生今世取得正義，那也只好留待來生來世了。在這裏，很值得參考的哲學探討是西洋近代哲學家康德（Immanuel Kant, 1724-1804），在其《純理性批判》（*Kritik der Reinen Vernunft*）中，強調上帝的存在無法用理性去證明，但是，在其《實踐理性批判》（*Kritik der Praktischen Vernunft*）中，則認爲上帝必需存在，理由之一就是「人的靈魂不死不滅」，而靈魂不死的理由，也就是今生今世福德不一致，需由來生來世實現善惡的正義報應。

神滅論雖目標指向佛教，但不知不覺中削減了道德實踐的動機，這原是儒、道二家作此論點時，始料未及的。

二、社會問題

隋唐時代的社會問題，源自社會時好時壞？好時民生樂利，壞時民不聊生。隋朝時間很短，初期社會還算安定，百姓安居樂業，但到了隋末，天下大亂，城鄉都遭到嚴重的破壞；到了唐朝，在安史之亂之前，人民過了相當長的一段好日子，生活安定而富庶；尤其在開元、天寶之際，生活更是繁榮；但是，安史之亂又把這種好日子摧毀；唐末的政治更是苛捐雜稅，官吏生活豪侈，民生疾苦，因而逼出了黃巢、秦宗權之亂[115]。

社會問題基本上還是政治問題爲主導，而政府的德治或是腐敗，又是政治好壞的主因。隋唐社會的結構，貧富懸殊的「家」文化，也許是社會發展的最大阻礙；而階級懸殊的起因很多，專制政體是其中之一；權貴的產生，原就是封建社會的流毒。隋唐知識份子，似乎沒有在這方面下功夫，去面對社會問題，找出癥結，來針對下藥，反而多在理論的層面，在哲學基礎上，爭論儒、釋、道相互間的學理問題。

當然，儒家學者中，注重社會問題，同時又提出化解之道的，比較多，也比較落實。像韓愈〈原道篇〉所提出的「保育」思想，或是「國家至上」，民眾有服從的義務，有納稅的義務等等；這些思想的核心，委實是尊君抑民之學說；但是，韓愈終究還是希望國君行仁政的，希望國家安和樂利的。當然，在其特重「保育」問題的思想中，哲學體系是「以興名教弘仁義」[116]，而名教屬於制度化的道德取向，仁義則是道德實踐的名目。在韓愈的社會概念中，君主是上天賜與國家的智者仁者，他應該遵行天命，施仁政，負責保養百姓；這自然是《禮記・禮運》篇「選賢與能」的學說延續；同時，百姓的立場祇是在聽命，在接受，而君主則是代天行道，替天施予百

[115] 陳致平著《中華通史》，同上，第五册，第三一三—三一八頁。
[116] 參閱蕭公權著《中國政治思想史》（上），同上，第四〇六頁。

姓安和樂利的生活。韓愈的社會政治思想，當然仍是君主政體，而君王仍是替天行道的。

韓愈反對佛教，當然運用了情感上的「華夷之辨」，但其中亦包含了濃厚的社會因素，那就是出家人不納稅，不服役；太專注個人的修成，而忽視對人際的關係。佛教的社會參與不足，亦是韓愈排佛的理由之一。

在隋唐的儒者中，對於社會問題談論較多的，算是林愼思。氏生逢唐代走向衰世時期，而其本身亦死於黃巢之亂，因而觀察當時社會沒落，民間疾苦，而指出這些病根，首在政治的腐敗，以及人心的貪欲。因而提出對症下藥的化解之道：那就是國家政治的措施，應以「存養百姓」「除煩去苛」來「安民固本」。「民本」思想的發揮，直接承傳了孟子的王道思想；其中大有國家是爲了人民，政府亦爲了人民而存在的看法，與韓愈尊君抑民的看法恰好相反。至於處理人心的貪欲，林思愼提出了道家的修持方法，清心寡欲，無爲無欲；這樣，從道家學得個人修身，獨立性的完成；從儒家則學得人際關係的規範。把儒道共融的方法，來處理亂世中的社會，來替百姓興利除弊。

隋唐時代的社會，雖時好時壞，可是，最値得慶幸的是：在衰世中，無論儒家、道家、佛家諸子，都能够同心協力，設法提出自己認爲最有效的解決方案，來爲社會，爲人羣謀福祉。因而，基本上看，隋唐時代的哲學，還是關心社會的，儘管各家各派站的立場不同，對社會問題的看法不一，但是，對改善社會的信心，對人生的福祉，還是在各個的份位上，盡了一番心力。當然，佛家爲主的隋唐，基本上認爲人生苦惱，人間世的事都是虛幻煩惱，勸人儘量避免俗世的干擾。但是，佛教與儒家的結合，倒能把慈悲心腸，同時落實到今生今世的生命智慧中。道家對社會問題的基本態度，還是覺得聽其自然，內心清淨無爲，不追求功名利祿，以求得心安，另一方面則是提升自己的精神，活一個超乎塵世的智慧生命。對儒家爲主的社會體制中產生的困境和疑難，道、佛二家所提的解決方案，都有一共通的特性，那就是以「心靈」爲主，透過「智慧」的眼光，去審視人間世，不執著人間得失，甚至用「心齋」「坐忘」的方式，擺脫塵世所有束縛，以達到「物我合一」的自然境界，或是「涅槃」的宗教境界。

叁　隋唐社會哲學的當代意義

隋唐的社會，正如上面所說的，基本上是盛世，也就是說，安和樂利的時間長，而民不聊生的時間短；在盛世時期，儒、道、佛三派學者時有爭論，或是引儒入佛，或是內道外儒，或是排斥佛道；但是，在亂世中，各派思想家都能針對時弊，提出化解之道。也就在這種文化大融通的時代，對思想研究工作者來說，無論其「史的發展」，或是「內在涵義」，都不是過時的東西，而是事實上以及事件上的過去，但其意義和教訓則是歷久不衰的。檢視隋唐時代的社會哲學思想，至少可獲得下面幾點結論：

一、本土文化沒落，外來文化補足

從後漢開始，中國哲學的發展，就因爲漢代的「國大民眾」的大一統，以及「長治久安」設計中的「罷黜百家，獨尊儒術」，一方面使儒家的哲學困守在落實的禮教制度上，無法在理論上謀求突破和加深；另一方面則是被壓抑的道家並沒有失去功能，而以非常具體的生活模式，獲取了很大一部份的帝王將相，而形成「內道外儒」的思想局面；制度上的儒家不幸走進了僵化的制度中，繁文縟節扼殺了所有創新的潛能；而在制度背後，但在帝王將相心靈中的道家，卻不斷地在符合功名利祿以及長命富貴的心性中發展，乃致於形成，祇求肉體的長生不老，而忽視傳統的三不朽的精神。鍊丹、成仙、讖緯、祥瑞、災異等信仰相繼成爲帝王將相，以及凡夫走卒的思想中心。儒家精神的沒落是在僵化的制度，道家精神的沒落是在追求肉體生命。佛教的修練方式也好，其輪廻報應的學說也好，都適時傳入了中國，對道家來說，擯除了肉體生命的核心，而回歸到老莊原始道家的超脫精神；對儒家來說，善惡報應不但在今生今世，而是可以延續到來生來世，足以提供道德實踐的動機。

儒、釋、道的合一和融通，的確是一個理想的文化模式，這模式落實到社會時，百姓就會有屬於儒家的家庭結構，有屬於道家的生命情調，有屬於佛家的慈悲心腸。這樣，無論「修身」或「齊家」，都有了最基本的動力。這個人獨立性的「修身」，以及最基本的人際關係的「齊家」，原就是社會組織的最基本結構。

當然，儒、道二家在對外來文化的觀點和態度上，頗不一致，有贊成也有反對，有「引儒入佛」也有「引佛入道」；但是，最後還是達到了融通合一的境地，而共同開展中國未來的文化。宋明理學的思想，其基本架構和內容，都是這三合一文化的成果。

二、出世和入世的交融

本來，儒、道二家的思想，儒家的有爲，幾可與入世概念相互對調，而無爲則大有出世的見解。佛教初來中國，就設法先與道家溝通，藉以彰顯其出世精神。但是那時候的道家，早已被儒家同化，而做了「內道外儒」的長期工作；道家的出世精神，早被儒家同化；再則，當時道家已走向鍊丹、畫符的迷信，追求肉體生命，根本上與佛家追求精神解脫的意念相反。

於是，在佛儒的融通方案出現之後，還是入世、出世二大課題，彼此間的意義和功能的問題，成爲核心。尤其社會哲學的探討，卻更必需預設入世的精神。這也就是爲什麼佛教在中國的發展，「在俗進修」的情形變成非常普遍的理由。一位老太太，她可以擁有家財萬貫，她的衣著亦豪華，居室華貴，兒孫滿堂，社會鄰里間地位聲望，兼而有之，但是，她仍然可以在後堂設起佛壇，她亦可以手持念珠，她仍然是佛家弟子。

佛教在中國成爲入世的宗教，這是在文化交流中，或是哲學思辯中，很值得注意的問題。一個人同時可以今生今世擁有世界上的功名利祿，但同時又有來生來世的極樂世界，原就是宗教哲學難以理解的問題；但是，中國佛教的確在這方面消融了儒家的精華，而落實到「入世」的層面。

當然，佛教來生來世的信念，在哲學意義上說，對儒家「孝道」在「祭祖」方面，也提供了相當重要的理論，那就是祖先的精神不死的理念，是從今生走向來世的極佳理解。

三、道德文化與宗教文化

儒、道本身是道德取向的文化體系，甚至，道家的超升方式還帶有濃厚的自然主義色彩；唯二者都關懷社會，都希望避開亂世而進入大同。儒家要從修身和齊家二面向的相互補足，激勵個人的修成，在道德動機上歸於天命（孔、孟），或是歸於人性本身（荀）。雖然後來一直以孔孟的天命為主流，在漢、三國、魏晉、南北朝，但都沒有建立起宗教信仰，尤其沒有創立制度宗教；商周的占卜，以及漢代的祭祖，亦沒有體系化。倒是道家利用了「天人關係」的學理，發展成宗教的存在模式。可惜的是，道教並沒有用來支持道德，而是用來延續肉體的生命。制度的佛教進入中國，才把宗教的此世與彼岸的訊息帶來，並且把「輪廻報應」的道德動機運用到人生的層面；同時，當儒家消融佛家學說時，把報應的概念不但落實到個人的來生來世，而且延及子孫；亦即是把人性最原始的羣體，融洽進只求個人完美的佛學體系中，成為對社會哲學有關鍵性的意義。佛教本身的道德意識，是在每個個人的功行苦勞，以及善惡思言行爲上，作有責任和因果的推論，可是，儒者卻能將之推廣到人際關係中。這是從獨善其身，走向兼善天下的途徑。後來，佛家的慈悲心腸，還是透過「救苦救難」的精神，使每一個成佛的人，都不會單獨享受涅槃之樂，而仍然乘願再來，普渡眾生。從此亦從出世走向了入世；不過這入世並非陷入於俗世之中，而是在塵世之中，帶領凡人進入超然。

西洋道德很清楚地奠基在宗教教義上，而中國道德和宗教一直是二元並進的局面，二者相互間固有影響，以及相輔相成的作用，但是，卻並沒有明顯地一個作爲另一個的形上基礎。

四、個別性與羣體性兼顧

在本文一開始，筆者就在人生哲學的內容劃分上，強調了人生的兩個座標，即是生存在天和地之間，以及生活在人與人之間。前者是個人的單獨性或個別性，後者則是羣體性的課題。在社會哲學的探討中，明顯的主題多是在對羣體性的分析或思辯，而少有對個別的思考。但是，隋唐時代的社會哲學，則有很明顯的一個特色，就是探討個別性修成之路之時多，份量亦多；而引伸到羣體性的內容則較少。這二者相互間的關係如何？以及孰先孰後的問題，本來亦不是問題的核心。儒、道、佛其實都重視個人獨立性的修成，作爲羣體性完美的基礎；可是，在談到個人修成的方法時，羣體性忽而呈現出其重要性。因爲一個人的思言行爲，受家庭、受社會的影響太大，受哲學派系的影響更大；當然，宗教信仰對人生的信念或人生觀的影響，就更不在話下了。

隋唐時代社會哲學的理念，從上面「史的發展」以及「內在涵義」的探討中，似乎可以獲得這樣的結論：個別性的修成是靠個人，是個人的責任；但是羣體性的完美則是社會層面，其責任歸於為政者；也就是說：政治的昇平，才是社會安和樂利的條件。不過，社會動亂原本由二因素構成：政治的失常以及人心的敗壞。政治混亂方面，儒、道、佛三方面的學者都能有共識，大家都看得見，亦都一起指責；對於人心的敗壞，關係著觀點的不同，其責任的歸屬亦各異。就儒家來說，人心的失常一方面人性的本惡（荀子），另方面環境的引誘，風俗習慣的引誘（孔、孟），但是二者都認為「教育」可以使它改好，走回正途。就道家來說，幾乎清一色在指摘儒家的有為政治，指責儒家的人文制度，認為回歸自然，清心寡欲是人心改善的唯一正途。至於佛家，基本上認定人生就是苦惱，心靈的各種貪念原就是俗世精神的本性，而人生掉進這輪廻之塵世中，唯有修道，擺脫各種業，才能獲得解脫，進入涅槃。

這樣看來，個別性的完美，以及羣體性的成全，都是隋唐時代社會哲學，或更好說人生哲學的重點；而二者的努力又是相輔相成的。當然，儒家是在羣體性的完美上，作了較多的努力，成就也比較大；而佛家和道家站在宗教以及自然主義的立場，在個別性的完善上，作了比較深入的研究，因而亦有比較多的成果。隋唐佛、儒、道的融通，把個別性和羣體的完美學理，都發揮至高峯，到達前所未有的境界。

五、漸進原則與跳躍方案

隋唐的社會哲學，儒家一直貫徹傳統的修、齊、治、平的漸進原則，其起點是個別性的完美，終點是世界主義的目標，而必需經過齊家和治國。儒家不主張從修身一下子跳躍到平天下的最終目標。相反，佛家和道家對齊家和治國的觀念相當淡泊，他們寧可把全部的精力，放在修身的研究上；而對世界主義的藍圖，超越家族，超越國族的「人性」在今生今世的職責，花費了較多的心力。於是，在道家和佛家心目中，很顯然的，就不關懷漸進原則中的社會性格，而其所有漸進的方式運用，亦都放在個人修身的層面上，劃分起階段性的進展，而不是在社會性的家庭、國家方面著手。站在儒家政治社會終極目標來看，儒、道的這種想法，是屬於跳躍型的，從修身一下子就跳到天下太平；也就是說，佛道的社會性格，是理想型的，無家族、種族、國界之分，只是把「人」作爲抽象的人類來處理。在哲學思維的範圍來說，這種思考模式當然無可厚非，但是站在實踐哲學，尤其在社會哲學中，如何具體地擺脫種族界、國家界，而進入大同世界，的確是一個問題，而且一直困擾人類歷史的問題。

儒家在社會哲學的漸進原則，尤其是其中的齊家和治國的部份，恰好中介於修身及平天下之中，也許是當代對社會關心的人們值得參考的對象。家庭的幸福或不幸委實不但影響社會的安寧與否，而且亦是個人人格養成的最重要起點。「家」原是社會中個別性和羣體性相遇的處所，每個個人的個別性在「家」中培養，每個人的羣體性也在「家」中練習和養成。

結論

在隋唐社會哲學的探討中，我們能看出中華文化的包容性，同時亦可看出以儒家爲首的主體性；包容性有容人的雅量，主體性能消融外來文化，增長自身文化。以文化哲學的眼光來看，中國哲學在隋唐時代是大放光明的；因爲它的智慧已經從本土文化的「自證慧」，走向了消融外來文化的「共命慧」。

今天，中國文化在近百年來再次地遭受到西洋科技文明的衝擊，是否由中國的儒、釋、道合流的文化，能像隋唐時代吸取並消融佛教，使成爲中國文化一部份的歷史重演，吸取西洋科技，使其成爲當代中國文化的一部份構成元素？

佛教東來中土，是宗教文化進入道德文化；現在，科技文明進入中國，則是科學文化進入道德體系；如何使價值中立的科技，成爲人文社會的價值體系，在人生命中發揮作用，是當代哲學工作者無可推諉的課題；也是未來世界文化走向的決定性課題之一。隋唐儒、釋、道合一的過程以及方式，也許可提供某些指點。

在文化交流中的一大憂心課題，也就是本土文化在接受外來文化時，其本身的固有文化如何定位？是否從此被強勢文化所消融而趨於消失？在漸進原則上看，本來不是困難的事，即從「國治」再到「天下平」的路線，本來沒有什麼可爭議的，但是，在國族主義，或是民族主義與世界主義之間，存在著的鴻溝如何去除？鄉情和親情的文化與社區文化之間，應有那一種連繫？在歷史與未來發展的二度課題中，如何因應變遷中的社會理念？這些問題原都是社會哲學極待解答的課題，因爲超出了本論文的範圍，也就不在此討論。

宋代社會哲學

緒論

㈠中國社會哲學之發展，都先有社會問題；而在社會問題成爲疏離人生而造成文化沒落的跡象時，哲學才應運而生，創生出社會原理，以指點迷津，並提出化解之道。哲學之成爲指導原則，成爲政治社會走向的規範，向來如此。但是，哲學的理想與社會的現實，二者間總是存有重大的距離。筆者早在〈先秦社會哲學〉❶中，指出了這事實。在中國社會哲學發展中，其開創期的先秦諸子，無論是道家，或是儒家，或是法家，都在針對當時沒落的社會，提出解救之道，但是，當時亦都不爲時代所接受。其中最清楚的是孔子，以及孔子所開創的儒家；先秦期以及秦朝

❶參閱鄔昆如著〈先秦社會哲學〉，分爲三篇：〈先秦儒家社會哲學〉，《哲學與文化》第九卷第七、八期，民國七十一年七月、八月，第二—一一頁，第四二—五〇頁；〈先秦道家社會哲學〉，《臺大哲學論評》第七期，民國七十三年十月，第一—二五頁；〈先秦法家社會哲學〉，《臺大哲學論評》第六期，民國七十二年一月，第一—二九頁。

都沒有用他們的思想來規範社會；而是到了漢代，才以集體創造的「經學」時代的模式，運用了儒家的思想，作為治理社會的指導原則。

漢代的社會實踐，固然遵循了儒家思想體系；但是，也演繹了儒家「天人合一」的思想，同時亦切入了道家和法家的因素；而到了魏晉時代，人生觀又從德性取向，偏離到神秘主義的桎梏中，不但祥瑞災異的思想大行其道，就是鍊丹畫符等行為亦取代了道德「修身」的原義；社會中充滿了算命、看風水的迷信，可好由印度傳進來的佛教「輪廻」思想，重新成為道德行善避惡的動機，而使儒家的「以修身為本」原理，能在佛教的宗教情操內繼續成長與發展。這亦就是隋唐社會哲學的課題❷。

可是，隋唐佛學的興盛，也許是太過與道家結合，對社會的積極發展，興趣不大；而使隨著來的五代，又走回魏晉時代的老路：遁世消沉。配合著社會的不安和動亂，知識份子還是避進了佛老的靜地；不以「學而優則仕」為已任。宋代諸子體認出外來文化以及避世思想，都非正統，因而提倡回歸孔孟，設法以儒家正統來處理哲學問題，同時來處理社會問題。

在另一方面，先秦的「子學時代」，到漢代開始形成了「經學時代」，這經學時代時間很長，多以集體創作的「經」作為思想發揮的工具。到了宋代，「子學」又開始復興，且大有以個

---

❷ 參閱鄔昆如著〈隋唐社會哲學〉，《臺大文史哲學報》第三十六期，民國七十七年十二月，第一六一—二一四頁。

人獨立思考取代經學的趨勢。

再來就是中華文化的文史哲不分家的傳統看來，到了宋代，「分家」的情形越來越明顯：文史與哲分家的資料，迫使吾人研究宋代社會哲學時，不得不把哲學家從文史中分隔開來，使哲學家只提供哲學基礎，而文史家則兼注重經世思想，落實到社會實踐部份❸。在宋代，思想與實務的關係時分時合；而哲學與社會的關係則更是分合不定。甚至有時使人覺得：哲學不關心社會，社會亦不注意哲學❹。

(二)宋代包括北宋和南宋，自宋太祖趙匡胤代周（公元九六〇年），到帝昺投海死（公元一二七九年），凡歷十八主三百二十年。在這三個多世紀中的思想發展，文學和史學的體系是以經世思想爲主；「春秋學」「歷史」「名分論」爲其主要思想，是「本乎文獻與歷史，欲探求人類義務在何處」的關懷社會❺。而哲學的體系則是道學思想，以「內省思索研究人類道德之根源」，著重原理原則的研究❻。這哲學的研究，則是「內儒，外道佛」的❼。這種文史與哲學的二分，是北宋的一大特色，到宋朝南渡，南宋的朱熹把二者統一起來，成爲集大成的景象。當然，朱子

❸ 參閱武內義雄著《中國哲學思想史》，仰哲出版社，民國七十一年九月，第二三四頁。
❹ 蕭公權著《中國政治思想史》（下），華岡出版有限公司，民國六十六年二月六版，第四四九頁。
❺ 同❸。
❻ 陳致平著《中華通史》（七），黎明文化事業公司，民國六十七年四月五日，第二一三頁。
❼ 同上。

的集大成，並沒有把中國哲學的智慧包容殆盡，因而有陸象山起來與朱熹對立，而從「理學」或「道學」的哲學進路，走向了「心學」；並以這「心學」開展出明代的主流王陽明。

㈢講錄的資料非常豐富，在總體來說有黃宗羲原著，全祖望補修的《宋元學案》❽，托克托等撰的《宋史》❾；再來就是諸子的全集❿；以及近代和當代的一些著作⓫。舉凡有關宋代哲學、政治思想、社會思想的書籍，都儘量參考，藉以成爲本講錄的素材。

㈣本講錄的方法：從資料的閱讀、整理、取樣、整編、沉思，然後以作者特有的爲學之道——分由「歷史發展」、「內在涵義」、「當代意義」三個面向，來探討宋代的社會哲學思想。在「歷史發展」中，上面已略爲提到過的，由於宋代文史與哲學的分家，尤其在北宋時代；因而在這方面又要細分爲「春秋學體系」，以及「道學體系」二部份，分別探究那些思想家對社會哲學的理論。至於「內在涵義」部份，則仍一如往昔，分成「社會原理」與「社會問題」二部份來探討。最後，在「當代意義」部份，是筆者對宋代社會哲學的批判；這批判倒不見得指向得失，

❽《宋元學案》，黃宗羲原著，全祖望補修，陳金生、梁運華點校，華世出版社，一九八七年九月臺一版。

❾《宋史》，元，托克托撰，收集在《四部備要》中，史部，二十四史中。

❿宋代諸子的全集，如《性理大全》，清李光地州撰，清康熙五十六年內府刋本。

⓫有關宋代思想家的著作繁多，如錢穆的《宋明理學概述》，吳康的《宋明理學》，唐君毅的《中國哲學原論——原性篇》，羅光《中國哲學思想史》宋明部分，牟宗三的《心體與性體》，孫振青的《宋明道學》等。

亦不是單指向成敗，而是設法在思想的整體脈絡中，找出其哲學的意義和價值。

㈤在預期成果看來，可能瞭解到宋代雖在政治上，一直遭受到強鄰壓境，即社會民生貧困；可是其思想上則人才輩出，而且都能集傳統之大成。在集大成的思想成果上，表面是以儒家爲正統，而事實上則融通了道釋之長。同時，更能跳越時間的束縛，回到孔孟的原始儒家經典，以之作爲「定位宇宙」、「安排人生」的思想基礎。當然，在宋代理學或道學的思想體系中，給人們留下的印象可以是「空言心性」「不務現實」「只言不行」的口實；但是，站在道德形上學的立場來看，宋儒的確有其重大的貢獻；這貢獻不但是超乎了外來文化，而回歸到固有傳統之中，恢復了民族自尊，而且亦確實把古代的經典，賦予了當代的意義。

我們這就進入主題。

壹　宋代社會哲學的歷史發展

宋代思想史的分期，學者的意見並非統一，有人以爲北宋思想，文史部份屬初期，而道學部份比較成熟，應屬中期；而宋南渡之後則集大成，自成一期⑫。這三段式的分期，當然有其思想發展進路的考慮；但是，未必與時間的先後完全吻合；尤其是北宋時代，文史學者基本上與道學

⑫ 參閱錢穆著《宋明理學概述》，臺灣學生書局，民國六十六年四月，第三〇—三一頁；第一二二頁。

家同時代，其作品亦同時出現，應爲平行發展，而不是初期、中期的先後之分。

本論文採取後者的看法，把文史諸家定名爲「春秋學」，而把道學家定爲「道學」，然後以並行的方式來處理北宋的社會哲學思想。接著才進入南宋的朱、陸、浙學等學說。

一、春秋學體系

春秋學體系本乎文獻與歷史，探討人生活與人與人之間的義務，其中充滿著民族意識，並且極度關懷民生樂利，是社會哲學實用的層面。這思想可追溯到韓愈（公元七六八—八二四年），其民族意識以及反對外來文化的精神影響到李覯，其所著《廣潛書》十五篇，表現了對理想社會的憧憬⑬。同時代的歐陽修，以《周易》和《春秋》的研究，對時事褒貶，而影響了其弟子王安石、蘇軾等人。王安石的急進改革思想，蘇軾與程頤的黨爭，都是在「春秋定名分」的思想基礎上，奠定了宋學在落實社會的機緣。司馬光的《資治通鑑》，更在尊君的原則上，力辯名份的重要性。這些思想的動向，都足以催生出南宋的功利思想；陳亮、葉適的直接關懷社會民生，都可以說源自對《春秋》的理解。這樣，宋代社會哲學思想，尤其是在實踐部份，委實源自春秋學的體系；這體系較重實務，以爲「經世致用」才是原始儒家哲學的目的。

北宋諸子最實現於社會問題的，當推力倡改革社會的王安石。可是王氏思想則淵源於歐陽修

⑬ 參閱韋政通著《中國思想史》下册，大林出版社，民國七十四年七月十日，第九九〇頁。

先提倡之「致用」，而李覯又繼續發揮；故在討論王安石之前，還是先注意歐陽修及李覯的思想：

㈠歐陽修（公元一〇〇四—一〇七〇年）：字永叔，安徽永豐人；著有《周易童子問》、《詩本義》、《尚書本義》、《新唐書》、《新五代史記》等書。其思想核心在消極上是懷疑與批判，而懷疑和批判的對象則是針對范仲淹所深信的傳統著作：《易》和〈中庸〉。認爲此二者非孔子和子思所作，故從中探求道德本源，以砥礪名節，未必與歷史符合。積極上，歐陽修所提倡的，是春秋褒貶之義，針對時事來發表議論。

這積極的春秋學，也就是導引出其弟子對「空言心性」不滿意，而落實於社會實務。歐陽修曾說：「惟非學者之所急，而聖人之所罕言。」⑭又說：「六經之所載，皆人事之切於世者，是以言之甚詳。至於性也，百不一二言之。或因言事而乃焉，非爲性言也。」⑮

㈡李覯（公元一〇〇九—一〇五九年）：字泰伯，建昌單南城人。著有《常語》，《禮論》七篇，《平土書》二十則，《廣潛書》、《富國》、《強兵》、《安民策》三十篇，《慶曆民言》三十篇，《周禮致太平論》十卷，《常語》三卷等書。其思想態度上追隨歐陽修，而認爲性命之意義不在純理論，而在於務實應用。他說：「命者，天之所以使民爲善也。性者，人之所以明於

⑭ 歐陽修《居士集》卷四七，〈答李詡第二書〉。

⑮ 同上。

善也。觀其善則見人之性，見其性則知天之命。」⑯這是李覯解釋〈中庸〉的要義，接著又引申說：「《易》以制民之法，足民之用，而命行矣。導民以學，節民以禮，而性成矣。」⑰這幾句話把〈中庸〉和《論語》二者連結起來理解。

這是學以致用的理論基礎，不但如此，李氏還要進一步說明六經亦順此取向，他說：「愚竊觀儒者之論，鮮不貴義而賤利。其言非道德教化，則不出諸口矣。然〈洪範〉八政，一曰食，二曰貨；孔子曰：足食足兵，民信之矣。是則治國之實，必本於財用。」⑱顯然的，李覯有功利主義的傾向；但是富國強兵，本來是所有為政者的實務，只在於富強之道是否合乎王道、仁政而已。

李覯對社會的憧憬，可以由下列一段文字展現出來；他說：「耕不免饑，蠶不得衣；不耕不蠶，其利自至。耕不免饑，土非其有也；蠶不得衣，口腹奪之也。鉏耰未乾，喉不甘矣；新絲出盎，膚不縫矣。巨產宿財之家，穀陳而帛腐。佣饑之男，婢寒之女，所售弗過升斗尺寸。嗚呼！吾乃今知井地之法，生民之權衡乎？井地立則田均，田均則耕者得食，食足則蠶者得衣。不耕不蠶，不饑不寒者希矣。」⑲用井田制和私有制來解決民生的衣食問題。

---

⑯ 李覯的〈刪定易圖序論〉六。
⑰ 同上。
⑱ 李覯〈富國策〉一。
⑲ 李覯《廣潛書》。對這段文字的詳盡注解，有韋政通著《中國思想史》下册，大林出版社，民國七十四年七月十日，第九九〇頁及以後。

㈢王安石（公元一〇二一—一〇八六年）：字介甫，撫州臨川人。著有《臨川集》一百卷，《後集》八十卷；此外尚有許多注解古籍的著作，多賦予新義，以利其改革的實務。王安石最負盛名的，就是他的變法；熙寧新政的三大部份，社會、國防、教育，都以改革的方式出現；其均輸法、青苗法、農田水利法、募役法、市易法、方田均稅法，都指向富國強兵⑳。這些法的推行，表面上是霸道式的，但是，王安石在其思想基礎中，對王霸之辨有獨特的見解。他說：「仁義禮信，天下之達道，而王霸之所同。王之於霸，其所以用者同，而其所以名者異，蓋以其心異而已矣。其心異則其事異，其事異則其功異，則其名亦不得不異。王者之心，非有求於天下也，所以為仁義禮信者，以為吾所當為而已矣。故王者之治，知為之於此，不知求之於彼。霸者則不然，其心未嘗仁，而患天下惡其不仁，於是示之以仁。其於義禮信亦若是。是故霸者之心為利，而假王者之道以示其所欲。」㉑顯然的，這是把政治中的王霸問題，歸諸於心性問題之中，用以辨義利，同時用以調和義和利，來為其改革作舖路工作。

更重要的是，他的新政在哲學基礎上，找出「復古」不合理，而「改革」則屬於天道。他說：「太古之人不與禽獸同也幾何。聖人惡之也，制作焉而別之。下而戾於後世，侈裳衣，壯宮室，隆耳目之觀，以嚣天下。君臣、父子、兄弟、夫婦，皆不得其所當然。仁義不足澤其性，禮

⑳《王安石傳》，第四八—五〇頁。

㉑王安石〈王霸論〉；對此段文字分析，有錢穆著《宋明理學概述》，同上，第一九頁。

樂不足錮其情，刑政不足網其惡，蕩然復與禽獸明矣。聖人不作，昧者不識所以化之之術，顧引而歸之太古。太古之道果可行之萬世，聖人惡用制作於其間。爲太古之不可行也，顧欲引而歸之，是去禽獸而之禽獸，奚補於化哉。吾以爲識治亂者當言所以化之之術。曰歸之太古，非愚則誣。」㉒這種積極採取變革的思路，極似先秦法家韓非的〈五蠹篇〉思想，是「聖人不期修古，不法常可」的原則㉓。加上前段的王霸之辨，王安石的思想的確融洽了儒、法二家，而在宋代的改革事上突現出來。

可是，基本上，王安石的思想仍是傾向儒家仁政、以德化人的，他說：「刑名法制，非治之本。是爲吏事，非主道也。精神之運，心術之化，使人自然遷善遠罪者，主道也。」㉔這樣，他的變法以人才爲本，因而申論教育之重要；然後改科舉、罷詩賦、設武、律、醫諸學㉕；再來就是改革財經，來建設富強的國家。㉖

㈣蘇氏父子（蘇洵字明允，眉州眉山人，公元一〇〇九—一〇六六年；蘇軾字子瞻，公元一〇三六—一一〇一年；蘇徹字子由，公元一〇三九—一一一二年）：蘇洵著〈六經論〉用心理解

㉒ 王安石《太古集》卷六九。
㉓ 參閱鄔昆如著〈先秦法家社會哲學研究〉，同上，第一三頁。
㉔ 楊仲良《通鑑長篇紀事本末》卷五九。
㉕ 《宋史》卷一五七，〈選舉志〉三。
㉖ 蕭公權著《中國政治思想史》（下），同上。第四六〇頁。

釋政治社會作用。以爲人生來就有惜生、好逸、安常、知恥、畏神、慕色、憤怒各種感情，而儒家的禮樂也就足以導正這些感情。因而，要社會安和樂利，爲政者就要順著百姓之情，而倡導儒家的方案。也就因此，認爲儒家的哲學是經世致用的，而不是純理論的。

蘇軾著〈正統論〉，比其父較守舊，但仍假定人性本善，故道德本身即是善性的流露，社會之安定本來亦是人性所嚮往，只要政治社會配合道德，秩序是沒有問題的。但在另一方面，卻認爲義和利二者必互相衝突，爲政者應選擇道德，而摒棄功利，因而反對李覯、王安石等人的功利思想。在熙寧新政時，上書神宗皇帝，就直言：「國家之所以存亡者，在道德之深淺，而不在乎強與弱。曆數之所以長短者，在風俗之厚薄，而不在乎富與貧。道德誠深，風俗誠厚，雖貧且弱，不害於長而存；道德誠淺，風俗誠薄，雖富且強，不救於短而亡。」[27]蘇軾反對法家，而傾向儒家的情緒在其著作中，隨處可見，但亦不乏體系和立場相互矛盾之處[28]。

蘇轍著〈史論〉，同樣反對新法，其所持理由有四：一是爲政在順人心，得民情，而不可以強人所不欲；二是富貴是自然所成，政府不宜干預；三是重仁義，不求功利；四爲傳統堯舜孔子之言不可廢[29]。

---

[27] 蘇軾《續集》卷十一。

[28] 蕭公權著《中國政治思想史》，同上，第四八九頁。

[29] 同上第四九一－四九三頁。

蘇氏父子的思想，可用下列簡短文字形容：「他們會合著老莊佛學和戰國策士以及賈誼陸贄，長於就事論事，而卒無所指歸；長於和會融通，而本無所宗主……這是宋學中所開一朵異樣的鮮花，當時稱之曰蜀學。他們和司馬光朔學，二程洛學，鼎足而三。他們也自然和歐王江西學派不同。他們的言論思想，如珠璣雜呈，纓絡紛披，無組織。他們極爲後來宋學正宗朱熹所嚴斥，但卻爲呂祖謙陳亮一派婺學與永康學派所追蹤。」㉚

㈤司馬光（公元一〇一九—一〇八六年）：字君實，陝州夏縣人。著有《資治通鑑》二百九十四卷，《司馬文正集》八十卷，其思想多爲收集及整理前人意見，對思想的歷史發展有貢獻，且用功極深，像《資治通鑑》就花了十九年才完成。其博學多聞亦頗稱著，與當時道學家邵雍、張載、二程都有深交。在其著作中突現的思想，就是春秋大義，講名分，大有尊君的傾向，並且相當保守。他說：「天子之職莫大於禮，禮莫大於分，分莫大於名。何謂禮，紀綱是也。何謂分，君臣是也。何謂名，公卿大夫是也。夫以四海之廣，兆民之眾，受制於一人，雖有絕倫之力，高世之智，莫不奔走而服役者，豈非以禮爲之紀綱哉。」㉛

可是，這種原屬於儒家的名分論，應用起來卻完全成了道家的「無爲」思想。他說：「審求天下之大賢而亟用之，舉社稷百姓而委屬之……人主端拱無爲，享其功利，收其榮名而已矣。」

㉚ 錢穆著《宋明理學概述》，同上，第二九—三〇頁。
㉛ 司馬光《文正集》（宋張敦實有《潛虛校微》——知不足齋叢書）。

[32]甚至，在司馬光與王安石通信中，毫不諱言地承認自己思想，源自老子的「我無爲而民自化，我好靜而民自正，我無事而民自富，我無欲而民自樸。」等語[33]。

這樣，司馬光的思想體系，融合了儒道二家，主張政府無爲，主張百姓安分。而在他的社會發生論中，認爲太古時代的荒蠻，是由聖人出來治理的，但是，到了某一制度之後，聖人就可以無爲而治，把責任分攤給名分[34]。而百姓在安分守己中，自然社會就安和樂利。

以上評述了宋代春秋學體系的思想進程，總結說來，都是以春秋大義的經世思想爲基準；其哲學思想的基礎拗和了各家，並沒有深沉的形上基礎。但是，在經世致用上，卻表現得非常特出，有急進改革的王安石，有漸進發展的司馬光，有蘇氏父子的順人情，有歐陽修的奠立春秋基礎，有李覯的致用因應等等，都是指向思想需落實社會的取向。

二、道學體系

春秋學體系諸思想家，在關懷現實問題的同時，當然亦提出某種程度的哲學理論，作爲社會改革的思想基礎，可是這些基礎，大都是形而下的，最多亦溯及歷史的原始，以及人性的根本；

[32] 司馬光《文正集．功名論》。
[33] 引自陶希聖著《中國政治思想史》，食貨出版社，民國七十一年五月再版，第四冊，第七〇頁。
[34] 司馬光〈文集〉卷六九，〈開喜縣修文室玉廟記〉。

少有涉及形而上，以及用定位宇宙的方式來安排人生，進而論及人際關係的社會原理，再進而用來作爲尺度，來解決社會問題。

另一面的道學體系，在宋代則展示了哲學的深沉思考。道學諸子不但在形而上的領域中，深究宇宙原始的問題，還展示了這原理原則的大化流行，開展著宇宙和人生的各種狀態；道學體系不但在理論上釐清了定位宇宙，而且在實踐上亦提出了某種程度的安排人生原則。當然，也許因爲在同時代的春秋學諸子過份關懷了具體社會，而道學諸子則花了絕大部份的精力，處理了社會哲學的宇宙論以及存有論的基礎。

在哲學最原始的二分法上，如果說春秋學體系諸學者所關懷的是實踐哲學的話，則道學諸子所注重的，則是理論哲學部份；如果說春秋學者看重人生哲學，則道學者則處理了形上學的課題。

㈠范仲淹（公元九九〇—一〇五二年）：字希文，蘇州吳縣人。其學問基礎在於《周易》和〈中庸〉，以爲二者是道德的本源。范氏貢獻一方面在興辦學校，廣收弟子，傳道受業，另一方面亦學以致用，在仕途上領導了社會改革；歷史中的慶曆新政，就是從他的「十事疏」㉟爲內容，雖然其領導的社會改革，沒有成功，可是，其所表白的士大夫心跡，卻永世感動著知識份子，就是他那句「先天下之憂而憂，後天下之樂而樂」。尤其他對《周易》和〈中庸〉的看重，則直接

㉟〈范仲淹傳〉四十四。

影響了周敦頤以及二程，後者皆為道學體系中心人物。

㈠周敦頤（公元一〇一七—一〇七三年）：字茂叔，湖南道州營道人，著有《太極圖說》《通書》二卷，《雜著》一卷。其學說從討論宇宙的生成變化，作為人生道德的根源，並用《易》與〈中庸〉的學理來闡明道德。

周子定位宇宙的哲學思想，全在他簡短的《太極圖說》中。他說：「無極而太極，太極動而生陽，動極而靜，靜而生陰；靜極復動，一動一靜，互為其根，分陰分陽，兩儀立焉。陽變陰合，而生水火木金土，五氣順布，四時行焉。」㊱這文字順著《周易》的體系，說明宇宙生成論；接著又指出「乾道成男，坤道成女，二氣交感，化生萬物，萬物生生，而變化無窮焉。惟人也得其秀而最靈。形既生矣，神發知矣，五性感動而善惡分，萬事出矣。」㊲這是由天道走向了人道。把定位宇宙的原理，順著下來，來解釋人生的原則。從而回到《易經》中的「立天之道，曰陰與陽；立地之道，曰柔與剛；立人之道，曰仁與義」。這種宇宙與人生的合一原理，從周子開始注釋，形成了宋代道學的根本思想。

當然，這最靈的人，還是要透過道德的修養，來完成人格的，這也就是周子用〈中庸〉來銜接《易》的方案。他把「誠」提出來，作為天人之間的達德；天透過誠而創生萬物，而人類則透

㊱ 周敦頤《太極圖說》。

㊲ 同上。

過誠與天合一。

這「誠」的道德觀，落實到政治社會時，也就成了其「治天下有本，身之謂也；治天下有則，家之謂也。本必端，端本誠心而已矣；則必善，善和親而已……當治天下觀於家，治家觀於身而已矣。身端，心誠之謂也；誠心，復其不善之動而已矣。不善之動妄；妄復，則無妄矣；無妄則誠矣。」㊳

周子從十七歲開始做官，一直至死，凡三十七年，都能本此原則，從誠心開始，修身、齊家，寄望於國治、天下平。這種儒家的德治、王道、仁政，都發自內心的「誠」，開啟了宋代道學之門。

㈢邵雍（公元一〇一一—一〇七七年）：字堯夫，祖籍河北范陽。著有《皇極經世書》十二卷，《觀物外篇》二卷，《漁樵問答》一卷，《伊川擊壤集》等書。其學說有濃厚的道教色彩；是從「先天圖」開始，定位宇宙於象數演繹之中，與周敦頤的太極圖相似。因爲宇宙萬物都由象數所支配，故人類社會的發展，乃致於人類命運，亦由這象數所命定。但是，天命和人事之間，仍然可以由道德來改變。因而提出其經世思想：「善化天下者，止於盡道而已；善教天下者，止於盡德而已；善勸天下者，止於盡功而已；善率天下者，止於盡力而已；以道德功力爲化者，乃謂之聖矣；以道德功力爲教者，乃謂之帝矣；以道德功力爲勸者，乃謂之王矣；以道德功力爲率

㊳ 周敦頤《通書》第三十二。

者，乃謂之霸矣。」㊴

社會中人際關係是互爲因果的，他說：「以道化民者，民亦道歸之……以力率民者，民亦以力歸之。」㊵這樣，社會的興衰治亂，似乎都可以用象數因果來推斷。在這方面，邵雍似乎採取了悲觀的歷史觀，他說：「三皇，春也；五帝，夏也；三王，秋也；五伯，冬也；七國，冬之餘冽也。漢王而不足，晉伯而有餘。三國，伯之雄者也；十六國，伯之叢者也；南五代，伯之借乘也；北五代，伯之傳舍也；隋，晉之子也，隋季諸郡之伯，江漢之餘波也；唐季諸鎮之伯，日月之餘光也；後五代之伯，日未出之星也。自帝堯至於今，上下三千餘年，前後百有餘世，書傳可明紀者，四海之內，九州之間，或合或離，或治或隳，或強或羸，或唱或隨，未始有兼世而能一其風俗者。」㊶從邵雍的象數開展出來的命運社會原理，畢竟導引出對政治社會現實事件的悲觀，缺少了哲學家的理想。

㈣張載（公元一〇二〇—一〇七七年）：字子厚，大梁人，著有〈西銘〉、〈東銘〉各一篇，《正蒙》十篇，《經學理窟》十二篇，《橫渠易學》三卷，《語錄》、《文集》各一卷。宋代道學，周敦頤、邵雍都不是純粹的儒家，而張載則是純儒。他用「理一分殊」的原理，來說明氣之

㊴ 邵雍《皇極經世·觀物內篇》五。

㊵ 同上〈內篇〉四。

㊶ 同上卷十一之下。

聚散，而生萬殊的進程，展示宇宙的生成變化，而在這「一氣之聚」之中，發展出「太和」概念，而能使宇宙萬物和諧共存。這樣，由天地之性落實爲人性時，也就有了天地之性與氣質之性的區分，而在氣質之性中，來開展人類社會的現實；而把天地之性作爲人類社會的理想目標。因此，在其政治理論上，是德治爲先，法治爲後。德治是爲了發揚天地之性；而法治則是爲了糾正氣質之性。張載一生爲官，都以「修聖人之治」爲根本信念，對於復古思想，恢復堯舜之治，有極度的崇向。因而主張宗法社會，井田制度，德治主義，來落實人生。在人生態度上，則以尊禮、貴德、樂天、安命來安排人生於社會生活之中，使人能頂天立地。而其人生觀的基礎，則是儒家經典的《易學》、〈中庸〉，由孔孟的理解，提出天人合一的理論，以這理論來使人致力變化氣質，致力明心見性；尤其以之作爲基礎，來關懷人生，關懷社會。他所留下的格言「爲天地立心，爲生民立命，爲往聖繼絕學，爲萬世開太平」㊷，成爲往後中國士大夫心懷大志的典範。

㈤二程（程顥，字伯淳，世居中山博野，後遷河南洛陽，公元一〇三二—一〇八五年；其弟程頤，字正叔，一〇三三—一一〇七年）：二氏著作皆收入《二程全書》六十六卷中。二程都先從周敦頤，學得定位宇宙之說，但二者都不再在宇宙論中發揮，而把天道轉植到人心之中。當然，二程思想在內存於人心中的天道，各有不同的見解，其成就和影響亦不相同。

程顥除了師從周敦頤之外，還博覽諸家，與佛、老學派相處幾十年，學得心性內存之道，後

㊷ 張載〈西銘〉。

來習六經而自得。其學說在轉化天道成爲人道。把「天理」定居於「人心」，而發展成「天地宇宙的本體都是仁」；因爲天地的生生之理，就是人間道德的典範；而這種典範的因果都在一「仁」字。程顥認爲，一個人要體察仁，需要的是內心的直證，而這直證出來的仁，一方面是對人心的把握，另一方面又是對天理的體察。這天理和人道的關係研究，是程顥思想的重心；他內心的直證，也就是先認識在內心的仁，這仁本來就在人本性之中，是人不假外求的；人性的定位也就是定性，而定性也就是求仁得仁。這種內在的德性之路使程顥運用「誠」與「敬」二概念，作爲心學的發端。這思想後來爲南宋的陸九淵，以及明代的王陽明所接受並繼續發揚光大。

程顥的思想落實到社會哲學方面的不多，其中能舉出來的就是解釋人間善惡的理解，也就是「氣質」的課題，因爲氣有偏有正，因而產生行爲的善惡。這樣，要改善社會，就要透過教育，來改變氣質，從人能够在內心得到仁的體悟，而用誠與敬，使人與仁結合，而摒脫罪惡的羈絆。至於更具體的社會制度方面，則以王道和德治爲施政方針，來開創民生樂利。

程頤的學說在起初和乃兄有共同的出發點，都承認宇宙的本體爲仁，都需要用內心的直證，把人道和天理融和在人心中。程顥的思想，把誠敬都作爲內心行的工夫，終究會導引出知行合一的哲學思想（王陽明的知行合一，就淵源於程顥）；但是，程頤則認爲「涵養須用敬，進學在致知」，這顯然有知行二分的趨勢。這樣，程頤所關心的，已經走進格物致知的進路，而在這條進路的目的地正是天理。這樣，格物窮理才是程頤的思想重心，與其兄的誠意正心並不相同。

在形而上的理解中，程頤開了洛學之風，對南宋的朱熹影響非常大。其理論在綜合宇宙和人生時，就成了「理氣二元」，形而上者爲理，這理是需要用格物致知才能窮的；而形而下者爲氣，對氣的涵養則須用敬。這樣，理和氣就成了二種不同的存在㊸。

從理氣二元的宇宙和人生，發展到社會行爲時，也就是人性的才與性之分。性出於天，才出於人。出於天的性是純淨的，出自人的才則有淸有濁：淸者行善，濁者作惡，因而社會出現治和亂。因而，人生的意義也就是要用敬來涵養自己的才，使其純淨變淸，要修德，使人性彰顯天理。這樣，程頤的思想本身是「理一分殊」的，但是實用的理想中，卻可用「事理一致，體用一源」來理解。這些高深的理念落實到政治社會時，則又利用復古的儒家思想。他說：「至誠一心，以道自任。以聖人之訓爲必可信，先王之治爲可行。不狃滯於近規，不遷惑於衆口，必期致天下於三代之世。」㊹

三、南宋諸子

南宋諸子在道學的體系上，有朱熹和陸九淵二者的集大成貢獻；而在另一方面亦有繼承春秋學的經世思想，像呂祖謙、葉適、陳亮等人的社會思想，亦足以成爲承傳儒家經世致用的傳統。

㊸《伊川語錄》一。
㊹ 程頤，《文集》卷一，《皇祐二年上仁宗皇帝書》。

道學的定位宇宙，到了南宋，可以說完成了儒家第二期發展的極峰㊺；但這極峰所影響的，不但是哲學的理論層面，其所關懷的心性問題，同時亦是安排人生的哲學基礎，或爲道德形上學基礎；這些道學者本身也好，受他們影響的人們也好，都在做人處世上，有非常特出的德性表現，亦即是說，社會道德因了道學家們學說的薰陶，有輝煌的成就。雖然，宋代社會並非富強康樂，不是經濟大國，亦非軍事大國，但是卻是文化大國，道德大國。

我們這就分兩個面向，探討南宋的社會哲學史的發展：

甲、道學部份

道學思想從北宋發展到南宋時，分成朱陸兩派。朱熹設法集道學的大成，而用「性卽理」的學說，被稱爲「理學」；而九淵與朱子的學說不同，用「心卽理」的進路，被稱爲「心學」。於是，道學在南宋的發展，遂有「理學」和「心學」之分；朱熹代表理學，陸九淵代表心學。

㈠朱熹（公元一一三〇—一二〇〇年）：字元晦，安徽徽州婺源人。著作極豐，舉凡傳統儒家經典，都在注釋之列，其中尤以所編四書〈大學〉、《論語》、〈中庸〉、《孟子》的集注，《詩》、《書》、《易》、《禮》等的注解，北宋諸道學者的著作注解等，共有四十九種，四百零五卷之多。

㊺儒家三期發展，通常以先秦孔孟爲原始儒，是爲第一期，宋明乃經過外來佛教文化後重新融匯而成的第二期；第三期則寄望由西洋當代唯物思想衝擊後的再生。

朱熹學說是以龐大的宇宙體系爲定位宇宙的藍圖，然後以其動態的宇宙來安排人生，來規範人性以及人類行爲，進而論及道德實踐以及社會倫理。在哲學體系中，無論宇宙論、人性論、理論哲學、實踐哲學，都涉及很廣很深，確是中國哲學數千年發展史中，集大成的一位學者。他的宇宙論是透過北宋道學家的太極圖、西銘等之近代思想，再回溯到先秦思想，而探討構成宇宙以及使宇宙變化的原理原則。不過，他所用的概念，已經突破先秦原始儒的道德取向的理念，而是運用北宋以來的知性取向的用字。首先，他直接用程頤的「理一分殊」的原理，說明形而上界的從「理」到「性」的發展進展；從形而上到形而下的通路，則是把「理」和「氣」的對立，形成「性」與「形」的對立。因而，形而上的從「理」到「性」，也就是類比成形而下的從「氣」到「形」。這樣，「性」就成了傳統宇宙論中的「太極」的全體，本身是動態的，生生不息的。可是這形而上的「性」的變化，卻表現在形而下的「氣」之中；這「氣」也就成了傳統所稱的陰陽五行的所作所爲㊻。因此，理、氣、形的直線變化，也就是宇宙論形上形下整個變化的過程。這是定位宇宙的大體系。

在安排人生時，即從宇宙大化流行中，生出人性，而人性在朱子體系中，主要的還是走道德進路，亦即〈中庸〉的「誠」作爲天人之間的通路；「誠」是實踐道德，而多少超乎了知性的運作。但是，朱子在這方面，還是展現出其「知性」中心的性格，就是以「道問學」爲其進路，是

㊻ 朱熹《文集》六一。

「格物窮理」之道，是「格物致知爲先，明善誠身爲要」。在知性進路的過程中，朱熹還表現了他集道學和春秋學之大成的努力，即是把哲學和歷史學融通起來，去瞭解儒家傳統的思想，這就是對「仁」「義」概念的理解。他認爲道學思想的總綱不外乎，從自然宇宙之理，發展到人性，再從人性發展到道德，這便是「仁」概念的內涵，即整個宇宙的本體都是「仁」。可是，在另一方面，「名份」的定位，以及人間世人際關係的各種規範，都是歷史的「君臣之義」中慫生出來，是春秋學的學說重心，這可用「義」概念去表達。因此，宇宙全體是「仁」，人性整體是「義」，算是朱熹在南宋集北宋諸學之大成，而又能利用原始儒家孔孟最核心的「仁」「義」概念，來創造自己哲學體系的成果。

至於落實到社會哲學部份，朱子思想並不直接把治理社會之實踐方案與哲學思想相互貫通，而只提出原則性的演繹方案，就如「天下之事莫不有理，爲君臣者有君臣之理，爲父子者有父子之理，爲夫婦、爲兄弟、爲朋友，以至於出入起居、應事接物之際，亦莫不各有理焉。有以窮之，則自君臣之大，以至事物之微，莫不知其所以然與其所當然而無纖介之疑。善者從之，惡則去之，而無毫髮之累。」[47]還有就是「格物者窮理之謂也。蓋有是物必有是理，然理無形而難知，物有跡而易睹。故因是物而求之，使是理瞭然於心目之間而無毫髮之差，則應乎事者自無毫

[47] 朱熹《全集》一四，〈光宗紹熙五年甲寅行宮便殿奏劄〉二。

髮之謬。是以意誠心正而身修，至於家之齊，國之治，天下之平，亦舉而措之耳。」㊽

㈡陸九淵（公元一一三八—一一九二年）：字子靜，江西撫州金溪人。著有《語錄》二卷，《年譜》一卷，《遺書》三十三卷，全收入《象山全集》三十六卷中。

朱子的理氣二元的宇宙觀，到陸九淵的定位宇宙，則成爲「心卽理」的一元宇宙。其「宇宙便是吾心，吾心便是宇宙」㊾。這是「心學」的發端。心學的內涵則進一步，把「吾心」作爲「道德心」來理解，亦卽是「仁」。於是把二程的「宇宙卽仁」的說法，完全收容在「心」之中。這樣，陸九淵的哲學自然就不會與朱熹的「格物窮理」，走同樣的「知性」進路，而是回歸內心，在自己內心去作「知性」的探討，那就是「明本心」；而且其知性是「不假外求」的，在自己內心開始，亦在內心進行，同時亦完成於自己內心的。這樣，相對於朱熹的「重知」以及「道問學」，陸九淵則運用「重行」以及「尊德性」。相對於朱熹的「退五經，進四書」，陸九淵則認爲「六經皆我注腳」㊿。相對於朱熹的理氣二元論，陸九淵主張道事合一論。

歷史中朱陸鵝湖之會，形成理學和心學的根本之爭，這爭端把傳統的外在宇宙形上問題，全都拉到內存於人心的心性問題中。當然，究竟宋儒學說中，有多少道佛的因素，或是宋儒如何能

㊽ 同上，《全集》一三，〈孝宗隆興六年癸未垂拱奏劄〉。
㊾ 陸象山《全集》三六，〈年譜〉；《文集》二二，〈雜說〉。
㊿ 同上，《全集》三四，〈語錄〉。

通儒、佛、道，則是思想史上的一大問題。不過，陸九淵的心學，不但開啓了明代王陽明心學之門，而且對傳統形而上問題單由超越的客觀宇宙來定位，導向了內存的主觀的心性問題之爭，則是宋代思想的一大貢獻。究竟這貢獻在思想史的褒貶，尚不足以定論，但是，卻能引起後學者對這問題的深思[51]。

乙、春秋學部份

北宋的春秋學發展了社會實踐的運作，雖以義爲本，但卻以利爲訴求的基本條件，大有功利主義的傾向。這思想傾向以江西爲中心。宋南渡之後，功利思想亦隨轉移到浙江，以呂祖謙、葉適、陳亮等人爲代表。

㈠呂祖謙（公元一一三七－一一八一年）：字伯恭，浙江婺州人。著作多以史學爲核心，有《東萊博議》二十卷，《春秋集解》三十卷，《東萊集》四十卷等。其學說對史學極有貢獻，但對道學則興趣不大。因而其學說皆集中在經世致用上。其致用的形上基礎就在於「吾之性本與天地同其性，吾之體本與天地同其體」[52]。從這性體開始，就到達克己復禮的工夫，進而走向落實社會人際關係的規範，這也就是以涵養的工夫，使自己修養成無暴怒。這種自我教育再擴大到社會教育，就可以使社會安和樂利。

---

[51] 如勞思光著《中國哲學史》。

[52] 呂祖謙《易說》。

㈡葉適（公元一一四九—一二二三年）：字正則，溫州永嘉人。著有《習學記言》五十卷，《水心文集》二十八卷，《別集》十二卷等書。其學說是在朱陸對峙之後，認爲不必空談心性，而以功利爲建設社會的基本。因此，其學說在消極上是批評程朱，而積極上則倡導禮樂致用。而在致用中最核心的問題則是經濟問題。因而提出爲政之道在於「守天下，非私智也；設邦家，非自尋也。養民至厚，取之至薄；而下甚逸，爲上甚勞。」53 這顯然的是以民生問題爲主，而引伸出政府的服務性格。當然，除了百姓的民生問題之外，禮樂的教化亦是致用原則的內涵：要人民知禮知樂，而達到精神生活的境界。

無論解決民生問題，改善國民的經濟生活，或是處理精神生活的課題，葉適所看重的，是哲學中的應用問題，而對純理論的問題，興趣不大；對空談心性甚至表明排斥。

㈢陳亮（公元一一四三—一一九四年）：字同甫，婺州永康人，著有《龍川文集》三十卷。其對王霸的看法與孟子不同，因而與朱熹有許多辯論，主張「功到成處便是有德，事到濟處便是有理」這是「義利雙行，王霸並用」的想法，是相當功利的思想，亦是經世致用以圖強的想法。

陳亮思想落實到社會時，就是「以經濟事功爲務」，「斥高談道德性命之說」，其理由就是「君子學道則愛人」的原則。在政治制度上，爲了發展經濟，一是反對宋代之中央集權，二是反對當時苟安之和議。前者的理論基礎是：統一的財政不易救助地方急需；後者則以春秋大義之華

53 葉適《文集》一二，〈黃文叔周禮序〉。

夷之辨，以及振興民族思想，發展經濟之動力。

宋代社會思想之形上基礎，固然是道學理學，但其落實下來具體爲民生樂利的，則是春秋體系的功利思想。無論是北宋的積極改革，或是南宋的斥心性空談，其實都指向富強之要務。再者，經世致用本來亦是先秦原始儒家哲學之用，宋儒在道學及理學的理論研究中，多少迷於心性的深刻探究，而忽視了春秋大義中的經世致用原則。

除了這理論背景之外，尚有當時的社會背景，那卽是宋代社會。北宋之初，因五代戰亂，國家建設百廢待興，人民稅賦奇重，而再加上外患兵災；再來就是階級劃分，士大夫生活富裕，更使平民生活窮困。也就因此，農民多離鄉背井，奔波於城市，無形中形成經濟變形的社會問題。這樣，士大夫中，部份人士生活富裕之餘，談心說性當然大有人在；可是在另一方面，部份人士亦覺得責任在身，在爲天下蒼生謀求生活的安定與繁榮。宋代社會哲學，無論在社會原理上，或是在社會問題上，春秋學的學者，都盡了心力。

我們這就進入本文的第二部份：宋代社會哲學的內在涵義。

貳　宋代社會哲學的內在涵義

宋代承接五代的亂世，社會民生樂利的事業凋零，而當時士大夫多少迷於佛、道的避世思想。待宋代統一，戰亂平息之後，政府開始重振社會，士大夫亦開始反省與覺醒。首先在思想上立足的是：社會發展一來不能靠避世思想，度一個與世無爭的生活；二來不能靠外來的文化，重整中國沒落的社會。前者爲春秋學的學者所關懷，後者則由道學者所發揮。

春秋學的學者以文學和歷史的意義，來發展學以致用的原理，強調經世的思想，主張施政和學術的發展，都必須直接有助於民生樂利。這以民生問題爲中心的思想和行動取向於功利，以其中的幾次社會改革爲中心，強調理論需合乎實際，而實際則爲社會民生；舉凡農地的分配，稅賦的分擔，民生物資的供應，都希望透過計劃，而逐步改善。當然，這些改革本身，固然以儒家的仁政愛民爲思想的基礎；但是，在實行起來，卻不得不含有法家的強制性意味。也許就是因爲儒者的對德治、王道、仁政的執著，對宋代的幾次改革，都給予了致命的打擊；終於使宋代無法融洽儒法二家，亦卽無法進展成富強康樂的社會。

當然，道學者對心性的研究，對哲學中定位宇宙的理論部份，有非常深沉的研究，同時在中國哲學發展史中，發揮了很大的才華與光輝；他們對道德進路的人生觀的執著，的確使得宋代成爲道德的文化大國。這種在內部不甚富裕，從外面又有許多外患的世代中，百姓能在道德生活上，表現出特別的人格志向，的確是難能可貴的，也正符合了孔子對顏淵的讚美之詞「賢哉回也。一簞食，一瓢飮；在陋巷，人不堪其憂；回也不改其樂，賢哉回也。」54 以及「飯疏食，飮

54 《論語・雍也》。

水，曲肱而枕之，樂亦在其中矣。不義而富且貴，於我如浮雲。」[55]宋代的人民是安貧樂道的。當然，這精神生命是由道學家的所賜與並培育。

我們且分成社會原理以及社會問題二大面向來探討宋代社會哲學的內在涵義：一方面就社會原理的社會發生、發展、目標、內涵等課題，作綜合性的研討；另一方面則在社會問題上就實際的社會背景，社會現況，以及引起這些現況的原因結果，加以探討。

一、社會原理

宋代社會哲學的社會原理部份，從前面歷史發展的內容看來，我們不難發現：北宋時期的春秋學和道學諸子之間，有相當不同的原理預設。春秋學者本著對百姓的現實狀況的觀察，以及對歷史文化的良知訴求，以爲自己所學，必須貢獻出來，爲社會大眾謀福利。這是責任心的反省和自覺，亦即是中國士大夫的春秋微言大義的理解和實踐。這種士大夫的仁心仁術直接針對著民生樂利，因而春秋學者都以學以致用的原則，來參與建設社會。

在哲學的探討上，當然會覺得春秋學者有時是逞一時之勇，而沒有深思熟慮，就貿貿然開始社會改革的運作，恐怕不是智者之舉，而且，功利思想的最後基礎仍然應回歸仁義。於是，在道學者心目中，實踐哲學是必須的，但是在作法上應有先後之分，即理論體系應先嚴格的建立，然

---

[55]《論語・述而》。

後才談論實踐。這麼一來，宋代道學家就展開了相當深刻的形上學探討；先以定位宇宙的體系出發，把先秦的思想精華，在兩漢集成的《易》，作爲宇宙架構的根本，而在這宇宙根本問題上，探討宇宙生成或起源、變化，然後從中去安排人生。在安排人生的部份研究中，又把人性問題放回宇宙論中去探索，企圖使宇宙的定位中，就已有安排人生的順位。這樣，人道和天理才有整體的存在基礎，天人合一的傳統希望才有機會實現。如此，人生的意義在人性論的設計中，自然而然流露出來，人際關係的規範也從這人性中呈現，再引伸下去，社會問題也就有了基本的範疇可循。在尋根的問題上，道學家的確提供了形而上的思想基礎，天理人心的研究都非常精緻；至於在遭遇到社會實際情況時，是否能面對問題，提出化解之道，還是用逃避問題的方式，把問題化解，則是次一層的課題了。

的確，當經濟問題發生危機，生產技術或人口政策都成問題時，道學家的天理、人性是否眞的能提出化解之道？或是只能在人生觀上，教訓人要安貧樂道？春秋學者對這問題的提出，總是作爲反擊道學者只顧空言心性，而不務實的困境。

如何把這些理論和實踐結合起來，使之成爲哲學的一貫性和整體性，原是南宋諸子的責任。朱熹在這方面，有過努力的嘗試，思想史的發展也的確在朱熹身上，寄以厚望；甚至亦眞的有哲學史家，或是史學家，把「集大成」的美譽送給了朱子。但是，綜觀朱子的哲學體系，理論部份還是多於實踐方案，對心性的爭端，多於實地去改善社會。南宋的思想發展，還是和北宋一般，有屬於道學系統的理學和心學，也有屬於春秋體系的浙學；而浙學和朱子的抗爭，並不亞於朱陸鵝湖之會的爭辯。

因而，在宋代社會哲學的內在涵義中，社會原理本身還是和前部份的歷史發展一般，分成兩種並行，但沒有匯合融通跡象的情況。

㈠道學的社會原理：無論是北宋的諸子，或是南宋的理學和心學，其社會哲學原理都奠基在宇宙論的架構中。無論這種宇宙論是超越的，外在於人心的，或是內存的，存在於人心的。儘管道學家們彼此之間對宇宙原理的解釋不一樣，也儘管他們彼此間由於學說不同，而互相排斥；但是，在哲學基本的預設中，總是要把天理和人道二者合一和諧起來，在「天人合一」的前提下，開展對宇宙和人生的理解。

北宋的道學和南宋的理學，都在設法先定位宇宙，然後安排人生；而在安排人生的事工上，走的是道德進路，亦即是講求心靈道德的「誠」，來互應天道運行的軌跡。以人道來彰顯天道，也就是人生意義和目的。因而，道學者在釐定宇宙的起源以及宇宙的發展時，都用富有靈性的元素，富有生命氣息的原始，來說明宇宙本體。從周敦頤的《太極圖說》開始，這種生生不息的宇宙觀，就成爲北宋的道學，以及南宋的理學所運用，作爲定位宇宙的藍圖。《太極圖說》的宇宙生成以及宇宙調和之理，在落實到人生時，也就成了人間道德的典範；宇宙的和諧，就成了人間世人際關係的規範，人間的所做所爲，都應符合宇宙大化流行的法則。這種從宇宙次序到人間道德次序，原就是社會原理的基礎。

就連邵雍的象數之說，對宇宙存在的原理，落實到人間命運時，出現過宿命運的悲觀看法；但其思想的根本，還是走先定位宇宙，後安排人生的路子。

形上學作爲倫理學的先驅，理論哲學作爲實踐哲學的基礎，原是中外哲學在傳統上都認同和運用的方法。道學家和理學家在這方面的成就，可說是把先秦儒的道德取向，融入漢儒的宇宙論中，使人性論和道德哲學，有更深沉的研究和探討。

無論從周敦頤的《太極圖說》開始，或是從哲學由宇宙界定人生的進路開始，所遭遇的困難都是：秩序井然的宇宙如何會導引出社會的失調現象？這種由社會問題所反彈出來的問題，原來就是對問題的解決方案所引起；但是，在哲學尋根的問題上，則顯然地是「惡」課題的問題。「罪惡」如何產生？在西方是把這問題推諉給宗教去處理，而宗教所提出來的「原罪」，的確也化解了不少對人間罪惡的不諒解。可是，宋儒在這方面，卻由於沒有制度宗教的援手，同時又不肯在人性論上，接受荀子「性惡說」的見解（原因其中之一，就是宋儒承傳孟子思想，多少傾向於「性善說」）。因而選擇了宇宙生成變化過程中，找到「氣質之性」爲理論基礎，而作爲人性在發展過程中，所能夠發生的失誤。

其實，張載所提出的氣質之性，基本上是用來與天地之性對立，同時要解決人間世罪惡起源問題，原則上是否已經默認了人性中「惡」的部份？或至少是「不完美」的部份？因了這不完美的部份，會引導出惡，會引發社會間的紛亂，這是「理一分殊」的理解。面對這樣的人性，面對社會問題，道學家是在根本的問題上努力。修德的提案，甚至修道的細節方法，都是每位道學家的職責所在，同時，他們也的確克盡責任，完成了修身的各種體系提案。要從道德進路的思想根本，去導引出參與社會問題的改革，並不是一件容易的事。一來是因爲哲學的辯論，往往一開始就進入到概念和分析的領域，而爲了完成思想體系，屢次會走進純思考的原理原則中，而再也沒有餘力來參與建設社會的工作行列；二來是因爲社會現實現象，往往不是理論層面足以涵蓋全豹；理論與實際常有一段距離。

也就在「根本解決」的理論基礎上，社會問題本身沒有獲得正面的解決之前，已經由社會原理，原則性地解消到道德進路之中。這道德進路既然不直接指向社會改革，因而也就更指向內心，而形成南宋諸子，在道學、理學、心學的前後發展中，形成特殊的學術地位。

這種思想的變遷，最大的特色是：道德主體性的內在化，同時亦把外在的、形而上的天道或天理，拉回人的主體之中，掉進心性之中。心學代表的陸九淵，以及後來明代的巨子王陽明，都把宇宙放在人的心中去處理。這樣，宇宙與人生的關係從原來的二元，變成了單元，從原來的上下二元，變成平起平坐的單元。

顯然的，這種天人合一的驟然成立，自然無限地提升了「人性」，使其與「天道」「天理」成爲一體；凡是「天」所擁有的眞、善、美，現在都降凡到人的身上；天和人，人和天已經是二而一，一而二的了。如此，氣質之性的假設，也就不必在心學之中提出，人性之中完全蘊含了天地之性，人性的自覺因此成了道德的規範義本身，人性也就成爲道德的立法者與執法者，其守法的責任在這裏就已經不是重點所在。

由這種絕對的、至高無上的人，所組成的社會還會有什麼困難呢？其實又不然，因爲人的本心，不但有良知良能，但亦有欲望，而這欲望又不一定與天理相符。於是，到了王陽明，非要提出「存天理，去人欲」的規範不可。「人欲」的理解，在基本上是否仍是「氣質之性」的另一角度的觀察？

二程在「氣質之性」的理解上，亦用「有偏有正」來釐清，來解釋社會現象的原因。因爲人的氣質不同，是否也就是君子與小人的分野？但是，道德進路本身，是非善惡基本上又不是源自人的氣質，而是源自人的努力。換句話說，宋儒在「氣質之性」的課題上，的確沒有完滿解答社會現象的課題。

如果把人的氣質之性，作爲善惡的判準，則已是墮入宿命論之中；但是，如果不用「氣質之性」，又拿什麼來解釋，宇宙完美的大化流行中，產生出社會中不協調甚至混亂的現象？

以上的「惡的起源」問題，也許不應該作爲重點，來追究宋代的社會哲學中社會原理的問題。因爲，在儒家哲學道德進路的性格中，「如何」除去惡的課題，遠比惡的「起源」問題來得重要。在如何除去惡的課題中，思想家一開始就在敍述社會起源時，注入濃厚的道德因素，而把

「自然」的變荒，作爲社會失調的借鏡，卻突現出仁者和聖人去關懷社會，以及處理社會秩序時所作的努力。

就如「民生不能無羣，羣不能無爭，爭則亂，亂則生不可以保。王者之作，蓋天生聰明，使之統理人羣，息其爭，治其亂，而以保其生者也。」[56]

又如「開闢以來，羲皇而降，聖君賢相，名卿良大夫相與扶持者善也，其所防閑杜絕者惡也。」[57]

無論「惡」的起源如何，性質如何，在這裏都無關緊要，有關係的，是如何去惡務善；而在社會制度下，去惡務善的工作則由政府去作；政府所用的王者，則是道德取向的。

宋代的社會是道德取向的社會，這道德取向的最終基礎首由北宋的道學家所始創，繼由南宋的理學及心學所發揚，總是設法在定位宇宙與安排人生二大課題中，找到社會發展的規範。這規範的道德性優先，功利其次。

㈡春秋學的社會原理：如果說道學者的社會原理基本上是道德的宇宙和人生，則春秋學的社會原理比較重功利。後者固然不排斥道德，甚至亦把道德的地位放得很高；但是，其功利的思想，亦卽改善民生的落實作爲，仍然放在第一位；正如道學家雖亦不反對功利思想，但基本上還

---

56 陸象山，《集》二二，〈雜說〉。

57 同上，《集》九，〈與楊守書〉。

是以道德爲主，以功利爲輔的。

經世思想是宋代的共同思想，道德思想亦是宋代的共識。這兩種思想的定位先後，全在道學者和春秋學者的分野。

道學者所走的道德進路，其哲學基礎在於心性的研究；而從這心性的研究中，找到天理的原則，然後才在順天應人的原則下，落實社會的建設工作。而春秋學者多少節省了研究天理的部份，而直接從春秋大義的心靈感受中，獲得憂患意識，而同情民間疾苦，而出面替百姓解決民生問題。這樣，在哲學基礎思辯的過程中，倒是道學者以及理學家走了知性取向的路，直觀出宇宙的生成原理，以及生生的法則，從而衍生出人類，再創造人類社會。至於春秋學者則眞正是發自心性，用悲天憫人的情操，開展了其經世致用的想法和做法。

因而，在哲學的社會成果上看，道學者締造了道德社會，而春秋學者則致力於功利社會的建立。但是，在哲學思辯的過程上，道學者則走了思辯之路，而春秋學者則走了德性之路。

也就因此，無論站在那一個角度去看，宋代都是充滿道德的社會，其社會哲學的基礎還是倫理道德。宋代的經世思想雖沒有導引出輝煌的成果，但其改善社會的各項原則，甚至實踐的方案，都是可圈可點的；尤其是春秋學者所發自內心的爲民興利的思想，更屬崇高的道德心胸，更是後世所永久尊崇的。還有，就連道學者的思辯形式，在對心性問題的精緻研究，亦給宋代締造了輝煌的成績，成爲民族文化在接受外來文化衝擊之後，嶄新的重新開始。

春秋學的社會原理，並沒有走道學、理學、心學的漫長道路，去找尋定位宇宙的原理原則；亦即是說，他們沒用〈易傳〉的仰觀俯察，去找尋宇宙的定位，而是直接從《春秋》的記載中，體察民情，從觀察社會現象中的民間疾苦，直接給予援手。這也就是「經世致用」最直截了當的方式。我們在春秋學者的著作中，不容易找到對宇宙本體的高談闊論，也不容易找到對人性起源的大辯論；可是，卻到處找到對社會問題的關切，以及對社會改革的具體提案。因此，要在春秋學者中，找出社會哲學的原理，或是社會原理的思想基礎，不是件容易的事。

不過，如果我們在社會原理的探討中，曉得道學者所用的傳統經典是《易》和〈中庸〉的話，則至少可以知道春秋學者所崇向的，是傳統的《春秋》。既然《易》的宇宙觀，以及〈中庸〉的人性論，是道學者的成果，那《春秋》的「微言大義」不也就是春秋學者的思想基礎麼？《春秋》所關心的「名份」，不也正是社會秩序的基礎？孟子所記載的《春秋》，有如下的描述：「世衰道微，邪說暴行有作，臣弒其君者有之，子弒其父者有之；孔子懼，作《春秋》」。㊽然後還有：「孔子成《春秋》，亂臣賊子懼。」㊾因而，關懷社會秩序，關懷名份，提倡正名，也就是知識份子的責任。知識份子在「學以致用」的原則下，在「學而優則仕」的鼓勵下，走向了「經世致用」的社會關懷。雖然在做法上值得檢討；但是，宋代諸子的改革藍圖，卻是有利於

㊽《孟子．滕文公》下。
㊾同上。

民生樂利的。當然，急進的改革家間或運用了法家的手段，而遭到其他學者的排斥，致使改革功敗垂成；但那亦不能抹殺春秋大義的貢獻。

這麼一來，春秋學者的社會原理，原是透過對《易》和〈中庸〉所表現的宇宙和人生之外，在人事論上所攝取的《春秋》以及其微言大義。這《春秋》的微言大義所直接催生的，並非直接落實到社會中，而是透過為政者對這微言大義的理解和接受，以及其付諸實踐的行動。春秋學者的社會原理是實踐取向的理論；這實踐取向的理論不在理論本身，而在於推動為政者經世致用、關懷民生的動力，那就是天道在人道中的運作的心性。

這樣，宋代學者「回歸內心」的方式為春秋學者以及道學者都是相同的，其心性的功能也是一致的。當然，道學者的知性取向在探討道德時，與春秋學者的行動取向（或實踐取向）不盡相同。原來，道學者所關心的，是人的心性如何回歸到天道，與天合一的宇宙人生，而春秋學者則著重心性如何落實到關懷社會人生的層面。在哲學的定位宇宙以及安排人生的總體研究中，道學者與春秋學者委實可以相輔相成。

綜上所述，宋代社會哲學中的社會原理部份，首先界定形上理論的宇宙架構，這也就是承傳《易經》的《太極圖說》，由宇宙的結構派生出人性；再從宇宙結構的意義說明天道，進而從天道中派生出人道。人性透過人道的正常運作，也就成了人文社會的典範。這體系同時解決了社會的起源、發生、發展，同時亦引伸出社會的發展目標，以及涵蓋了社會的內涵。

二、社會問題

雖然從前面的社會原理中不容易窺探出社會問題，但是，配合春秋學者的思想進路，無論在歷史發展部份，或是在內在涵義的原理部份，都能够清楚地規劃出問題所在。原來，春秋學者所「關懷」的社會民生，在他們關懷的對象中，立刻可以發現：社會出了問題，社會秩序有失調的現象，因而才會有「改革」計畫的提出。春秋學者的改革嘗試，在宋代的確暴露了社會問題所在。

從這個角度去探討，我們不難發現，宋代的社會問題有下列幾個重點：

㈠民生問題：宋太祖統一中國開始，就意識到百姓自唐末五代以來，遭受連年的軍閥割據，橫征暴斂，民不聊生，曾極力設法建設民生樂利的社會，使百姓安和樂利。但是，由於國家的內憂外患，國庫空虛，仍然爲了保國，而無法顧及民生問題。當時政府的施政，在民生問題上的缺失很多，舉其大要者，有下列數端：

⑴苛捐雜稅：宋代稅賦名目繁多；公田、私田、城廓、丁口、雜變等等；而百姓所要繳納的，凡是穀、帛、金、鐵、物產都可。除賦稅之外，尚有服役，百姓不堪其苦，王安石的變法，事實上就是爲了簡化稅賦，使百姓的負擔減輕，其「青苗法」「均輸法」「方田均稅法」，都是針對當時流弊而提出。但是，變法失敗，百姓仍生活在苛捐雜稅之中，生活貧困。南宋的權勢之

家，大舉佔有田地，使貧富距離更加擴大；賈似道所倡公田之制，原意極善，但因人謀不臧，倒是變得更大的虐政，甚至導引南宋的滅亡命運。

⑵士大夫生活奢侈：宋朝百姓遭受貧困之苦，但是，士大夫階級則享盡榮華富貴；他們的俸祿優厚，是歷代前所未有者。由「學而優則仕」之後，宋朝官吏皆富有，與百姓的貧困形成強烈的對比。難怪宋代許多學者學說漂亮，但對社會民生較少關懷。當時，范仲淹是清廉稱著的，但亦可購買蘇州近郊上等田一千畝，以贍養族人，名爲范氏義莊。其他非清廉之官、財才之雄厚可以想見。宋朝一般大官，都是良田美宅，奴僕成羣；尤其像蔡京、童貫、王黻、朱一類聚斂之臣，更是突顯了當時政治在經濟生活中的缺失。

⑶城市形成：宋代的政策，城市的新設，使城鄉的經濟生活差距拉大，以前，中國的大都市有西北的長安，河南的洛陽，江南的建康；宋朝又開闢了三大城：北宋的汴京，南宋的臨安，江南的平江。城市的開發固然展示了發展和進步，以及豪華的生活，但是，這些成果卻付出了鄉間百姓的幸福。

以上描繪的，是宋代在顯象上的富裕：士大夫以及城市生活；但卻掩不住貧窮落後的眞象，即廣大民衆的疾苦。春秋學者固然設法改善，但是，改革的失敗，以及利益集團的執迷，終造成宋亡於元的厄運。

㈡政治問題：造成宋亡於元的厄運的，基本上是社會問題內部的貧富不均，而政府又無能實施強有力的改革政策；但直接的原因則是政治上的危機，那就是宋代的內憂外患。

⑴內憂方面：北宋從仁宗開始，就不斷有黨議黨爭。仁宗時的慶曆黨議，本來基於改良社會風氣的美意，但因過份標榜而不但落入形式，且起了相反的作用，變成了「務爲高名」以及「好持苛論」的結局。北宋之黨爭於是可以由概念上的分歧，在小事上的爭端，演變成廷臣爭議之重點，而意氣鬪事，阻礙了朝政和國事。再則，英宗時的濮議，原爲繼承帝位之事肇因，繼則爲陝西義勇軍事而起爭執，最後形成朝廷諸臣別立派系，不務政事，而花費時間和心血爭意見。

北宋內憂最大的莫過於王安石的變法。本來，爲了改善民生，促進生產，規劃農田分配，都是善舉，奈何因羣臣意見不合，又長於內鬪；變法的失敗，眞可說是斷送了北宋的壽命。再從徽宗的崇寧黨議，經方臘之亂，宋江之亂，一直到靖康之難，終使北宋滅亡。而高宗的南渡，開啟了中國南北分裂的局面。

南宋並沒有過太平的日子，其內憂仍然不斷，先是有寧宗時韓侂胄之弄權，繼則有李全之變，理宗時的史嵩之政潮，還有賈似道的誤國。這些都使宋亡於元的事實早日實現。宋朝諸君主無法平內憂，在施政智慧上算是不够，但在用人的方式上，過份重用士大夫，亦爲施政不智之舉。

⑵外患方面：國家的內憂最多亦祇是透過改革的和平手段，或是革命的激烈手段，改朝換代而已。但是，一國的外患若無法平息，則可能淪爲亡國的命運。宋朝在中國歷史中，不但內憂嚴重，就是外患也非比尋常，因而導致滅亡的厄運。

北宋的外患也就是與邊疆民族遼、夏、金的連年征戰。戰爭與議和成爲北宋與遼、夏、金歷年的大事，也就在戰與和的衝突與調和中，宋朝不但沒有把握住外族入侵的時機，更無法協調內部大臣對和戰意見的紛紜；及至利用外交手腕，來聯金攻遼時，又無能靈活運用，終於使金人有機可乘，進取燕京，徽宗被虜，而結束了北宋大好江山。原來，原屬遼的邊疆民族女眞人所崛起的金國，發展迅速，當宋與遼經過百年和平相處之後，竟席捲了遼人四京之地；遼人的失敗，使宋朝諸臣認爲可報昔日之仇，而擺脫歷年歲貢之恥，於是設計聯金滅遼。但是，就在外交上向前跨了一大步時，宋朝內部又起了動亂，那卽是方臘之亂；及至亂平，金人已取得遼國大地，而宋朝尚未聯合出兵。當宋兵攻遼時又遭敗績；遼旋又以反奸計，勸導宋朝，不必與金聯盟，攻打遼國。也就在此三角關係中，宋代並沒有把握良機，反而被金人所制。

同樣，早先與西夏的和戰中，亦因屢屢舉棋不定，國內戰和意見分歧，而致使雙方皆困，時戰時和，耽誤了宋朝內部建設。

宋代的社會問題，政治上的內憂外患，經濟上的貧富懸殊，當然是走向滅亡的原因，筆者認爲更重要的，卻是文化上的分歧。

㈢文化問題：中國原始儒、道對外來文化的融通工作，從五代開始大量翻譯佛經開始，至隋唐的儒、道、佛的圓融，算是綜合的大好時機。在政治的運作上，以儒家爲主流的德治、王道、仁政、王者的心性則由道、佛二家的無爲無欲來陶冶，但在施政過程中，則不妨夾帶法家的信賞必罰，來安定社會。但是，宋朝諸子卻沒有循此路徑，去開拓政治前途；反而春秋學者中，設計了發展經濟的單向道途。這裏說的單向道途是指的，春秋學者並沒有把握住傳統文化對儒家的執著，以及對道、佛二家清靜生活的嚮往，因而在急進的各項改革中，遭受到無比的阻力，以及無可協調的反對意見。在另外一面，道學者在窮天地之理時，無法把仁義道德實踐在經濟生活或是政治生活中，形式上大有空談、空言心性的嫌疑。還有就是，當時士大夫生活的富裕，除了范仲淹之外，少有人顧及到百姓的窮困。知識份子對「實踐」似乎沒有覺醒，倒是在定位宇宙以及探討心性的事務上，花了許多心血。再來就是在理論上所採取的復古運動——跳過佛學的外來文化影響，而回歸到先秦的孔孟學說中，並不符合一般百姓的需求，形成知識份子與羣眾脫節。至於春秋學者與道學者間的衝突，乃致於道學者彼此之間的衝突，像朱陸鵝湖之會，都使宋代文化呈分裂的狀態；這種內部的矛盾和衝突，原是社會具體生活中，所有衝突的淵源。

更嚴重的一點是，同一的社會問題，由於學者派系的不同，而產生了不同的解決方案；這種意見的分歧，宋代亦沒有設定最高層次的指導原則，來支持各種意見的思維基礎，這也就是理論與實際的分歧。一般說來，宋代的道學者的理解，不易找到羣眾的基礎，而春秋學者的改革作法，又難得找到哲學的理論基礎。這樣，社會問題在宋代，表面上的內憂外患，貧富懸殊，再加上實質內容的矛盾和分裂，於是形成了難以化解的死結。

當然，宋代知識份子在功名利祿的引誘之下，仍然有清高的表現；士大夫的志節，在宋代是可圈可點的，但就其學說的相互對立或矛盾，則又是導引沒落的主因。

進一層，宋代的道學者，在民族意識濃厚的情感下，設法跳出外來文化——佛學的哲學，而回歸到先秦孔孟，原是無可厚非的；但是，事實上，心性問題的研究，尤其是把宇宙亦歸還到心性之中，似乎並非先秦原始儒家的原義，而是參雜了隋唐佛學的學理。再則，漢儒對客觀世界以及形而上的研究成果，宋儒似乎亦不够重視。在這雙重的困難之下，不說時勢上的重文輕武，乃致於無法禦外侮，單就哲學理論上，亦不一定立得住腳，何況道學家中的分派情形，對立亦無法消解呢！

這是宋代由社會實際問題，再回溯其理論基礎時，所能而且實際上有的困難。這也就是說，宋朝諸子對社會問題的瞭解，以及所提出來的化解之道，似乎沒有拼個正著，因而，思想體系偉大是一回事，社會問題沒有獲得解答又是另一回事。

社會哲學的內涵，也就是針對社會原理和社會問題，作一徹底的反省和檢討。在宋代社會哲學的原理和問題中，我們所見到的，並非一種圓融的情況。

如果以朱熹所編的《四書》來看，收集了《禮記》中的〈大學〉和〈中庸〉，加上《論語》和《孟子》；在〈大學〉的社會哲學指導原則中，修身、齊家、治國、平天下的漸進原則看來，未免把學說偏向於「修身」的事工上；亦即是設法瞭解修身的準備工作或條件，亦即誠意、正心，德性進路的完成；再加上〈中庸〉對「誠」的重視，那就更顯示在「個人」道德的重要性。這對人際關係，亦即人的社會關係，或是羣我關係，就未免忽視了。這一忽視，就使宋代的社會哲學內涵全是完美社會的初步，而且先停留在「修身」的完美自我上，而沒有突破「我」，走向家庭、社會、國家，更不要說孔子的社會終極目標的「太平世」了。

站在社會哲學的立場來看，朱熹編《四書》，如果能把《禮運》編入，則其「大同」世界的藍圖更明確，而且對理想社會描繪得更清楚。宋代諸子在民族意識上，自有可圈可點之處，但對開闊心胸，尤其突破國家界、突破民族界，走向人類主義，走向世界主義的胸懷，似乎不够。

由這點批評就可以進入本文第三部份的當代意義了。

叁 宋代社會哲學的當代意義

把哲學定義成「定位宇宙」以及「安排人生」二個重點，宋代哲學的確在這方面盡了心力。在定位宇宙方面，是把「太極」的動態意義發挖出來，以「無極而太極」的變化過程，作爲宇宙生生不息的變化。這種「太初」型的哲學方法，把「太素」的問題也包括進去，涵蓋了整體宇宙精神與物質兩方面的取向。然後再在這太初和太素的交替運作中，闡明宇宙的形成和發展。也就在宇宙的這種型態中，派生出人類；人是天地之精英，因而亦最能含攝及解釋宇宙生成變化，以及自身提升精神領域，成爲德性之人。人的道德性以及由之而生發的德目，原是宋儒發揮哲學才華的中心課題。由這中心課題的探討，終於以「人中心」的心性論，作爲宇宙的存在核心及基礎。傳統哲學原是先定位宇宙，然後將人生安排在宇宙之中；宋儒一反前人的作法，固然先定位宇宙，但在安排人生時，發現宇宙是在人的心性之中；於是，把原本外在的宇宙，化作心性中內存的宇宙；把原本形而上的本體，化作內在於人心的存在。從心性開展出客觀宇宙，原是宋儒的嘗試。姑且不論這嘗試成功與否，其哲學的意義則是永垂不朽的。

不過，在抽象的觀念運作中，把宇宙安排到人的心性中，是有著無限的活動空間，讓學者們去探討、去沉思，甚至去陶醉。但是，一旦哲學除了理論部份之外，還要扮演實踐的角色時，如何從內存的原理原則，導引出社會羣體生活的規範，就成了難以解答的問題了。

宋代的社會哲學，最基本的困境就在此。

宋儒在定位宇宙、安排人生的理論部份，相當的完整，其體系亦足以涵蓋整體宇宙和人生的各個層面；但是，在實踐哲學部份看來，個人的獨善其身，亦不成問題；問題出現在兼善天下的社會羣體開展的部份。

我們就以這種對立和矛盾的可能性中，去發挖宋代社會哲學的當代意義。看看從宋代哲學的理論和實際，乃致於其間的衝突與調和，是否能給當代社會一些足以借鏡之處，或是足以警惕之處。

㈠理論與實務的決裂：上面已約略提及，宋代的社會哲學和其它朝代不同的地方，就是由於出現了理論爲主的道學，以及以實務爲主的春秋學。毫無疑義的，宋代的這兩派學術都很有成績。道學者把定位宇宙的責任歸還到人的心性，而且在人的心性中安排宇宙，這是人的主體性的發現，在哲學流變中，貢獻很大。春秋學者推動了幾次改革，希圖改善當時民生問題，在儒家道德取向的社會中，注入了法家進取的因素，亦算得上是思想的高峰。假如宋代的道學或春秋學能各別地發展，而不是相遇在同一朝代中，雙方的貢獻都可以是無可限量的。問題的困境，也就是這理論和實務不是源自同一體系，因而二者不但不能合作無間，而且因了意見的不同，思想基礎的互異，而造成了兩敗俱傷的局面。

假如道學者的宇宙定位學說，能在人性論中加入社會現實的情況，成爲雙向的學說交流，則多少帶有務實性格，而使道學或理學，不要糾泥於純理論的層面，而能在落實社會中，獲得實務的體驗，而眞正做到「知行合一」的境地。假如春秋學者對改革理論能有所提升，不但把理論如何落實的課題釐清，同時亦賦予改革事件一個堅定不移的形上基礎，則「關懷民生」「經世致用」的理論以及實踐，都可以作爲指導原則，根本上連繫著道學者的宇宙和人生的藍圖，這也就是指出：宋代道學者過份關心理論的架構，而無能在實務上參與社會工作；同時亦沒有用理論來支持社會工作的運作；是「坐而言」，而沒有「起而行」的流弊。在另一方面，春秋學者則過份關心實務，是針對社會的弊病，提出化解之道。可是卻在化解之道中，把經濟改革的事務本屬必需條件的，倒是誤認爲是充足條件，因而在「起而行」時，不再在深處去找尋人性的根本。

當然，這種理論與實務的不協調，亦並非說一無是處，而是有其正面的作用的。其最主要的貢獻就是：道德社會的建立和維持。宋代社會雖無法稱得上是經濟大國，但卻可稱爲文化大國，沒有很多錢，但有仁義。

相反，從好處之後，再深入去窺探其壞處時，會發現春秋學者的改革，因爲沒有足夠的哲學深度，新政用了相當盲目的措施，在改革運作中，並沒有預期的成果；就是因爲其改革的急進方式，無法適應長期以來，儒、道的傳統文化，對安定的依賴，以及對穩定的信念，寧願在安定中求緩慢的進步與發展，而不敢嘗試急進的改革手段。再則，當佛教的思想逐漸融入道家與儒家學理之中，這種不求進步，但求安定的信念變得更形穩固。這也就是傳統的道學者和當代的急進社會改革家，觀念上難以溝通的地方。這些觀念上的衝突，無法找到調和的平衡點時，社會問題就不但得不到解答，反而會變本加厲地惡化下去了。宋代的社會哲學，在理論和實踐上的差距，的確造成了上面所敍述的困境。

㈡重文輕武的偏差：上面的理論和實際的衝突，多少還是在理論的層面上的剖析。宋代眞正的社會問題出現在施政上的偏失；那就是「重文輕武」。在國家昇平時，重文輕武倒是發展文化的大好時機；可是，當國家有內憂外患時，同樣的「重文輕武」的措施，就足以陷國家於危亡的厄運。「重文」當然極富前瞻性，可以開展千秋萬世的遠景；可是，姑且不論宋儒是否在人文文化上，開展了太平世的遠景，至少在時代意義上較優位的「國家安全」上，沒有付出足夠的重視。也就因此，在「坐而言」的宇宙和人生體系中，並無法改善內憂和外患帶來的危機。邊疆守臣如果都用文人，則其邊防之積弱可想而知；宋代之亡於元的事實，不能不說與其「重文輕武」有直接的因果關連。

當然，社會哲學在當代意義的考察中，絕不是要反過來，提示宋代應當「重武輕文」，使其在當時邊患繁煩時，建立起「軍事大國」，俾能震威四方，統一天下，邁向西方式的「世界主義」。但是，一面倒的「重文輕武」，則總是社會理論的弱點；誠然，宋代稱得上是文化大國，無論其思想內容，或是所創造的文物，都在炫耀著儒家文化；但是，如果宋代更能在武功上更上進一層，保住江山，而且能締造一個安和樂利的民生國度，不是更爲理想嗎？

㈢宇宙和人生割裂：重宇宙定位的道學學者，與重人生具體生活改善的春秋學者，在第㈠點上已有許多明確的部份，瞭解到其理論與實踐的疏離。在這裏，還要進一層指出：道學者所定位的宇宙，固然是在人的心性中完成；但是，這心性的內涵，與宇宙元素連繫的關係多，卻與具體人生的需要少。這種過多和過少的分配不均，也正是宋儒在理論架構上的弱點之一。道學者所依據的〈易傳〉和〈中庸〉，就完全暴露了這方面的弱點。本來，哲學在純理論的架構上，〈易傳〉對宇宙生生不息的瞭解，所形成的動態的宇宙觀，無論站在那一個角度去看，都是偉大而完美的；而〈中庸〉中所提出的核心概念「誠」，在與天的關係中，也作了基本的「天人關係」的注解。可是，實際人生在生命、生存、生計、生活中，有那些需要，又有那些思慮，則又不是〈

中庸〉一篇可以涵蓋的。站在社會哲學的立場上看，〈中庸〉雖說得上是「天人關係」的一部著作，把人性和天命的關係釐清，可是，仍然沒有眞正地把人生的「在世存有」[60]當作爲人的眞實存在；在另一觀點來看，則是把人生的縱的座標；天人關係，亦卽一個人生存在天和地之間，成爲獨善其身的君子，這部份的精義發揮詳盡；但是人生的橫的座標；人際關係，亦卽一個人生活在人與人之間，如何成爲兼善天下的聖人，這一件事上，卻沒有足够的關懷。而社會哲學所探討的重心，正是人際關係，人的羣體性。宋代集大成的道學者朱熹，沒有把《禮記・禮運篇》編入《四書》中，而祇採取了《禮記》中〈大學〉和〈中庸〉兩篇，就十足地暴露出這方面的缺失。眞的，《禮記》中的〈禮運〉，才是政治社會發展的終極目標的描述。

宋代諸子對人生哲學的探討，對爲人的德目上，以及個人在社會生活的操守上，都有可圈可點之處；但其哲學的觸角，卻未深入人際關係，因而未能把握住人的社會性及羣體性，這也許是宋代各種社會改革沒有成功的哲學基礎。

値得注意的是，宋代諸子在理論上對宇宙和人生學理的決裂，卻在心性的問題上設法補足，那就是道學者把宇宙安排到心性之中，宇宙客觀之「理」到最後還是存在在人性主觀的「心」之中；並且認爲對心性的觀點，就足以瞭解並把握「天理」。這種「心學」從宋代的陸象山開始融入哲學體系中，由明代的王陽明集其大成。

[60] 借用西洋存在主義哲學家海德格（Martin Heidegger）語，以爲人生在世，就與世界不可分。

「心學」的起源和發展，在哲學體系中，都是「天人關係」的課題，縱使其實踐方案用了「行」，但其實行基本上還是道德行爲的「行」，還是個人心性修練的「行」，而不是在具體生活、具體社會中落實到人際關係的社會關懷。也許，由於宋代的「重文輕武」，文人的生活非常富有，而且權勢也大，不容易體恤到民間疾苦，尤其是民間經濟生活的貧困吧！

㈣社會哲學的重振：當代哲學的發展，無論中西，都擁有相同的一個特徵，那就是文化哲學的重視。西洋十九世紀就興盛的歷史哲學，叫人從前人走過的思路中去思考當前的哲學課題；二十世紀的哲學重心，則是在文化哲學的進展中，跳出歷史主義的圈子，走向對社會的關懷。社會哲學的研究因而如雨後春筍一般，各地都先後興起，配合著社會現代化的思潮，以及政治民主化、法治化的期許，哲學也責無旁貸地加入了建設社會的陣營。當然，哲學的理論性格，總不會因了這些落實的作法，受到傷害，反而因了哲學的實踐部份，更能支持其理論的架構，甚至，修正其過於抽象的理論部份，作爲理論與實際融合的嘗試。

社會哲學的思想進程，一方面固然由現實社會所呈現的一些問題和困境，作爲思想的素材，進而用社會原理的引導，去化解社會中的危機。可是，社會原理的提出，則是靠定位宇宙的哲學體系；這定位宇宙的學說，究竟是由傳統的宇宙論作基礎？還是由現代興起的人生哲學作基礎？

這就成了見仁見智的問題61。這些仁智之見的衝突與調和，不也正是當代社會哲學的核心課題？

宋代的社會哲學，無論對其正面的肯定，或是說明其負面的影響，在對中國社會哲學的理論和實際問題的探討，都有其積極的作用；同時，在歷史的定位中，宋代諸子都有其不可磨滅的貢獻。

結語

我們用了近三萬字的篇幅，探討了宋代社會哲學；無論在「史的發展」、「內在涵義」、「當代意義」中，我們的研究，表面上是順著「哲學」與「史學」的分離現象，亦卽道學春秋學的區分，來處理社會哲學的課題；實際上則剛好分開了「社會」和「哲學」兩個不同層面的思想，以「分」和「合」的方式，總論了宋代「社會哲學」。在這結論部份，我們除了回顧宋代社會哲學的種種之外，更在其斷代史的層面，定位其文化精神。傳統儒家知識份子，都富有對社會的「憂患意識」，以及設法對當時指點迷津，提出化解之道。問題的突現不在於憂患意識，亦不在於

---

61 傳統哲學採取先由內心界定社會原理，然後以此原理來審斷社會現象，而產生社會問題。當代英美經驗主義的潮流則以社會問題的體驗爲優先，然後再從中抽離出社會原理。前者有柏拉圖、黑格爾等人，後者有波柏 (Karl Popper) 爲代表。

提出化解之道；而是在化解之道本身方法上的差異。這也就是理學家或道學者所看重的「定位宇宙」，然後在宇宙中去「安排人生」；而春秋學者則認爲直接可以從憂患意識，導引出改革社會的工作，用不著哲學上的定位宇宙，安排人生等的理論作基礎。也就因此而爆出了宋代學術與實踐分道的嘗試，同時亦在社會問題的處理上，以及社會原理的體悟上，出現了疏離現象。這現象如果能用冷靜的理性去化解，情況就會好轉過來，社會的內憂外患的危機亦可轉化成轉機；但是，如果知識份子在這方面，未能擺脫自我中心的束縛，不但無法靜下心來，設法透過理性，尋找出一個客觀的標準，反而加深其主觀的認定，以情緒代替了理智，則其裂痕自然就會加大，可惜的是，宋代社會哲學的確陷入了後者的景況中。

從前面的論述中，我們能够獲得的結論是：一方面在社會哲學本身的探討，要理論與實際兼顧，要同樣重視社會原理與社會問題，以及它們相互間的因果關係；另一方面則是在社會問題的探討中，對問題的探討和對問題的感受，應劃清界限；因爲前者屬學術的範圍，較易用冷靜的頭腦去處理問題，而後者則滲雜了許多屬憂患意識，或是先入爲主的思想，比較難以擺脫主觀的認定。第三點就是，社會原理的確立與社會問題的舖陳，二者相互間應有一定的接觸點；哲學家不能祇走「定位宇宙」的大原則下，發挖了宇宙起源以及生成變化的形上課題，而這些課題卻無法落實到具體的社會改革方案；同樣，社會學者亦不可以只顧研究社會問題，而忽視這問題背後，可能有的形而上原理。這樣，宋代的道學者可以從形而上的境域降凡下來，走進社會民生，眞正體會民生疾苦；同理，宋代的春秋學者，不妨提升自己的理念，進入道與理的世界，去窺探人生的究極問題。這也就是說：哲學關懷社會，社會尊重哲學。這樣，社會哲學的架構才能完美，社會原理才能釐訂，社會問題才能解決。從上面的三個問題的面目，可以結論出下列二大課題，作爲研究宋代社會哲學的成果：

㈠就社會哲學本身的研究來看，究竟該先從社會問題出發，從中去尋找社會原理？抑或是反過來，先要確立社會原理，然後以原理作爲尺度，來看社會問題；亦即由社會原理來審斷社會問題，是社會沒落？抑是社會正常？這種社會哲學原理與社會哲學的問題相互間孰先孰後的問題，雖不在本文探討之列，可是，對社會哲學的研究，都有決定性的影響；尤其是對解決社會問題的具體措施，更有舉足輕重的意義。通常，理想主義者都寧願用心靈所感受到的良心，作爲「人性論」的藍本，而認爲先有社會原理，然後有社會的形成，再後才有社會問題的發生，最後才是化解之道的提出。而社會的形成和發展，其間問題的發生，以及化解的原則，都以社會原理爲準則；而這社會原理，認爲是淵源於人性，因而有普遍性以及恆常性，不受時空的限制。可是，與這種意見持相反的見解的，則是經驗主義的流派，他們以爲所有原則都是由經驗累積抽象而成，沒有具體經驗的事實，所有原則都成空幻；因而，認爲社會問題才是必須的條件，有了問題才能針對問題提出解決的方案，這方案的累積和普遍化，才成爲社會原理。

這兩種方向相反，意見相左的想法，如果能化解衝突和對立，而走向調和，則是最好不過的事，但是，如果衝突和對立不但沒有緩和的跡象，反而變本加厲，越來越深，也就會演成派系之爭，面對問題的理解與解答不但沒有幫助，反而形成阻礙了。

本文的問題討論也祇能停在這個問題上，而不輕易提出標準答案；留待別處再加討論。

㈡試就宋代社會哲學的研究來看：無論道學者對「定位宇宙」以及「安排人生」的大前提上看，或是春秋學者對「社會問題」的眞知灼見，都非常值得欣賞；其中尤其是道學者不但承傳了先秦儒的學理，而且亦以之融洽了道家和佛家的義理，創造了宋儒的特有學問；還有春秋學者對用經濟制度來改善民生，以及使國家和人民致富的嘗試，成爲今後社會改革很好的借鏡；在道學中的社會原理（由宇宙到人生，再到社會），以及春秋學者中的社會問題（由問題的發掘到提出改革的方案），都是上乘的思想。可惜的是：二者相互的關係不深；因而造成道學形而上的氣氛過於濃厚，而春秋學改革的實際無法獲得文化的認同。這個疏離的問題，在本文中曾屢加觸及，但是卻並沒有提出化解之道。這原是本文的限制和弱點，只得留待以後用專文來討論。

㈢百家爭鳴的成果：雖然，上述幾點是宋代社會哲學研究的困境，但就宋代學術思想的意義來說，則是肯定與積極的：首先是道德文化的延續，私人興學在這方面比美於春秋戰國時代。當然，先秦一直設法建立軍事大國，而百家爭鳴的學者們，卻潛心研究在建立文化大國的藍圖。宋代諸子一部份設計建立經濟大國，而功敗垂成；可是另一部份卻在承傳並發揚了文化大國。宋代能以文化爲主的精神，很值得後世作深思。

參考書目

❶《宋元學案》，黃宗羲原著，全祖望補修，陳金生、梁運華點校，華世出版社，一九八七年九月臺一版。
❷《宋史》，元托克托撰，《四部備要》，史部，二十四史。
❸《近思錄集註》十四卷，朱熹、呂祖謙同輯，茅星來撰，文淵閣《四庫全書》。
❹《性理大全》，清李光地州撰，清康熙五十六年內府刋本。
❺錢穆：《中國思想史》，香港新亞書院出版，民國五十一年四月再版。
❻錢穆：《宋明理學概述》，臺灣學生書局印行，民國六十六年四月。
❼馮友蘭：《中國哲學史》，太平洋圖書公司，一九五九年七月港版。
❽吳康：《宋明理學》，華國出版社，民國四十四年十月初版。
❾孫振青：《宋明道學》，千華出版公司，民國七十五年九月十五日初版。
❿唐君毅：《中國哲學原論——原性篇》，新亞研究所出版，臺灣學生書局印行，民國六十八年二月四版。
⓫羅光：《中國哲學思想史·宋代篇》，臺灣學生書局印行，民國六十九年。
⓬牟宗三：《心體與性體》，正中書局，民國六十七年。
⓭蕭公權：《中國政治思想史》（下册），華岡出版有限公司，民國六十六年二月六版。

⑭楊幼炯：《中國政治思想史》，臺灣商務印書館，民國六十六年一月臺四版。

⑮賈豐臻：《中國理學史》，臺灣商務印書館，民國五十三年十一月臺一版。

⑯陳鐘凡：《兩宋思想述評》，華世出版社，民國六十六年三月臺一版。

⑰陶希聖：《中國政治思想史》（第四冊），食貨出版社，民國七十一年五月再版。

⑱武內義雄：《中國哲學思想史》，仰哲出版社，民國七十一年九月。

⑲陳致平：《中華通史》㈥、㈦冊，黎明文化事業公司，民國六十七年四月五日。

滄海叢刊已刊行書目（八）

書名	作者	類別
文學欣賞的靈魂	劉述先	西洋文學
西洋兒童文學史	葉詠琍	西洋文學
現代藝術哲學	孫旗譯	藝術
音樂人生	黃友棣	音樂
音樂與我	趙琴	音樂
音樂伴我遊	趙琴	音樂
爐邊閒話	李抱忱	音樂
琴臺碎語	黃友棣	音樂
音樂隨筆	趙琴	音樂
樂林蓽露	黃友棣	音樂
樂谷鳴泉	黃友棣	音樂
樂韻飄香	黃友棣	音樂
樂圃長春	黃友棣	音樂
色彩基礎	何耀宗	美術
水彩技巧與創作	劉其偉	美術
繪畫隨筆	陳景容	美術
素描的技法	陳景容	美術
人體工學與安全	劉其偉	美術
立體造形基本設計	張長傑	美術
工藝材料	李鈞棫	美術
石膏工藝	李鈞棫	美術
裝飾工藝	張長傑	美術
都市計劃概論	王紀鯤	建築
建築設計方法	陳政雄	建築
建築基本畫	陳榮美 / 楊麗黛	建築
建築鋼屋架結構設計	王萬雄	建築
中國的建築藝術	張紹載	建築
室內環境設計	李琬琬	建築
現代工藝概論	張長傑	雕刻
藤竹工	張長傑	雕刻
戲劇藝術之發展及其原理	趙如琳譯	戲劇
戲劇編寫法	方寸	戲劇
時代的經驗	汪琪 / 彭家發	新聞
大眾傳播的挑戰	石永貴	新聞
書法與心理	高尚仁	心理

滄海叢刊已刊行書目(七)

書名	作者	類別
印度文學歷代名著選(上)(下)	糜文開編譯	文學
寒山子研究	陳慧劍	文學
魯迅這個人	劉心皇	文學
孟學的現代意義	王支洪	文學
比較詩學	葉維廉	比較文學
結構主義與中國文學	周英雄	比較文學
主題學研究論文集	陳鵬翔主編	比較文學
中國小說比較研究	侯健	比較文學
現象學與文學批評	鄭樹森編	比較文學
記號詩學	古添洪	比較文學
中美文學因緣	鄭樹森編	比較文學
文學因緣	鄭樹森	比較文學
比較文學理論與實踐	張漢良	比較文學
韓非子析論	謝雲飛	中國文學
陶淵明評論	李辰冬	中國文學
中國文學論叢	錢穆	中國文學
文學新論	李辰冬	中國文學
離騷九歌九章淺釋	繆天華	中國文學
苕華詞與人間詞話述評	王宗樂	中國文學
杜甫作品繫年	李辰冬	中國文學
元曲六大家	應裕康 王忠林	中國文學
詩經研讀指導	裴普賢	中國文學
迦陵談詩二集	葉嘉瑩	中國文學
莊子及其文學	黃錦鋐	中國文學
歐陽修詩本義研究	裴普賢	中國文學
清真詞研究	王支洪	中國文學
宋儒風範	董金裕	中國文學
紅樓夢的文學價值	羅盤	中國文學
四說論叢	羅盤	中國文學
中國文學鑑賞舉隅	黃慶萱 許家鸞	中國文學
牛李黨爭與唐代文學	傅錫壬	中國文學
增訂江皋集	吳俊升	中國文學
浮士德研究	李辰冬譯	西洋文學
蘇忍尼辛選集	劉安雲譯	西洋文學

滄海叢刊已刊行書目㈥

書名	作者	類別
卡薩爾斯之琴	葉石濤	文學
青囊夜燈	許振江	文學
我永遠年輕	唐文標	文學
分析文學	陳啓佑	文學
思想起	陌上塵	文學
心酸記	李喬	文學
離訣	林蒼鬱	文學
孤獨園	林蒼鬱	文學
托塔少年	林文欽編	文學
北美情逅	卜貴美	文學
女兵自傳	謝冰瑩	文學
抗戰日記	謝冰瑩	文學
我在日本	謝冰瑩	文學
給青年朋友的信(上)(下)	謝冰瑩	文學
冰瑩書柬	謝冰瑩	文學
孤寂中的廻響	洛夫	文學
火天使	趙衛民	文學
無塵的鏡子	張默	文學
大漢心聲	張起鈞	文學
回首叫雲飛起	羊令野	文學
康莊有待	向陽	文學
情愛與文學	周伯乃	文學
湍流偶拾	繆天華	文學
文學之旅	蕭傳文	文學
鼓瑟集	幼柏	文學
種子落地	葉海煙	文學
文學邊緣	周玉山	文學
大陸文藝新探	周玉山	文學
累廬聲氣集	姜超嶽	文學
實用文纂	姜超嶽	文學
林下生涯	姜超嶽	文學
材與不材之間	王邦雄	文學
人生小語(一)(二)	何秀煌	文學
兒童文學	葉詠琍	文學

滄海叢刊已刊行書目(五)

書名	作者	類別
中西文學關係研究	王潤華	文學
文開隨筆	糜文開	文學
知識之劍	陳鼎環	文學
野草詞	韋瀚章	文學
李韶歌詞集	李韶	文學
石頭的研究	戴天	文學
留不住的航渡	葉維廉	文學
三十年詩	葉維廉	文學
現代散文欣賞	鄭明娳	文學
現代文學評論	亞菁	文學
三十年代作家論	姜穆	文學
當代臺灣作家論	何欣	文學
藍天白雲集	梁容若	文學
見賢集	鄭彥棻	文學
思齊集	鄭彥棻	文學
寫作是藝術	張秀亞	文學
孟武自選文集	薩孟武	文學
小說創作論	羅盤	文學
細讀現代小說	張素貞	文學
往日旋律	幼柏	文學
城市筆記	巴斯	文學
歐羅巴的蘆笛	葉維廉	文學
一個中國的海	葉維廉	文學
山外有山	李英豪	文學
現實的探索	陳銘磻編	文學
金排附	鍾延豪	文學
放鷹	吳錦發	文學
黃巢殺人八百萬	宋澤萊	文學
燈下燈	蕭蕭	文學
陽關千唱	陳煌	文學
種籽	向陽	文學
泥土的香味	彭瑞金	文學
無緣廟	陳艷秋	文學
鄉事	林清玄	文學
余忠雄的春天	鍾鐵民	文學
吳煦斌小說集	吳煦斌	文學

滄海叢刊已刊行書目㈣

書名	作者	類別
歷史圈外	朱桂	歷史
中國人的故事	夏雨人	歷史
老臺灣	陳冠學	歷史
古史地理論叢	錢穆	歷史
秦漢史	錢穆	歷史
秦漢史論稿	刑義田	歷史
我這半生	毛振翔	歷史
三生有幸	吳相湘	傳記
弘一大師傳	陳慧劍	傳記
蘇曼殊大師新傳	劉心皇	傳記
當代佛門人物	陳慧劍	傳記
孤兒心影錄	張國柱	傳記
精忠岳飛傳	李安	傳記
八十憶雙親 師友雜憶 合刊	錢穆	傳記
困勉強狷八十年	陶百川	傳記
中國歷史精神	錢穆	史學
國史新論	錢穆	史學
與西方史家論中國史學	杜維運	史學
清代史學與史家	杜維運	史學
中國文字學	潘重規	語言
中國聲韻學	潘重規 陳紹棠	語言
文學與音律	謝雲飛	語言
還鄉夢的幻滅	賴景瑚	文學
葫蘆・再見	鄭明娳	文學
大地之歌	大地詩社	文學
青春	葉蟬貞	文學
比較文學的墾拓在臺灣	古添洪 陳慧樺 主編	文學
從比較神話到文學	古添洪 陳慧樺	文學
解構批評論集	廖炳惠	文學
牧場的情思	張媛媛	文學
萍踪憶語	賴景瑚	文學
讀書與生活	琦君	文學

滄海叢刊已刊行書目㈢

書名	作者	類別
不疑不懼	王洪鈞	教育
文化與教育	錢穆	教育
教育叢談	上官業佑	教育
印度文化十八篇	糜文開	社會
中華文化十二講	錢穆	社會
清代科舉	劉兆璸	社會
世界局勢與中國文化	錢穆	社會
國家論	薩孟武譯	社會
紅樓夢與中國舊家庭	薩孟武	社會
社會學與中國研究	蔡文輝	社會
我國社會的變遷與發展	朱岑樓主編	社會
開放的多元社會	楊國樞	社會
社會、文化和知識份子	葉啓政	社會
臺灣與美國社會問題	蔡文輝 蕭新煌 主編	社會
日本社會的結構	福武直 著 王世雄 譯	社會
三十年來我國人文及社會科學之回顧與展望		社會
財經文存	王作榮	經濟
財經時論	楊道淮	經濟
中國歷代政治得失	錢穆	政治
周禮的政治思想	周世輔 周文湘	政治
儒家政論衍義	薩孟武	政治
先秦政治思想史	梁啓超原著 賈馥茗標點	政治
當代中國與民主	周陽山	政治
中國現代軍事史	劉馥 著 梅寅生 譯	軍事
憲法論集	林紀東	法律
憲法論叢	鄭彥棻	法律
師友風義	鄭彥棻	歷史
黃帝	錢穆	歷史
歷史與人物	吳相湘	歷史
歷史與文化論叢	錢穆	歷史

滄海叢刊已刊行書目(二)

書名	作者	類別
語言哲學	劉福增	哲學
邏輯與設基法	劉福增	哲學
知識·邏輯·科學哲學	林正弘	哲學
中國管理哲學	曾仕强	哲學
老子的哲學	王邦雄	中國哲學
孔學漫談	余家菊	中國哲學
中庸誠的哲學	吳怡	中國哲學
哲學演講錄	吳怡	中國哲學
墨家的哲學方法	鐘友聯	中國哲學
韓非子的哲學	王邦雄	中國哲學
墨家哲學	蔡仁厚	中國哲學
知識、理性與生命	孫寶琛	中國哲學
逍遥的莊子	吳怡	中國哲學
中國哲學的生命和方法	吳怡	中國哲學
儒家與現代中國	韋政通	中國哲學
希臘哲學趣談	鄔昆如	西洋哲學
中世哲學趣談	鄔昆如	西洋哲學
近代哲學趣談	鄔昆如	西洋哲學
現代哲學趣談	鄔昆如	西洋哲學
現代哲學述評(一)	傅佩榮譯	西洋哲學
懷海德哲學	楊士毅	西洋哲學
思想的貧困	韋政通	思想
不以規矩不能成方圓	劉君燦	思想
佛學研究	周中一	佛學
佛學論著	周中一	佛學
現代佛學原理	鄭金德	佛學
禪話	周中一	佛學
天人之際	李杏邨	佛學
公案禪語	吳怡	佛學
佛教思想新論	楊惠南	佛學
禪學講話	芝峯法師譯	佛學
圓滿生命的實現（布施波羅蜜）	陳柏達	佛學
絶對與圓融	霍韜晦	佛學
佛學研究指南	關世謙譯	佛學
當代學人談佛教	楊惠南編	佛學

滄海叢刊已刊行書目㈠

書　名	作　者	類　別
國父道德言論類輯	陳立夫	國父遺教
中國學術思想史論叢㈠㈡㈢㈣㈤㈥㈦㈧	錢　穆	國　學
現代中國學術論衡	錢　穆	國　學
兩漢經學今古文平議	錢　穆	國　學
朱子學提綱	錢　穆	國　學
先秦諸子繫年	錢　穆	國　學
先秦諸子論叢	唐端正	國　學
先秦諸子論叢（續篇）	唐端正	國　學
儒學傳統與文化創新	黃俊傑	國　學
宋代理學三書隨劄	錢　穆	國　學
莊子纂箋	錢　穆	國　學
湖上閒思錄	錢　穆	哲　學
人生十論	錢　穆	哲　學
晚學盲言	錢　穆	哲　學
中國百位哲學家	黎建球	哲　學
西洋百位哲學家	鄔昆如	哲　學
現代存在思想家	項退結	哲　學
比較哲學與文化㈠㈡	吳　森	哲　學
文化哲學講錄㈠㈡㈢㈣	鄔昆如	哲　學
哲學淺論	張　康譯	哲　學
哲學十大問題	鄔昆如	哲　學
哲學智慧的尋求	何秀煌	哲　學
哲學的智慧與歷史的聰明	何秀煌	哲　學
內心悅樂之源泉	吳經熊	哲　學
從西方哲學到禪佛教——「哲學與宗教」一集——	傅偉勳	哲　學
批判的繼承與創造的發展——「哲學與宗教」二集——	傅偉勳	哲　學
愛的哲學	蘇昌美	哲　學
是與非	張身華譯	哲　學